Liebe Leserin, lieber Leser,

auf unterschiedliche Weise verschafft sich der Mensch eine Vorstellung von seiner Welt: Theologen deuten das Wort Gottes, Philosophen stellen Fragen und suchen nach rational nachvollziehbaren Antworten. Astronomen, Physiker, Chemiker oder Biologen aber beobachten, sammeln Indizien, experimentieren und führen Beweise.

Die eher geistigen Exkursionen von naturwissenschaftlichen Genies wie Galileo Galilei, Gregor Mendel oder Albert Einstein haben wir Ihnen bereits vor zwei Jahren präsentiert – in der Ausgabe über „Die 100 größten Forscher aller Zeiten".

Jörn Auf dem Kampe hat das Konzept zu dieser Ausgabe erarbeitet

Nun stellen wir Ihnen jene Gelehrte vor, die im Dienst der Wissenschaft auf große Fahrt gegangen sind: von dem Entdecker und Kartographen James Cook bis zu den Forschern an Bord der „Challenger", die 1872 erstmals die sonderbaren Kreaturen der Tiefsee erkundeten; von dem letzten Universalgelehrten Alexander von Humboldt bis zu dem Paläoanthropologen Donald Johanson, der 1974 in Äthiopien die Vormenschendame „Lucy" entdeckte; von der legendären Völkerkundlerin Margaret Mead bis zu den Kosmonauten und Astronauten der Internationalen Raumstation ISS, die auf diesem Außenposten der Menschheit die Rätsel von morgen lösen sollen.

GEO EPOCHE, das Geschichtsmagazin der GEO-Gruppe, hat vor mehr als drei Jahren „Das Zeitalter der Entdecker" beschrieben

Sie alle haben im Verlauf der vergangenen 250 Jahre auf abenteuerlichen Expeditionen nach und nach unser Bild der Erde vervollständigt – oder arbeiten auch heute noch daran.

Dieses Heft ist eine Verneigung vor ihnen; vor all den Ausgräbern und Fossiliensammlern, Landvermessern und Virenforschern, die ihr Leben riskiert haben bei der Erkundung der Welt. Und die allesamt eines gemein haben: Sie sind mit der Absicht aufgebrochen, wissenschaftliche Einsichten zu gewinnen – und nichts anderes.

Deshalb fehlen in unserer Auswahl Männer wie Christoph Kolumbus und Ferdinand Magellan, die einst auszogen, ferne Küsten zu besetzen und fremde Völker zu unterjochen, und bei deren Reisen neue Erkenntnisse über die Geheimnisse unseres Planeten nur ein Nebeneffekt waren (ein Sonderfall ist James Cook, der beides war, Forscher und Eroberer).

Zudem war diesen Entdeckern, denen es in der Regel eher um Landnahme ging als um die Wissenschaft, vor drei Jahren bereits eine Ausgabe von GEO EPOCHE gewidmet, dem Geschichtsmagazin der GEO-Gruppe, und wir wollten uns nicht wiederholen.

Aus diesem Grund fehlt in unserer Auswahl auch Charles Darwin, der bedeutendste Biologe aller Zeiten. Seine fast fünfjährige Reise auf dem Vermessungsschiff „Beagle", die ihn dazu brachte, die Evolutionstheorie zu formulieren, haben wir bereits in dem Heft über die 100 größten Forscher rekonstruiert.

Das vorliegende Heft ist auch mit DVD erhältlich: einer Dokumentation über Charles Darwin

Für all jene, die trotzdem noch einmal nachvollziehen wollen, was der Brite damals auf der „Beagle" erlebte, gibt es eine Sonderedition des vorliegenden Heftes mit einer DVD, die seine Reise zur Erkenntnis minutiös nacherzählt und aus heutiger Sicht wissenschaftlich bewertet.

Darwins Antrieb mag als Motivation für jegliche Forschungsreise gelten: Unterwegs auf der „Beagle" erfasste ihn ein fast religiöses „Chaos des Entzückens" angesichts all der fremden, exotischen Eindrücke, wie er später notierte. Diese Verzauberung, aber auch schonungslose Hingabe trieb alle Forscher, die wir auf den folgenden Seiten vorstellen, an bei ihrer Bestandsaufnahme der Erde und deren Naturgesetzen.

Sie gaben dabei einem Urmotiv des Menschseins nach: dem Drang, unsere Welt zu erkunden und dabei zu begreifen.

Herzlich Ihre

Heftredakteur

Chefredakteur

Bildessay: Sie wagen sich vor in Eiswüsten und suchen Viren im Urwald, riskieren ihr Leben und das ihrer Kameraden: Seit 250 Jahren brechen Forscher zu Expeditionen auf, um jenseits ihrer Labore zu neuen Erkenntnissen zu gelangen – wie das Team des US-Geologen Israel Russel 1891 in Alaska. Seite 6

1768 startet James Cook mit der »Endeavour« Richtung Südsee – mit einem Geheimauftrag. Seite 20

1799 sucht Alexander von Humboldt in der Wildnis Südamerikas nach einer Universaltheorie. Seite 50

1872 erkundet die »Challenger«-Crew fremde Inseln und stößt erstmals in die Tiefsee vor. Seite 64

1911 kommt es zwischen dem Briten Robert Scott und dem Norweger Roald Amundsen zum Wettlauf: Wer erreicht als Erster den Südpol? Ein Drama mit tödlichem Ausgang. Seite 76

1926 erforscht die Ethnologin Margaret Mead das Liebesleben junger Mädchen auf Samoa. Und löst einen Skandal aus. Seite 92

1947 machen sich Thor Heyerdahl und fünf Freunde auf zu einer der waghalsigsten Forschungsreisen überhaupt: Mit einem Floß treiben sie 7000 Kilometer über den Pazifik. Seite 100

1974 findet Donald Johanson im Staub der Wüste »Lucy« - einen Urahn der Menschheit. Seite 112

2007 jagt ein Forscherteam in Uganda das hochgefährliche Marburg-Virus. Seite 122

2010 ist die Internationale Raumstation ISS fast vollendet - das teuerste und spektakulärste Forschungsprojekt der Geschichte. Seite 132

Redaktionsschluss dieser Ausgabe: 19. Februar 2010

Alle Fakten und Daten in diesem Heft sind vom GEOkompakt-Verifikationsteam auf ihre Präzision, Relevanz und Richtigkeit überprüft worden; Kürzungen in Zitaten wurden nicht kenntlich gemacht.

Informationen zum Thema und Kontakt zur Redaktion unter www.geokompakt.de

Titelbild: Thor Heyerdahl und seine Mannschaft auf der »Kon-Tiki«

Mit einem Ballon steigen die Polarforscher Robert F. Scott und Ernest Shackleton 1902 während einer britischen Antarktis-Expedition auf und fotografieren den sechsten Kontinent erstmals aus der Luft

Im **Zeichen** der Er

kenntnis

Schon immer hat der Mensch die Grenzen des Wissens verschoben: Bereits unsere Urahnen eroberten Kontinente, entdeckten Neuland. Die Geschichte der wissenschaftlichen Expeditionen jedoch begann erst vor rund 250 Jahren, als James Cook aufbrach, die südliche Hemisphäre präzise zu kartieren. Seither haben seine Nachfolger von der Tiefsee bis zur Stratosphäre die Erde und deren Naturgesetze zu entschlüsseln versucht – und sich dabei immer andere Welten eröffnet

SCHÄTZE AUS DEM STAUB DER GROSSEN EINÖDE

Erkundung in der Gobi: Forscher um den Briten Roy Chapman Andrews kartieren die Wüste ab 1922; per Funkgerät ermitteln sie immer wieder ihre Position.

•••

Sorgsam legen die Wissenschaftler der Gobi-Expedition die Knochen dieses großen Säugetiers frei. Zu ihren spektakulärsten Funden gehören 45 Zentimeter große Dinosauriereier.

•••

Wenn die robusten Autos der Briten im Sand der Gobi stecken bleiben, müssen sie angeschoben werden. Einen Großteil des Proviants transportieren jedoch Kamele.

VORSTOSS ZU DEN VERLASSENEN STÄDTEN DES URWALDS

Seit dem 19. Jahrhundert suchen Forscher nach den Relikten untergegangener Zivilisationen. Der britische Archäologe Alfred Maudslay etwa erkundet 1891 diesen Palast der Maya-Siedlung Palenque in Südmexiko.

•••

Achtmal bricht der wohlhabende Autodidakt Maudslay zu den Stätten der Maya auf – und entdeckt 1881 unter der Führung von Indios diesen mächtigen Altar im Regenwald.

•••

Maudslay in Chichén Itzá, einer Ruinenstadt der Maya auf der Halbinsel Yucatán. Seine Technik, Details in Zeichnungen und Fotos festzuhalten, ist vielen Forschern ein Vorbild.

IM KAMPF GEGEN DAS EWIGE EIS

Zwischen 1901 und 1922 nimmt Ernest Shackleton an vier Antarktis-Expeditionen teil; auf der zweiten Forschungsreise dringt die Mannschaft des gebürtigen Iren bis zum magnetischen Südpol vor und besteigt erstmals den Mount Erebus, den südlichsten aktiven Vulkan der Erde.

•••

1914 plant Shackleton, die Antarktis zu durchqueren. Doch was als Triumphzug geplant ist, wird zum dramatischsten Abenteuer in der Geschichte der (geglückten) Expeditionen. Shackletons Schiff bleibt im Treibeis stecken, wird nach zehn Monaten zerdrückt und sinkt. Seine Männer retten drei Beiboote und erreichen Elephant Island am Rand der Antarktis. Shackleton sticht mit fünf Männern in See und gelangt nach 27 Tagen zu einer Walfangstation auf der 1300 Kilometer entfernten Insel South Georgia. Von dort kehrt er nach Elephant Island zurück und rettet die verbliebenen 21 Seeleute – nach mehr als 19 Monaten im Eis.

DIE JAGD NACH DEM UNSICHTBAREN FEIND

Auf der Suche nach Krankheitserregern setzen Mediziner auf ihren Expeditionen oftmals ihr eigenes Leben aufs Spiel. Der deutsche Arzt Robert Koch (im Bild rechts) etwa reist 1896 nach Südafrika, um die ansteckende Rinderpest zu untersuchen.

•••

Mitten im Busch schlägt Koch ein Laborzelt auf, wo er Proben unter dem Mikroskop analysiert.

•••

Im Blut eines Krokodils entdeckt Robert Koch einen Verwandten des Erregers der Schlafkrankheit, einer für den Menschen gefährlich verlaufenden Infektion.

DAS GEHEIMNIS DER STEINERNEN RIESEN

Katherine und William Routlegde legen 1914 eine der gigantischen Statuen auf der Osterinsel frei. Mit einem selbst gebauten Segelschiff war das Forscherehepaar mehr als ein Jahr lang unterwegs, um die Insel zu erreichen.

•••

Die Moai genannten Statuen stellen Häuptlinge dar, die direkt von den Göttern abstammten.

•••

Auf dieser Statue finden die Forscher Zeichen mit womöglich kultischer Bedeutung. Weshalb die Osterinsel-Kultur unterging, ist bis heute ungeklärt.

IM ANGESICHT DES GIPFELS

Der US-Geologe Israel Russell erreicht 1891 mit seinem Team das Gletschereis am Fuß des 5489 Meter hohen Mount St. Elias in Alaska. Schneestürme verhindern das Besteigen des Gipfels, doch Russells präzise Karten helfen, den Berg sechs Jahre später zu bezwingen. □

Der geheime Auftrag des Captain Cook

Im August 1768 sticht in England ein Dreimaster in See. Kapitän James Cook soll im Pazifik den Durchgang des Planeten Venus vor der Sonne beobachten; mit den dabei zu erwartenden Daten ließe sich die Entfernung zwischen Erde und dem Zentralgestirn genauer bestimmen als je zuvor. Doch Cook hat noch eine weitere Order: Er soll bislang unbekannte Landmassen der südlichen Halbkugel finden, vermessen – und für die Krone in Besitz nehmen

Text: Bertram Weiß

JAMES COOK, DER KAPITÄN DER »ENDEAVOUR«, hat zwar wenig Erfahrung als Befehlshaber, als er das Kommando über das Schiff erhält, gilt aber als exzellenter Navigator. Das Porträt zeigt ihn vor seiner letzten Reise, die im Juli 1776 beginnt

30 METER LANG UND NEUN METER BREIT ist die »Endeavour«. Nur mühsam lassen sich in dem Dreimaster Geschütze, Beiboote, Instrumente und Proviant verstauen

Weder König noch Gott, weder Glaube noch Wahn sollen mehr die Menschen beherrschen. Sondern die klare Vernunft. Das ist der große Traum der Gelehrten des 18. Jahrhunderts.

„Aufklärung" nennen sie ihre neue, zutiefst rationale Weltsicht. Mit scharfem Verstand soll der Mensch die Geheimnisse der Welt durchdringen und sie sich untertan machen.

Die Konturen ihrer Heimat jedoch, der Erde, können sich die wissensdurstigen Denker jener Zeit anfangs nur vage vorstellen. Auf ihren Weltkarten vermengen sich Fakt und Fiktion zu irreführenden Trugbildern. Gefeierte Entdecker wie Christoph Kolumbus oder Vasco da Gama haben ihnen bestenfalls grobe Fabelbilder jener Länder hinterlassen, die sie einst für die Europäer erschlossen.

Immerhin hat sich in den Akademien und Forscherstuben zögerlich die Erkenntnis durchgesetzt, dass die Erde nicht stillsteht. Aber: Nicht einmal ihr Abstand zur Sonne ist den Vorreitern der geistigen Erneuerung bekannt.

Doch 1769 soll all dies endlich anders werden. Nach den Berechnungen des britischen Himmelsforschers Edmond Halley wird im Juni jenes Jahres ein äußerst seltenes Schauspiel am Firmament zu beobachten sein: Der Planet Venus schiebt sich zwischen Sonne und Erde – und erscheint für kurze Zeit als schwarzes Rund vor der Sonne.

Wenn es nun gelänge, die Dauer dieses Venusdurchgangs an Orten im Norden und Süden der Erde zu messen, könnten Astronomen die Entfernung zur Sonne mithilfe komplexer mathematischer Gleichungen errechnen.

Und, so wissen die Gelehrten der „Königlichen Gesellschaft zur Förderung der Naturkenntnisse", der „Royal Society": Erst rund 100 Jahre später wird es erneut zu diesem Ereignis kommen.

Die Mitglieder der 1660 gegründeten angesehenen britischen Wissenschaftsakademie überzeugen daher ihren König, Georg III., mehrere Expeditionen zur Beobachtung des Transits auszusen-

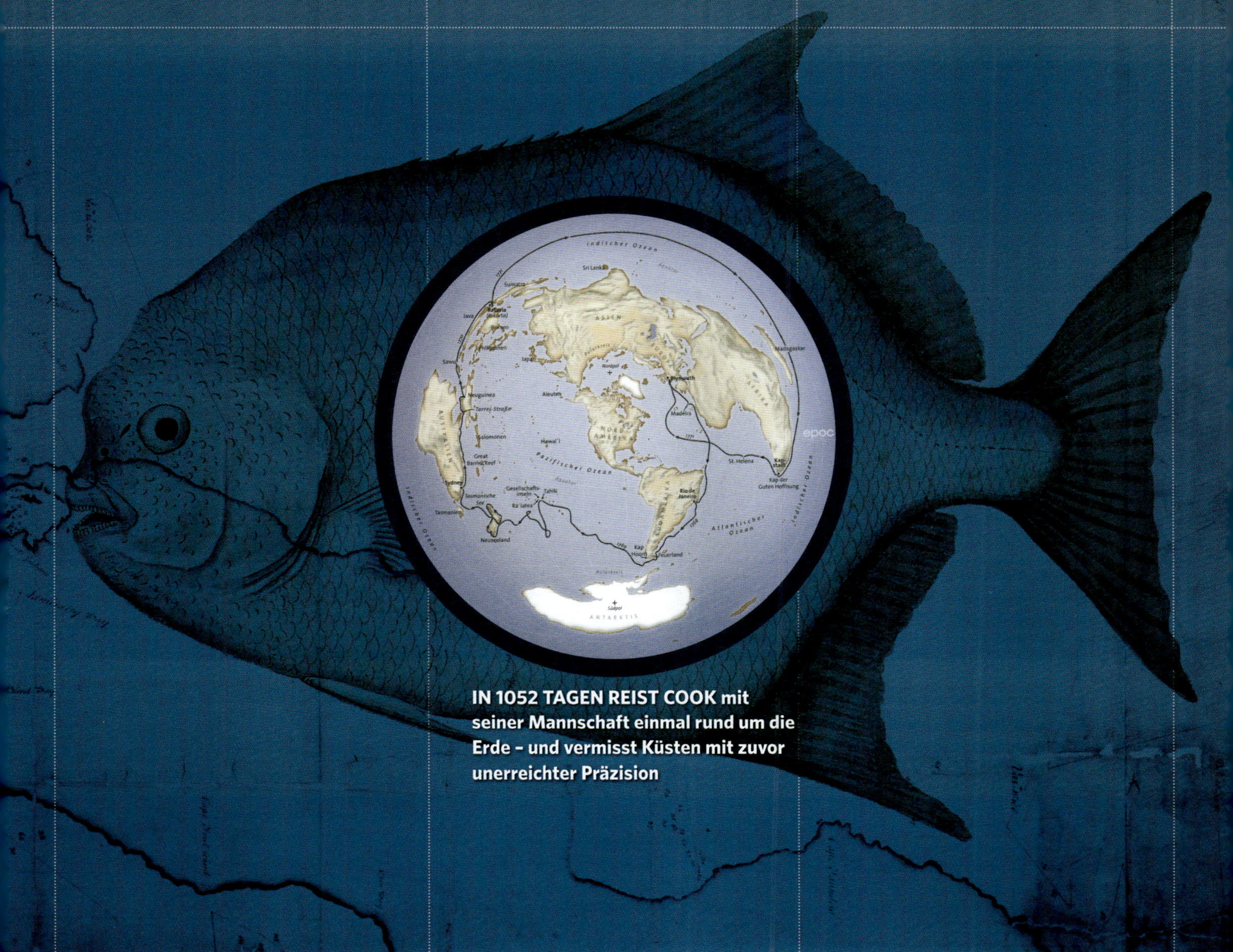

IN 1052 TAGEN REIST COOK mit seiner Mannschaft einmal rund um die Erde – und vermisst Küsten mit zuvor unerreichter Präzision

den. Nach Nordirland, Norwegen und Kanada brechen Forscher auf.

Doch das weitaus größte Abenteuer erwartet die Aufklärer auf der Südseite der Erde. Denn auf den Weltkarten erstrecken sich dort noch ausgedehnte weiße Flecken.

Die Herren von der Royal Society halten die erst kurz zuvor entdeckte Insel Tahiti mitten im südlichen Pazifischen Ozean für den idealen Beobachtungsort. Nur dort steht die Sonne zu dieser Jahreszeit auf der Südhalbkugel während der gesamten Dauer des Himmelsereignisses über dem Horizont.

Für die weite Reise dorthin lässt die Admiralität einen Kohlefrachter umbauen und ausstatten. Der Dreimaster, knapp 30 Meter lang und neun Meter breit, bietet kaum genug Stauraum für Geschütze und Beiboote, Werkzeuge und Instrumente. Proviant für Monate, darunter 2500 Pfund Rosinen, 160 Pfund Senfkörner und Hunderte Liter Essig, lassen die Lords im engen und feuchten Schiffsrumpf bunkern. Zudem

> 98 Mann sind anfangs an Bord – darunter **WISSENSCHAFTLER,** Illustratoren, Diener und Soldaten

müssen 75 Seeleute, zwölf Marinesoldaten sowie elf Wissenschaftler, Illustratoren und Diener an Bord Platz finden.

Das Segelschiff, das bis dahin „Earl of Pembroke" hieß, wird für seine neue Bestimmung auf den verheißungsvollen Namen „Endeavour" umgetauft, „Anstrengung". Im Befehlsbuch des Kommandeurs schreibt die Admiralität die Order der Mission fest: die Beobachtung des Venustransits.

Doch sie fügt einen geheimen Auftrag hinzu.

PLYMOUTH, 26. AUGUST 1768. Bei schwachem Wind lichtet die „Endeavour" die Anker und verlässt Großbritannien. Nun liegt ihr Schicksal in der Hand des Kapitäns, eines hochgewachsenen, hageren Mannes: James Cook.

Die Admiralität hat dem Leutnant das uneingeschränkte Kommando übertragen. Eine ungewöhnliche Wahl. Denn der 39-Jährige ist weder adelig, noch verfügt er über besonders viel Erfahrung als Befehlshaber. Bislang hat er nur einen weitaus kleineren Schoner geführt. Doch Cook hat allen Konkurrenten etwas voraus: Er ist ein hervorragender Kartograph und Navigator, so sorgfältig in der Beobachtung von Küsten, so geschickt im Umgang mit Bordinstrumenten wie kaum ein anderer Marineoffizier. Er vereint in sich den systematischen Geist eines Wissenschaftlers und die mutige Entschlossenheit eines Soldaten. Ein Mann, ganz nach der Gesinnung der Aufklärer.

Dabei ist sein Weg zum Offizier der Marine nicht vorgezeichnet: Cook kommt 1728 als Sohn eines Tagelöhners im Norden Englands zur Welt. Noch als Jugendlicher verlässt er die Heimat und geht bei einem Krämer in die Lehre. Vielleicht wäre er ein tüchtiger Kaufmann geworden. Doch hinter dem Haus des Händlers in der Stadt Staithes erblickt der Lehrling zum ersten Mal das Meer, sieht das Funkeln der Sonne auf dem weiten Blau, lauscht dem Geschrei der Möwen und dem Schlag der Wellen an der Kaimauer. Der Ozean lässt ihn fortan nicht mehr los.

Mit 17 Jahren geht Cook auf einen Kohlefrachter. Neun Jahre lang schuftet er auf diversen Seglern, erst als Schiffsjunge, dann als Matrose, schließlich als Maat. Dabei lernt er jeden Handgriff des einfachen Seemanns – ganz anders als die meisten jener aristokratischen Offiziere, die auf den Schiffen der britischen Royal Navy ihren Dienst versehen.

Doch genau dort will Cook hin: Mit 26 Jahren verlässt er die Handelsschiffer und heuert freiwillig bei der königlichen Marine an. Schon nach kurzer Zeit wird er befördert und erlangt bereits nach zwei Jahren den Rang eines Masters.

Schließlich beobachtet Cook auf einem Schiff, mit dem er vor der Küste Kanadas kreuzt, wie Militärkartographen mit einem speziellen Messtisch, Lineal und einem Winkelmessgerät hantieren. Neugierig verfolgt er, auf welche Weise die Männer die Konturen der Küste auf Papier in Striche, Punkte und Symbole verwandeln.

Die Reise der »Endeavour« wird das **BILD DER ERDE** für die Europäer auf immer verändern

Bald packt ihn der Ehrgeiz, all dies auch zu lernen. Und es besser und gewissenhafter zu machen als viele andere zuvor. Denn deren Aufzeichnungen sind häufig weniger Fakt als Fantasie: „Ich habe gesehen, wie sie den Verlauf einer Küste verzeichneten, die sie nie gesehen hatten. Und anschließend derart entzückt waren von ihrer Leistung, dass sie sie wie einen Silberschatz als Vermessungskarte ausgaben", notiert Cook sarkastisch.

In seiner freien Zeit studiert er die Erkenntnisse der Mathematik, Astronomie und Navigation. An Bord lässt er sich in die Kunst der Kartographie einführen. Schon bald hilft der Autodidakt dabei, die Wasserstraßen vor dem kanadischen Quebec zu kartieren.

Cooks Mühe zahlt sich aus: Er macht sich mit seinem außergewöhnlichen Geschick in der Marine einen Namen. Wie kaum ein anderer zeigt er sich motiviert, aus freien Stücken die Arbeit an Bord zu verrichten.

„Ich erlaube mir, Eure Lordschaften davon in Kenntnis zu setzen", schreibt eines Tages ein Kapitän an die Admiralität, „dass Mr. Cook hervorragend für seine Arbeit und noch größere Herausforderungen geeignet ist." Im Sommer 1757 legt der Adept eine Prüfung ab, die ihn befähigt, ein eigenes Schiff der königlichen Marine zu führen.

Daraufhin erhält Cook das Kommando über einen Segler und den Auftrag, Neufundland zu kartieren. Die Insel vor der Küste Kanadas ist von zahllosen Buchten zerklüftet und für ihr unberechenbares Wetter bekannt. Doch Cook meistert die Aufgabe: Zu keiner Zeit gerät sein Schiff in Gefahr.

Und die Karte, die er schließlich von seinem eigenen Geld in Kupfer stechen lässt, ist nahezu perfekt. Überdies beobachtet Cook auf Neufundland eine Sonnenfinsternis und stellt mit seinem Bericht darüber unter Beweis, wie groß sein Interesse für die wissenschaftliche Erkundung der Natur ist.

So unterscheidet er sich von den meisten anderen Kommandanten, die ihre Segler mit wenig Sinn für gründliche Beobachtung über die Meere lenken. Genau deshalb ist er es, der die

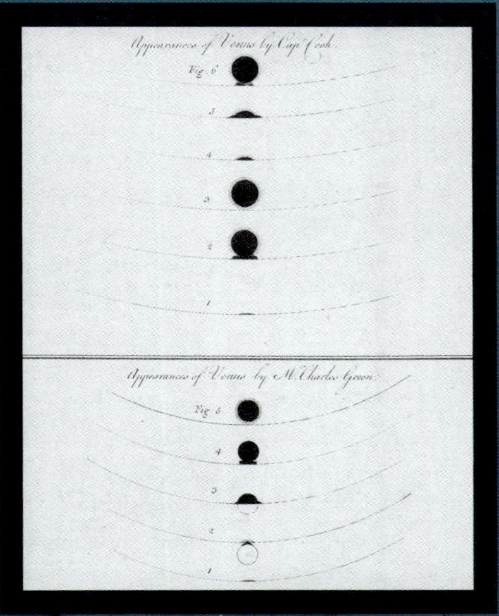

ALS KLEINER SCHWARZER FLECK schiebt sich die Venus vor die Sonne. Sekundengenau halten Cook und sein Astronom den Transit des Planeten fest

VON POL ZU POL verlaufende Längengrade ermöglichen es einem Kapitän – in Kombination mit Breitengraden –, seine Position auf dem Globus festzulegen

„Endeavour“ auf ihrer wissenschaftlichen Expedition gen Süden führen soll – hinaus ins Ungewisse.

FUNCHAL, 18. SEPTEMBER 1768. In der Hauptstadt der rund 700 Kilometer vor der nordafrikanischen Küste gelegenen Insel Madeira schleppen Männer ein letztes Mal für lange Zeit Wasser, Früchte und Kisten mit Konfekt an Bord der „Endeavour“. Dann lässt Cook das Schiff hinaus auf den Atlantik treiben.

Er muss den Ozean überqueren und Kap Hoorn an der Spitze Südamerikas umschiffen, dann seine Crew über den Stillen Ozean navigieren, um schließlich Tahiti anzulaufen. Dabei erscheint es beinahe unmöglich, in der schieren Unendlichkeit des Wassers solch winzige Gestade zu finden.

Bislang richten Seefahrer ihren Kurs meist an Küsten in Sichtweite aus. Auf dem offenen Meer sind sie oftmals orientierungslos. Glaube und Hoffnung lenken die Kapitäne über die Weltmeere. Erreichen sie ihr Ziel, so schreiben sie es der Gnade Gottes zu – denn schon eine geringe Abweichung von ihrem Kurs kann sie ins Verderben führen. Ganze Flotten laufen in flachen Gewässern auf Grund, wenn jäh und unerwartet Land vor ihnen auftaucht.

Zumindest die Richtung, in die der Wind sie bläst, vermögen die Seefahrer mit einem Kompass zu bestimmen. Doch auch die magnetische Nadel führt viele Schiffer in die Irre. Denn sie weist nie genau zum geographischen Nordpol, nach dem die meisten Karten ausgerichtet sind, sondern orientiert sich an den sich beständig verändernden Magnetlinien, die zu den magnetischen Polen verlaufen (der magnetische Nordpol liegt heute im Norden Kanadas).

Vor allem ihren genauen Standort auf See können die Navigatoren nicht zuverlässig ermitteln. Theoretisch soll ihnen dabei ein Gerüst aus imaginären Linien helfen, das Kartographen zur Orientierung über die Erde gespannt haben.

Dieses Koordinatensystem sieht aus wie ein Gitternetz: Parallel zum Äquator ziehen sich sogenannte Breitengrade um den Globus. Von Pol zu Pol wiederum erstrecken sich strahlenförmige Längengrade (oder „Meridiane“). Jeder Ort der Erde lässt sich auf dem Papier als Kreuzungspunkt von Breiten- und Längengraden fixieren und in Zahlen ausdrücken. Ermittelt ein Seemann, wo sich sein Schiff auf dem Liniennetz befindet, so kennt er seine geographische Position auf der Karte und kann mit dem Kompass die Richtung seiner weiteren Route bestimmen.

Die Breite – also die Distanz zum Äquator – vermögen Navigatoren und Kartographen recht einfach zu erfassen: Sie messen, wie hoch die Sonne über dem Horizont steht, und bestimmen aus diesem Ergebnis mit einigen Rechenschritten den Breitengrad (siehe Illustration Seite 27). Cook benutzt dafür ein recht neues technisches Hilfsmittel: einen Sextanten.

Mit diesem Instrument kann er Sonne und Horizont auf einem Spiegel zur Deckung bringen und den Winkel zwischen beiden auf einer Skala ablesen.

Ist der Horizont einmal nicht zu sehen, etwa weil Berge ihn verdecken, so orientiert sich Cook an einem künstlichen Ersatz: Dazu füllt er Quecksilber in eine kleine Holzschale. Die spiegelnde Oberfläche des flüssigen Metalls richtet sich stets parallel zum Horizont aus und dient ihm dann als Bezugspunkt bei der Messung der Breite.

Weitaus schwieriger ist die Bestimmung der geographischen Länge, also der Position in Ost-West-Richtung.

Für die meisten Seeleute eine fast unlösbare Aufgabe. Denn dafür muss der Beobachter die genaue Uhrzeit an zwei Orten zugleich kennen: an seinem eigenen Standort auf hoher See und an einem anderen Ort auf der Welt, etwa in seinem Heimathafen. Aus der Differenz der Zeiten ergibt sich der Längengrad.

Als Cook in See sticht, lässt sich dieses Problem nur bei klarem Himmel mit aufwendigen astronomischen Beobachtungen und komplizierten Berechnungen lösen.

Dafür steht den Seeleuten der „Nautische Almanach“ zur Verfügung, eine umfangreiche Sammlung von Listen, die Himmelsforscher zwei Jahre vor Cooks Abreise erstmals erstellt haben. Sie verzeichnet detailliert die Konstellationen von Sonne, Mond und ausgewählten Gestirnen über dem Observatorium im britischen Greenwich.

Die Sternentafeln lassen sich wie eine „Himmelsuhr“ lesen: Sie geben

MIT EINEM SEXTANTEN können Seefahrer den Winkel zwischen einem Himmelsobjekt und dem Horizont messen – und mit seiner Hilfe ihre Position ermitteln

die Positionen der Gestirne im Abstand von drei Stunden an. Und bieten so regelmäßig die Möglichkeit, an jedem Ort der Welt die Uhrzeit von Greenwich zu bestimmen und zur eigenen in Bezug zu setzen, um die geographische Länge zu ermitteln.

An Bord der „Endeavour" beherrscht der Astronom Charles Green anfangs als Einziger diese Methode der „Monddistanzmessung". Auf die Beobachtungen der Offiziere könne man sich nicht verlassen, klagt Green in seinem Tagebuch. Und wenn sie welche vornähmen, sei es „eine verdrießliche Angelegenheit".

Doch schnell lernt Cook von Green, wie die Distanzen zwischen Mond und den anderen Gestirnen zu vermessen und auszuwerten sind. Schon auf den ersten Meilen der Reise zeigt sich sein methodischer und analytischer Verstand – Cook denkt wie ein Wissenschaftler.

Anders als die meisten Kapitäne seiner Zeit kann er bald exakt bestimmen, wo sich die „Endeavour" gerade befindet. Und er vermag sein Schiff mit Präzision zu lenken. Zu jedem bekannten Ziel in der Weite der Hohen See.

Stiller Ozean, 4. April 1769. „Land! Land!", ruft gegen elf Uhr ein Mann an Bord der „Endeavour". Hinter Cook und seiner Mannschaft liegen zwei quälend lange Monate auf dem Pazifik. Nun endlich hebt sich im Süden eine sichelförmige Insel, Vahitahi, aus den Fluten der Wasserwüste.

Es ist das erste Zeichen der von ihnen angesteuerten Inselwelt der Südsee, und dank seiner Navigationskünste findet Cook wenige Tage später noch weiter im Westen sein Ziel, das kaum größer ist als Rügen: Tahiti.

Weiße Strände, rauschende Bäche und üppige Pflanzen formen vor seinen Augen im milden Sonnenlicht eine idyllische Landschaft. Auf Kanus gleiten Einheimische über die azurblaue Bucht heran und überbringen den Ankömmlingen Kokosnüsse und andere Gaben.

Wie ihm die Gelehrten der Royal Society in der Heimat aufgetragen haben, richtet er am 3. Juni 1769 vier Teleskope auf die Sonnenscheibe. Der Himmel wölbt sich an jenem Tag strahlend blau über die Insellandschaft, keine Wolke verschleiert den Blick. Im Verlauf von sechs Stunden schiebt sich die Venus als kleiner schwarzer Fleck über das Zentralgestirn.

Sekundengenau verzeichnet Cook gemeinsam mit den Wissenschaftlern Daniel Solander und Charles Green die Dauer des Geschehens. Ihre Zeitangaben helfen Astronomen in Großbritannien später, einen Wert für die Entfernung zwischen Sonne und Erde zu berechnen, der dem heute gültigen (149,6 Millionen Kilometer) recht nahe kommt. Diese „Astronomische Einheit" wird zum grundlegenden Maß im Universum, zum Urmeter des Kosmos.

Cook hat seinen offiziellen Auftrag erfüllt: Er hat die nötigen Messungen durchgeführt, mit denen sich die Lage der Erde im All näher bestimmen lässt. Um diesen Erfolg zu feiern, lässt der Kommandeur am Strand von Tahiti für seine Offiziere auftischen.

Doch das Bankett im Fackelschein ist zugleich der Aufbruch in ein neues Abenteuer – allein für die Beobachtung der Venus hätte die britische Admiralität wohl kaum einem Mann das Kommando über die „Endeavour" erteilt, der auf so überragende Weise Seemann, Nautiker und Kartograph zugleich ist.

Eine weitere Mission erwartet die Mannschaft. Eine Mission, die Cook in

> Mit dem Kompass als **WEGWEISER** beginnt das goldene Zeitalter der europäischen Entdecker

seinem geheimen Orderbuch vor allen anderen verborgen hat: Er soll *Terra australis*, das geheimnisumwobene Südland, finden und kartieren. Endlich sollen die Europäer ein vollständiges Bild von allen Kontinenten gewinnen.

Damit das Unbekannte seinen Schrecken verliert.

Denn schon seit frühester Zeit sind Menschen stets darauf bedacht, zwei existenzielle Fragen zu beantworten: Wo bin ich? Und wo befindet sich meine Umgebung im Verhältnis zu mir?

Daher versuchen sie, ihre Umwelt durch Linien, Punkte und geometrische Figuren begreiflich zu machen; versuchen, die Welt anhand markanter Konturen in Distanzen, Verhältnisse und Zeichen zu übersetzen. In Karten.

Diese Abbilder der Welt weisen nicht nur Wege in unbekanntem Terrain. Sie verwandeln auch Entfernungen in Verkehrswege, klassifizieren Flüsse nach ihrer Eignung als Transporttrassen und stufen Gebirge als Rohstofflager ein.

Kurz: Geographische Karten machen die Erde beherrschbar.

Die früheste bekannte Abstraktion einer Landschaft befindet sich auf einer Felswand in der mehr als 8000 Jahre alten steinzeitlichen Siedlung Çatalhöyük in der heutigen Türkei. Über eine Länge von drei Metern erstreckt sich dort ein Muster aus Rechtecken. Doch es ist mehr als ein geometrisches Ornament.

Denn am Rande der Darstellung haben die Urheber ein Gebilde gemalt, das aussieht wie die Kontur eines Berges; genau dort, wo sich nahe der Siedlung in Wirklichkeit ein erloschener Vulkan erhebt.

Der vermeintliche Wandschmuck zeigt, wie die Häuser und Gassen von Çatalhöjük zueinander liegen. Es ist ein prähistorischer Stadtplan – die älteste Karte der Menschheit.

Im Griechenland der Antike beschäftigen sich die Menschen bereits ausführlicher mit den kartographischen Künsten. Doch das Bild der Erde, das sich die Denker von Hellas ausmalen, ist noch eng begrenzt. Nach Süden hin, so glauben sie, werde es immer heißer.

Jeder, der sich dorthin wage, müsse unweigerlich verbrennen. Wer sich nach Norden begebe, dem drohe dagegen der Kältetod.

Mit den Eroberungen Alexanders des Großen dehnt sich der Blick des Abendlandes zumindest nach Osten hin aus. Ein Trupp von Landvermessern marschiert mit seinem Heer. Sie kartieren das Reich, das sich von der Donau bis an den Indus erstreckt. Ohne ihre Fertigkeiten wäre dieses riesige Imperium nicht zu verwalten.

Auf Anweisung des Feldherrn entsteht deshalb im eroberten Babylon so-

Die Kunst der Messung

Wie Seeleute auf dem Meer per Jakobsstab und Sextant den Breitengrad ermitteln, auf welche Weise Kartographen das Land mithilfe der Triangulation erfassen – und wie sie die Erdkugel schließlich zu Papier bringen

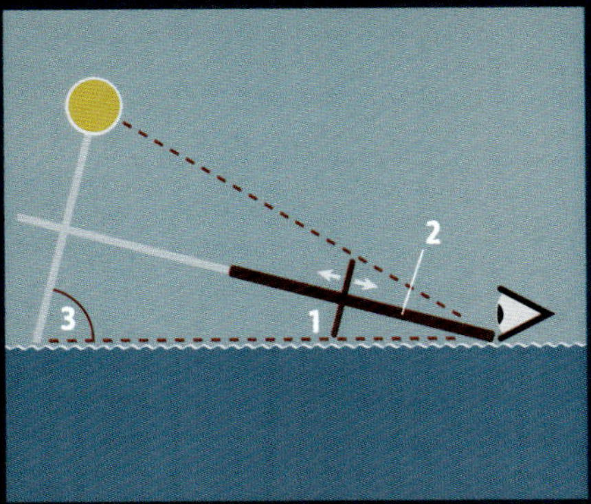

Jakobsstab

Mit dem Vorläufer des Sextanten peilt man mittags die Sonne an, verschiebt den Querstab (1), bis er Sonne und Horizont gerade überdeckt. Eine Skala (2) zeigt den Einfallswinkel der Sonne (3) an – mit dessen Hilfe sich dann der Breitengrad ermitteln lässt.

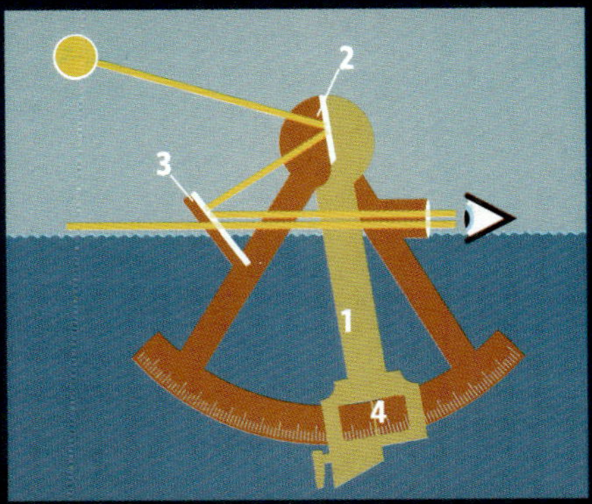

Sextant

An einem verschiebbaren Arm (1) ist ein Spiegel (2) angebracht. Über diesen und einen zweiten, halbdurchlässigen (3) visiert der Betrachter zugleich Mittagssonne und Horizont an und liest den Einfallswinkel des Gestirns auf der Skala (4) ab.

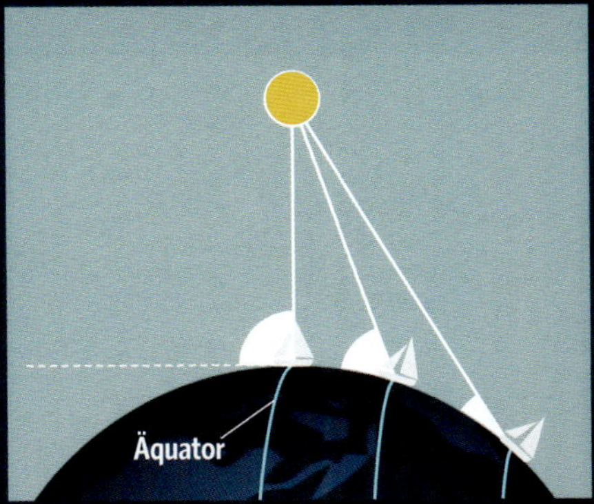

Breitengrad

Aus dem Einfallswinkel der Sonne lässt sich der Breitengrad berechnen: Je weiter ein Schiff vom Äquator entfernt ist, desto kleiner der Winkel, desto größer der Breitengrad. Am Äquator, wo die Sonne (etwa im Herbst) mittags nahezu senkrecht steht, ergibt sich »0 Grad«.

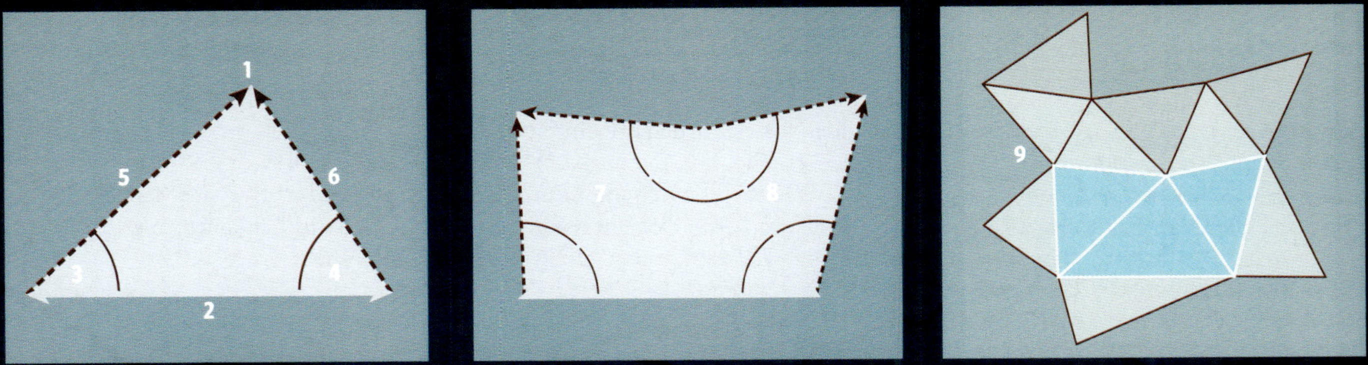

Prinzip der Triangulation

Um die Distanz zu einem entfernten Punkt in der Landschaft zu ermitteln (1), wird zunächst eine Grundlinie am Boden vermessen (2). Von deren Enden peilen Kartographen mit einem speziellen Winkelmesser jeweils den entfernten Punkt an und erfassen die Winkel (3, 4) zwischen Grundlinie und Peilrichtung. Da nun die Länge der Grundlinie sowie zwei Winkel bekannt sind, lassen sich über eine geometrische Gleichung die Längen der Dreiecksschenkel (5, 6) berechnen. Diese dienen wiederum als Grundlinien (7, 8) für die nächsten Peilungen. Nach und nach können Kartographen so ein ganzes Netz von Dreiecken (9) über das Terrain spannen und daraus eine maßstabsgetreue Landkarte mit präzisen Entfernungsangaben und korrekten Proportionen erstellen.

Projektion im Zylinder

Um die gekrümmte Erdoberfläche auf eine Karte zu übertragen, kann man dem Globus etwa einen virtuellen Zylinder überstülpen. Wie durch einen gläsernen Planeten hindurch werden dann die Konturen auf die Zylinderfläche projiziert.

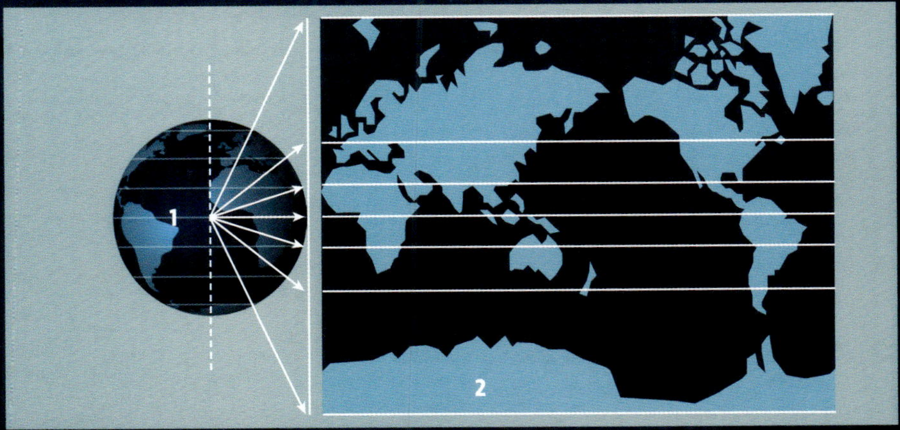

Vom 3-D-Globus zur Karte

Die bekannteste und in der Seefahrt immer noch gebräuchliche Darstellungsvariante ist die Mercator-Projektion. Dabei befindet sich der gedachte Projektor in der Mitte der Erdkugel (1), der sein Licht durch einen transparenten Globus strahlt (verdeutlicht durch die Pfeile). Die Regionen um die Pole werden dabei gar nicht, hoch im Norden oder Süden gelegene Landmassen (wie etwa die Antarktis) werden stark vergrößert abgebildet (2); Zonen am Äquator sind dagegen weniger oder gar nicht verzerrt.

AN DER OSTKÜSTE AUSTRALIENS ankern Cook und seine Forscher 1770 in der Botany Bay – am Rande des heutigen Sydney – und erkunden die exotische Tier- und Pflanzenwelt

FEDERSCHMUCK IM HAAR und kunstvolle Tätowierungen zieren diesen Maori. Pflanzen wie der Rauschpfeffer (links) dienen in Polynesien medizinischen und religiösen Zwecken

gar ein Zentrum der Kartographie, in dem Gelehrte geographisches Wissen ihrer Zeit zusammentragen.

Doch der größte Impuls für die Kartenkunde geht von Alexandria im alten Ägypten aus: Dort revolutioniert Claudius Ptolemäus, geboren um das Jahr 100 n. Chr., die Kunst der Kartographie.

Der Mathematiker und Astronom erdenkt auf der Grundlage älterer Quellen erstmals das Koordinatensystem von Breiten- und Längengraden für die kugelförmige Erde.

Noch zu Beginn der Neuzeit beherrschen Karten, die angeblich auf Ptolemäus zurückgehen, das Wissen über das Antlitz des Planeten. Während der Altmeister der Geographie mit der praktischen Umsetzung des Gradnetzes und der Wiedergabe der ganzen Erdgestalt ringt, entwickeln Feldmesser in Zeiten der römischen Cäsarenherrschaft pragmatisch ihre Disziplin weiter.

Mit Messlatten, Wasserwaagen und Winkelmaßen ziehen „Agrimensoren" durch das Kaiserreich. Sie vermessen Straßen und Städte, registrieren Entfernungen, Grenzen und Wegmarken, Tempel, Bäder und Leuchttürme.

Doch der Aufstieg des Christentums zwingt die zusehends präzisere Vermessung der Welt unter das Joch einer religiösen Weltanschauung. Das nun als „heidnisch" verdammte Wissen des Altertums verschwindet bald in den Gewölben mittelalterlicher Klosterbibliotheken. Auch die methodischen Überlegungen des Ptolemäus geraten in Vergessenheit.

Stattdessen beginnen Mönche in ihren Skriptorien, irreale Landmarken wie die Flüsse des Gartens Eden zu verzeichnen. Gerade so, als wären sie geographische Tatsachen. Das Himmlische Jerusalem erheben sie gar zum Mittelpunkt der Welt.

Ihre Bildwerke geben nicht die Erde wieder, wie sie ist – sondern wie sie nach den Lehren der Bibel sein sollte. Gottgefällige Symmetrie und himmlische Harmonien sind nun das Maß der Kartenkunde, Fantasie und Spekulation ihr Rohstoff.

Nur langsam reift die wirklichkeitsgetreue Abstraktion der Welt nach und nach wieder heran – auf dem Meer. In italienischen Hafenstädten reichen Seeleute ab Ende des 13. Jahrhunderts völlig neuartige Karten herum. Detailgenau geben diese „Portolankarten" Hinweise auf Lichtzeichen und Gezeiten, Klippen, Strömungen und Winde wieder. Wie ein dichtes Spinnennetz überziehen darin gerade Linien die gezeichneten Küstenkonturen.

Dieses künstliche „Gewebe der Meere" soll Kapitänen helfen, die Fahrtrichtung ihrer Schiffe zu bestimmen. Dabei bedienen sich die Europäer auch eines recht neuen Instruments, das den Chinesen schon weit länger bekannt ist: des Kompasses.

> Die Übertragung der gekrümmten **ERDOBERFLÄCHE** auf eine Karte ist lange ein Problem

Um 1250 unterlegen Seefahrer erstmals eine magnetische Nadel, die jederzeit ungefähr nach Norden zeigt, mit einer Windrose (einer mit einer Gradeinteilung versehenen Scheibe). Jetzt lassen sich Richtungsangaben leichter treffen.

Ausgestattet mit dem neuen Wegweiser, wagen sich die europäischen Segler allmählich auch nach Westen auf den Atlantik, tasten sich in die uferlose Ferne hinaus. Das goldene Zeitalter der großen Entdeckungen und Eroberungen bricht an – und lässt die Kartenkunst erneut erblühen.

In Nürnberg zieht der Tuchhändler Martin Behaim 1492 eine Karte der bis dahin bekannten Welt auf eine aus Leder, Leinwand und Papier geleimte Kugel auf. Es ist der erste Globus.

AUF DIESEM „ERDAPFEL" offenbart sich ein fundamentales geometrisches Problem der Kartenkunde: Wer bis dahin versucht hat, das Bild der Erde zu zeichnen, musste unweigerlich die Wirklichkeit verzerren.

Denn eine Gerade, mit der sich auf Papier etwa der Kurs von einem Hafen zu einem anderen bestimmen lässt, ist in der Realität eine geschwungene Linie. Jahrhundertelang bleibt deshalb die getreue Übertragung der gekrümmten Erdoberfläche auf die ebene Fläche eines Kartenblattes für Landvermesser eine scheinbar unüberwindliche Hürde.

Doch dann findet der flämische Kartograph und Kartenhändler Gerhard Kremer im 16. Jahrhundert einen Weg, wie sich die Position eines Punktes auf dem dreidimensionalen Erdkörper geometrisch auf eine zweidimensionale, rechteckige Fläche projizieren lässt (siehe Illustration Seite 27).

Gerhard Kremer, genannt Mercator, führt die Kartographie damit in eine neue Epoche. Dennoch bleiben die Karten noch lange ein Spiel von Irrtum und Wahrheit. Noch immer gelingt es kaum jemandem, Länge und Breite minutiös zu bestimmen. Noch immer verstehen sich die Weltenzeichner nicht als pedantische Wissenschaftler.

Auch der Genius Mercator glaubt noch an einen der größten Trugschlüsse der Geographie: Im Süden des Planeten, so heißt es seit der Antike, müsse es eine riesige Landmasse geben – ein Gegengewicht zu den bekannten Kontinenten, die sich vorwiegend im Norden erstrecken.

Ohne eine solche Terra australis würde der Planet aus dem Lot geraten und durch das Universum taumeln, vermuten Generationen von Gelehrten und Seeleuten. Überzeugt von der Existenz dieses „unbekannten Südkontinents", zeichnen Kartographen ihn einfach in die weitgehend unerforschte Südseite der Erde ein.

In ihrer Fantasie bedeckt die Landmasse den Pol; erstreckt sich mitunter bis nahe an den Äquator und ist nur durch schmale Wasserstraßen von Afrika und Südamerika getrennt.

Manchmal versehen sie den sagenumwobenen Erdteil zuversichtlich gar mit der Bezeichnung *nondum cognita*: „noch nicht bekannt".

Doch über Jahrhunderte erblickt niemand die ersehnten Gestade. Obwohl es nach wie vor keinen Beweis für das geheimnisvolle Südland gibt, rühmen Geographen es noch, als James Cook zur See fährt. Utopisten malen sich dort gewaltige Goldschätze aus, träumen von exotischen Gewürzen und fruchtbaren Äckern.

Dieses gepriesene Land soll James Cook für die Aufklärer Europas entdecken. Das ist der eigentliche, streng geheime Zweck seiner Reise.

„So Ihr den genannten Kontinent findet“, heißt es im Befehlsbuch des Kommandeurs, „so sollt Ihr Euch mit äußerster Sorgfalt daran machen, die Küste in dem größten Euch möglichen Ausmaße zu erforschen.“

Darüber hinaus soll Cook jede Insel, die er bei der Fahndung nach dem Südkontinent sichtet, im Namen der Krone einnehmen und ausgiebig erkunden; soll endlich die Leere füllen, die auf den Weltkarten im südlichen Pazifik gähnt.

Diese Order kommt dem detailversessenen Kartenzeichner Cook sehr entgegen: „Die Welt wird kaum die Entschuldigung eines Mannes zulassen“, schreibt er, „der eine Küste, die er entdeckt hat, unerforscht wieder verlässt.“

Und „erforschen“ bedeutet für ihn vor allem: genaue Beobachtung, präzise Verortung und exakte Kartierung.

TAHITI, 13. JULI 1769. Mit frischem Proviant in den Stauräumen der „Endeavour“ geht Cook erneut unter Segel. Mit an Bord ist nun Tupia, ein Priester von der nahe gelegenen Insel Ra'iatea.

Der Einheimische ist für Cook ein ungemein wertvoller Helfer: Er kennt sich im polynesischen Inselreich hervorragend aus und navigiert die „Endeavour“ durch das Labyrinth der Landsplitter, die über das Meer Ozeaniens verstreut sind. Gemeinsam halten Cook und Tupia Lage und Namen von 74 Inseln fest.

Von einer gewaltigen, zusammenhängenden Landmasse im Südpazifik hat Tupia allerdings noch nie gehört.

Trotzdem treibt Cook die „Endeavour“ Tag um Tag über das offene Meer ins Unbekannte, den Bugspriet immer gen Süden gerichtet.

Der Wind wird eisiger, ein Mann an Bord trinkt sich mit Rum zu Tode. Einmal fliegt ein unbekannter Vogel am Himmel. Sind belebte Gestade schon so nah? Cook zweifelt daran. Er selbst glaubt nicht an die Existenz von Terra australis. Eine kräftige Dünung aus Süden zeigt dem erfahrenen Seemann, dass nichts als Wellen vor ihnen liegen.

Cook führt das Schiff so weit nach Süden, wie ihm die Admiralität befohlen hat – und nicht eine Meile weiter. Stürmische Böen zerren schließlich so heftig an Tuch und Takelage, dass der Kommandeur eine Weiterfahrt nicht verantworten will.

> Vom schwankenden Deck aus erfasst der Kapitän die **UMRISSE** des Landes und bringt sie zu Papier

Anfang September 1769 schwenkt er nach Westen ab und nimmt Kurs auf Neuseeland – eine Doppelinsel, die der Niederländer Abel Tasman bereits 1642 als erster Europäer gesichtet hat. Doch er setzte damals keinen Fuß an Land und hielt es für einen Teil Südamerikas.

Cook macht sich nun, da er den Südkontinent nicht gefunden hat, daran, seinen Auftraggebern die wahren Konturen dieser Inseln zu verdeutlichen.

NEUSEELAND, 9. OKTOBER 1769. Cook manövriert die „Endeavour“ zur Mündung eines Flusses, ankert dort und lässt sich an die Küste rudern.

Von Neuem beweist er nun seine Meisterschaft darin, die Umrisse eines Landes von den schwankenden Deckplanken eines Schiffes aus zu erfassen und anschließend präzise auf Papier zu übertragen. Im Verlauf von sechs Monaten umzirkelt er Neuseeland und kartiert die 3850 Kilometer lange Küste äußerst gewissenhaft. Vermutlich lässt er sich immer wieder ans Ufer übersetzen, um die Landschaft zu observieren.

Um dabei Positionen von Landformationen auf der Erde zu fixieren, bestimmt Cook Längen- und Breitengrade. Um von dort Distanzen zu anderen Punkten zu erfassen, bedient er sich einer komplexen Technik, die Landvermesser erst seit wenigen Jahrzehnten in Europa erproben: der Triangulation.

Diese Methode beruht auf einem geometrischen Grundprinzip: Sind die Länge einer Dreieckskante sowie die Winkel der beiden Ecken, an die sie anschließt, bekannt, so lässt sich anhand von mathematischen Formeln die Lage des dritten Eckpunktes errechnen.

Überträgt ein Kartograph dieses Prinzip auf die Landvermessung, so muss er eine Strecke zwischen zwei Punkten definieren und ihre Länge mit Seilen, Ketten oder Latten vermessen. Dies ist die Grundlinie eines imaginären Dreiecks.

Anschließend peilt der Landvermesser von den beiden Enden der Linie aus einen Punkt in der Landschaft an, dessen Position er auf einer Karte fixieren will, und bestimmt, in welchem Winkel die Sichtlinien verlaufen.

Aus den gewonnenen Angaben ermittelt er die Position des Punktes, ohne je dort gewesen zu sein (siehe Seite 27).

Jede Seite des Dreiecks kann als neue Grundlinie für ein weiteres dienen. Auf diese Weise lässt sich ein ganzes Netz von Dreiecken über große Entfernungen erstellen und ein Bild einer Provinz,

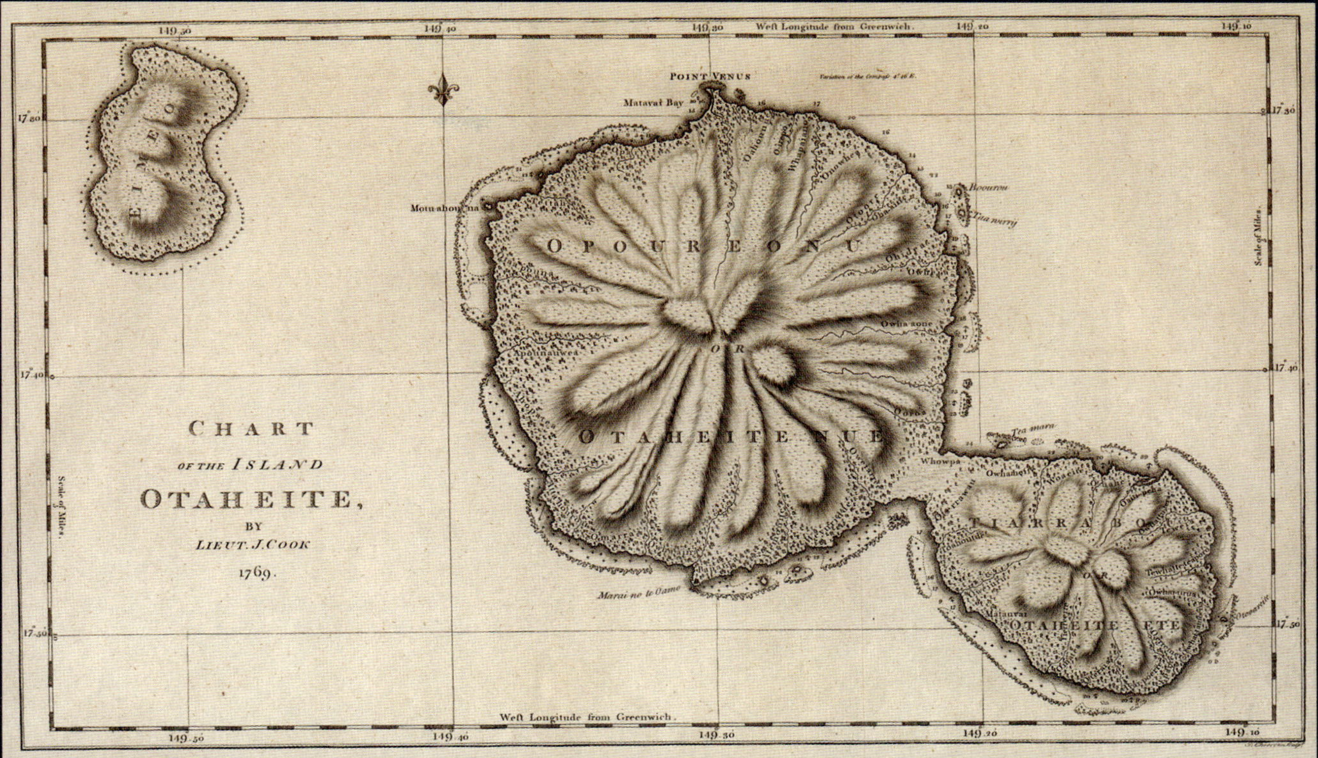

IN DER INSELWELT TAHITIS VERBRINGT COOK mehr als drei Monate und fertigt diese Karte an. Nachdem er seinen offiziellen Auftrag, den Durchgang der Venus vor der Sonne zu beobachten, erledigt hat, bricht er auf, um neue Gestade zu entdecken, vor allem das mutmaßliche Südland

eines Landes oder gar eines ganzen Kontinents zeichnen, auf dem die Proportionen der Realität entsprechen.

Dies stellt erstmals die Gelehrtenfamilie Cassini in Frankreich unter Beweis: Über mehrere Generationen hinweg vermisst sie ab 1683 ein Netz von Dreiecken zwischen Dünkirchen im Norden des Landes und den Pyrenäen im Süden. Ganz im Sinne der Aufklärung zerschlägt ihre exakte Arbeit eine Illusion – Frankreich ist in Wirklichkeit kleiner als angenommen. Das Werk der Landvermesser habe ihm größere Verluste als ein verlorener Feldzug eingebracht, klagt König Ludwig XIV.

Das Prinzip der Dreiecksberechnung nutzt auch 1736 der Franzose Pierre Louis Moreau de Maupertuis auf einer Expedition nach Lappland: Der Mathematiker zeigt, dass im hohen Norden die Entfernung zwischen zwei Breitengraden länger ist als im südlicher gelegenen Frankreich.

Erneut triumphiert die kühle Rationalität der Vermessung: Es ist der Beweis dafür, dass die Form der Erde nicht einer perfekten Kugel gleicht, sondern eher einem Oval.

ANDERS ALS AUF DEM Festland bereitet die Dreiecksberechnung auf dem Wasser noch große Schwierigkeiten. Um die Lage eines Küstenpunktes aus der Ferne zu bestimmen, bieten sich auch James Cook nur zwei Möglichkeiten: Entweder muss er jedes Mal, bevor er ein Ziel anvisieren kann, mit einem Beiboot ans Ufer rudern und dort mit Latten oder Ketten eine Basislinie für das imaginäre Dreieck definieren.

Oder er muss versuchen, eine Basislinie auf offener See zu vermessen – etwa, indem er die Position des Schiffes an zwei verschiedenen Standorten berechnet oder die Länge einer Strecke aus der verstrichenen Fahrtzeit und der Geschwindigkeit ermittelt.

Die Vermessung **aus dem All**

Mittels Raumspähern gewinnen Kartographen heute präzisere Daten der Erdoberfläche als jemals zuvor

Seit mehr als 250 Jahren vermessen Forscher präzise die Konturen der Welt. Doch während Pioniere wie James Cook unbekannte Landschaften mit Fernrohr, Chronometer und Winkelmesser erfassten, bilden moderne Kartenmacher die Oberfläche der Erde vor allem aus der Distanz ab – mit Hightech-Geräten im All. Aus Höhen von 200 bis 2000 Kilometern sammeln heute rund 150 Erdbeobachtungssatelliten geographische Daten. Einige nehmen mit ihren digitalen Hochleistungskameras ganze Kontinente Meter für Meter auf. Andere senden Radarstrahlen auf die Erde – und aus der Zeitspanne, die das Signal zur Erde und wieder zurück braucht, berechnet der Computer die Entfernung zwischen Sonde und Oberfläche. So erhalten die Kartographen ein präzises Höhenprofil nahezu jeder Region – und können zentimetergenau feststellen, ob sich etwa ein Gebirgsmassiv durch geologische Vorgänge hebt oder senkt.

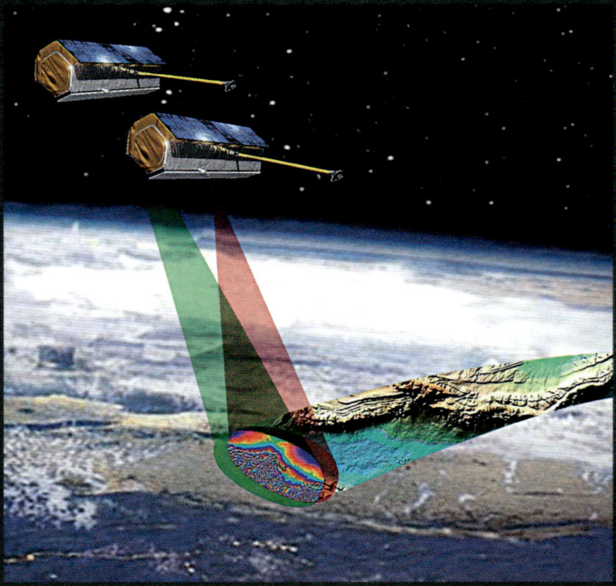

Zwei deutsche Radar-Satelliten sollen die Erde abtasten, um ein hochpräzises, dreidimensionales Bild zu ermitteln

Spätestens Ende 2010 werden zwei deutsche Radarsatelliten die gesamte Landfläche des Planeten im Formationsflug neu vermessen. Im Parallelbetrieb sollen sie den Globus aus leicht verschiedenen Blickwinkeln abtasten; dadurch wird es Forschern erstmals möglich sein, ein vollständiges und präzises 3-D-Profil der Erdoberfläche zu erstellen.

Mithilfe solcher Späher wollen die Kartographen auch genaue Kenntnis über den Zustand der Erde gewinnen. Satelliten wie der europäische Envisat-1 sammeln Daten darüber, wie Regenwälder wachsen oder schrumpfen, wie sich Wüsten ausbreiten oder zurückziehen. Sie messen die Luftströme über den Meeren und liefern Daten zur Farbe der Ozeane; erfassen die Aktivität von Vulkanen und die Drift des Packeises; beobachten die Ozonschicht und analysieren die chemische Zusammensetzung der Atmosphäre.

Seit März 2009 ist die deutsche Sonde „GOCE" im Einsatz. Von der Erde aus verfolgen Forscher die Bahn des Satelliten in 250 Kilometer Höhe mit einer Genauigkeit von weniger als einem Zentimeter in allen drei Raumrichtungen. Aus winzigen Kursänderungen können Wissenschaftler dann lokale Abweichungen im Schwerefeld der Erde ableiten. Solche feinen Schwankungen der Gravitation treten etwa auf, wenn Meeresströmungen die Höhe des Meeresspiegels verändern. So lässt sich durch die Kombination dieser Daten mit der von anderen Satelliten gemessenen Meeresspiegelhöhe etwa die für das globale Klima so wichtige Zirkulation der ozeanischen Wassermassen verfolgen.

Doch nicht immer verlassen sich die Forscher auf die Bilder aus dem Weltall. Die Gebirgsgletscher im Himalaya etwa sind zumeist kilometerweit mit Schutt und Geröll überdeckt, ihre wahren Dimensionen bleiben den orbitalen Spähern verborgen. Daher müssen Kartographen auch heute noch die tatsächlichen Verhältnisse vor Ort studieren. Seit 2006 messen Dresdener Geowissenschaftler, welche elektromagnetischen Wellen von den frostigen Böden reflektiert werden – und wie stark. Zusammen mit weiteren Daten zu Form und Gestalt der vermessenen Oberflächen können die Forscher dann feststellen, wo genau sich im tibetischen Hochland Eis verbirgt und wo bloßer Fels. So vermögen sie ungenaue Satellitenbilder Stück für Stück zu korrigieren und wahrheitsgetreue Karten der Region anzufertigen.

Die präzisesten Oberflächenmodelle aber lassen sich mit der LIDAR-Technik („Light Detection and Ranging") anfertigen: Dabei werden jede Sekunde mehrere Tausend Laserpulse auf ein Gelände gefeuert; aus dem Echo der gestreuten Strahlen entsteht ein 3-D-Profil der Landschaft. So können Forscher erstmals auch die komplexe Topographie etwa eines schlecht zugänglichen Canyons aufzeichnen: Aus einer Entfernung von rund 100 Metern erfasst LIDAR selbst Objekte, die nur wenige Millimeter groß sind. *Sebastian Witte*

Radar-Aufnahmen im Abstand weniger Tage dokumentieren, wie stark der Wasserspiegel im Watt bei Sylt schwankt

Dieses Verfahren der „laufenden Kartierung“ erfordert äußerste Genauigkeit und immense Erfahrung. Und über beides verfügt Cook: Die Karte, die er 1770 von Neuseeland erstellt, ist überaus korrekt.

„Die Exaktheit und Gründlichkeit der Details erstaunten mich über alle Maßen“, notiert später ein französischer Navigator, als er Cooks Arbeit mit seiner eigenen vergleicht (selbst 200 Jahre später werden Karten von Cook im Schiffsverkehr noch verwendet).

Von Neuseeland aus steuert er zu seiner nächsten kartographischen Herausforderung: Australien. Schon 1606 hat der Niederländer Willem Janszoon als erster Europäer den Kontinent entdeckt. Doch mit den sandigen Landstrichen der Westküste, die er für das Ufer Neuguineas hält, wusste der Seefahrer wenig anzufangen.

Cook segelt die noch unbekannte Ostküste entlang nach Norden. Und erblickt dort blühende, exotische Landschaften, in denen absonderliche Kreaturen umherspringen: Kängurus.

Als erster Europäer betritt der Kommandant das östliche Australien und nimmt es samt seiner Reichtümer (und der Ureinwohner) kurzerhand für die britische Krone in Besitz.

Er selbst hat jedoch nur die Vermessung des Landes im Sinn. Zuweilen besteigt er einen Berg, um die Gestade und ihre Inseln zu übersehen und ihre Lage zu bestimmen. Akkurat verzeichnet Cook auch dieses neue Land auf seinen Karten, insgesamt rund 3200 Kilometer. Um die Küsten so gut wie möglich zu erfassen, hält er Kurs immer recht nahe am Festland.

Doch das wird ihm fast zum Verhängnis.

11. Juni 1770, vor der australischen Nordostküste. Ein heftiges Zittern erschüttert das Schiff. Es ist Montagnacht, etwa 23 Uhr. Die „Endeavour“ kommt knirschend zum Stillstand. Dann ist es wieder ruhig. Schleunigst lässt Cook alle Segel einholen, die Beiboote aussetzen und den Untergrund ausloten. An manchen Stellen ist das Wasser kaum tiefer als einen Meter.

Die „Endeavour“ ist auf ein Korallenriff aufgelaufen und steckt fest. Sie hat einen Ausläufer jenes riesigen lebendigen Unterwasserirrgartens gerammt, der später den Namen Great Barrier Reef erhalten wird. Cook befiehlt, Ballast abzuwerfen. Auch die sechs Kanonen, jede eine halbe Tonne schwer, hievt die Mannschaft über Bord.

Aber unaufhaltsam sickert Wasser in den Schiffsbauch, der Segler neigt sich

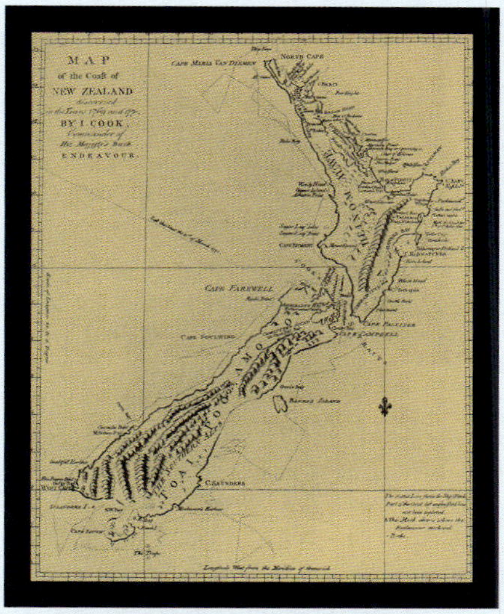

COOKS NEUSEELAND-KARTE von 1770 ist so exakt, dass noch Generationen von Kapitänen sie zur Navigation verwenden

allmählich nach Steuerbord. Rastlos treiben Männer im fahlen Mondlicht die Bordpumpen an. Alle 15 Minuten wechseln sie einander bei der Arbeit gegen die Wassermassen ab.

Ihre einzige Chance besteht darin, die „Endeavour“ wieder seetüchtig zu machen. Zwar trennen nur rund 30 Kilometer die Mannschaft vom nächsten Land. Doch die kleinen Beiboote bieten längst nicht genug Platz für alle.

Erst nach fast 24 Stunden – und um mehr als 40 Tonnen leichter – kommt das Schiff wieder frei. Nach alter Seemannskunst verkleben die Matrosen den leckgeschlagenen Rumpf notdürftig mit zerrupftem Tauwerk und Wollfasern. So gelangt die havarierte „Endeavour“ sicher an die australische Küste, wo Cook sie an Land ziehen lässt.

Da offenbart sich das unwahrscheinliche Glück der Abenteurer: Ein Brocken von Korallengestein und das Flickwerk haben das mächtige Loch im Kiel verstopft. Als der Schaden ausgebessert ist, setzt Cook die Reise vor Australien fort. Nun wahrt er jedoch Abstand von der heimtückischen Küste.

Aus dieser Entfernung ist nach seinen Maßstäben eine Kartierung nicht mehr möglich. Und so skizziert er den Küstenverlauf auf der Weiterfahrt nur noch zurückhaltend mit Punkten. Hier zeigt sich Cooks wissenschaftliches Selbstverständnis: Was nicht gründlich beobachtet und sorgsam vermessen ist, gehört auf keine Karte.

13. Juli 1771. Zum letzten Mal auf seiner Grand Tour um die Welt lässt Cook an der Küste Großbritanniens Anker werfen. Nach fast drei Jahren erreicht die „Endeavour“ wieder die Heimat. Die Erzählungen der Südseereisenden lösen Begeisterung aus: Europa beginnt, vom pazifischen Arkadien zu träumen, vom exotischen Leben, sinnlichen Genüssen und mildem Klima.

Besonders wertvoll aber sind Cooks grandiose Karten.

Detailreich zeigen sie erstmals Neuseeland, die Ostküste Australiens sowie das Inselmeer Ozeaniens. Sie verwandeln unwirtliche Meere und Küsten in eine übersichtliche Fläche aus Zeichen und feinen Graphitlinien. Seine Reisen und Karten setzen den Standard für alle weiteren Expeditionen, die aufbrechen, ferne, unbekannte Welten zu erforschen. Mit ihnen beweist Cook, dass mutiger Pioniergeist und wissenschaftliche Akribie sich nicht ausschließen.

Auf seiner dritten Reise kartiert der Brite **AMERIKAS** Westküste – es wird seine letzte sein

Zugleich machen Cooks Pläne deutlich, dass Wasser die Erde bedeckt, wo sich nach der Überzeugung der Gelehrten die Terra australis erstrecken müsste. Dennoch kann das Königshaus seine Gier nach Besitztümern auf der Südhalbkugel nicht überwinden.

Um absolute Sicherheit zu gewinnen, schickt die Admiralität Cook schon ein Jahr nach seiner Rückkehr auf die Reise.

Erneut stößt er nach Süden vor, weiter als je ein Mensch zuvor. Zweimal kreuzt er den südlichen Polarkreis. Und entdeckt – nichts. Den Südkontinent sucht er abermals vergebens. Monat um Monat jagt er einem Hirngespinst nach (und verfehlt die Landmasse der Antarktis nur um wenige Seemeilen).

Doch Cook nutzt die Reise, um Kartographie und Navigation endgültig in die Moderne zu führen.

DENN DIESMAL HAT ER einen völlig neuartigen Zeitmesser an Bord: einen Nachbau des legendären „Harrison-Chronometers". Vor Cook hat niemand einen überzeugenden Beweis dafür erbracht, dass dieses Wunder der Mechanik auch den Bedingungen auf See standhält, etwa den rollenden Bewegungen und den extremen Temperaturunterschieden.

Der britische Uhrmacher John Harrison aber verspricht, dass sein Zeitmesser präziser und gleichmäßiger sei als jeder andere. Auch im Dauerbetrieb könne sein Lebenswerk, das er in jahrelanger Mühsal ausgetüftelt hat, die Zeit ohne Abweichung messen.

„Ich möchte behaupten, dass es kein anderes mechanisches oder mathematisches Ding auf der Welt gibt, das in der Beschaffenheit kurioser ist", preist Harrison seinen Chronometer an.

Und mehr noch: Dieses Juwel der Uhrmacherkunst könne mit seinem feinmechanischen Getriebe sehr nützlich sein bei der Lösung des größten Problems der Kartenkunde – der Bestimmung der geographischen Länge.

Die meisten Seefahrer scheitern immer noch an dieser Aufgabe. Nur wenige vermögen sich so routiniert mit der Beobachtung der Gestirne zu behelfen wie James Cook und dessen Astronom Charles Green. Und selbst diese zwei sind machtlos, wenn schwerer Seegang oder Wolken die genaue Beobachtung der Gestirne verhindern. Deshalb ist der Nachweis, dass der Chronometer für die Seefahrt taugt, so überaus wichtig.

„The watch", wie der unbeirrbare Zeitgeber bald heißt, ist nicht nur außergewöhnlich genau, sondern wirkt zugleich zierlich und elegant. Die Uhr misst nur zwölf Zentimeter im Durchmesser und wiegt nicht mehr als drei Pfund.

Cook beaufsichtigt jeden Tag persönlich, wie die Feder des Chronometers zur Mittagszeit aufgezogen wird. Die Angaben der grazilen Zeiger vergleicht er immer wieder mit den Ergebnissen astronomischer Beobachtungen.

Als er von seiner zweiten Reise heimkehrt, ist er begeistert: Der Chronometer „hat die Erwartungen ihres leidenschaftlichen Anwalts übertroffen und war unser treuer Führer durch alle Widrigkeiten", berichtet er – und belegt somit, dass sich die Uhr für die Längengradbestimmung eignet.

Nun lässt sich jede beliebige geographische Position unkompliziert bestimmen. Gleichgültig, ob es Tag ist oder Nacht, ob Wolken die Gestirne bedecken oder der Navigator in Mathematik nicht sonderlich versiert ist.

Mithilfe seiner Messungen erstellt Cook eine präzise Karte der Südhalbkugel, auf der er all seine Ergebnisse mit den geographischen Erkenntnissen seiner Zeit vereint. Zum ersten Mal gewinnen die Menschen Europas so ein nahezu vollständiges Bild vom Antlitz der Südhemisphäre.

Als Cook Verstärkung gegen die Hawaiianer herbeiwinken will, trifft ihn ein **KEULENSCHLAG**

Es ist eine Karte, auf der nicht mehr Spekulation und Erkenntnis untrennbar miteinander verschmelzen, auf der Fantasie und Erfahrung, Glaube und Wissen sich nicht mehr ineinander verstricken.

Eine Karte, die auf präzisen, reproduzierbaren Messdaten beruht. Und ein Triumph der korrekten Beobachtung, ein Sieg der Objektivität.

Die Admiralität erhebt Cook vom Rang eines „Masters and Commander" in den eines „Captain". Das Kommando über eine eigene Flotte erscheint für den einstigen Landjungen nun nicht mehr fern.

Doch es kommt anders: Auf seiner dritten Reise, in deren Verlauf er unter anderem die nordamerikanische Westküste kartiert, macht sich Cook am 14. Februar 1779 mit bewaffneten Marinesoldaten in ein Dorf auf Hawaii auf.

Er will einen Stammeshäuptling als Geisel nehmen, denn ein Beiboot seines Schiffes ist verschwunden.

Doch der Kapitän und seine Männer haben den Widerstand der Einheimischen unterschätzt: Mit Schüssen, Bajonetten und Gewehrkolben wehren sich die Briten verzweifelt gegen Klingen und Speere der übermächtigen Kriegerschar.

Für einen Augenblick wendet Cook dem Tumult den Rücken zu, um Hilfe herbeizuwinken. Da trifft ihn eine Keule. Ein Dolch durchstößt seine Schulter.

Cook fällt kopfüber ins Meer. Im seichten Wasser stirbt er unter den Hieben der Eingeborenen.

In jenem tragischen Moment steht angeblich die Zeit auf seinem Chronometer still – so zumindest erzählen es sich die Bürger in den Straßen von London. Auf einem Bild malen sie sich aus, wie Engel ihn im Uniformrock der britischen Marine zu Gott tragen.

Der preußische Intellektuelle Georg Forster, der Cook auf seiner zweiten Reise um die Welt begleitet hat, schwärmt: „In einem gleichen Zeitraum hat niemand je die Grenzen unseres Wissens in gleichem Maße erweitert."

Kleine Taschengloben aus Holz und Gips kommen in Mode, auf denen die Menschen einander das Wissen der Geographie und Cooks Erkundungsfahrten vor Augen halten können. Auf denen sie einander zeigen, was es bedeutet, sich wie Cook seines Verstandes zu bedienen.

Auch die Bucht auf Hawaii, in der Cook ermordet wurde, ist darauf eingezeichnet. So wird der große Entdecker, Weltumsegler und Kartograph selbst zur Landmarke.

Mehr als 80 weitere Ortschaften, Berge und Buchten tragen noch heute seinen Namen. □

Bertram Weiß, 26, lebt als Wissenschaftsjournalist in Hamburg.

Literaturtipps: Tony Horwitz, „Cook: Die Entdeckung eines Entdeckers", Piper: packender Bericht einer Reise auf Cooks Spuren. „James Cook und die Entdeckung der Südsee", Hirmer: aufwendiger Katalog einer Cook-Ausstellung, die 2010 noch in Wien und Bern zu sehen sein wird. Ray Parkin, „H. M. Bark Endeavour", Melbourne University Press: schön gestaltete Dokumentation von Cooks erster Südseereise mit vielen Konstruktionsplänen und Tagebucheinträgen der Mitreisenden.

Das **Maß** aller Dinge

1792 betraut die Französische Akademie der Wissenschaften zwei Astronomen mit einer gewaltigen Aufgabe: Jean-Baptiste-Joseph Delambre und Pierre-François-André Méchain sollen den Erdumfang ermitteln, um daraus ein universelles Maß abzuleiten: das Meter. Es ist eine gefährliche Mission, die Méchain fast das Leben kostet – und deren Ergebnis einen Fehler birgt, der bis in unsere Zeit überdauert hat. Denn selbst heute, da Wissenschaftler in aller Welt mit aufwendigem Hightech versuchen, sämtliche Maße präziser zu definieren, fußt das Maß der Welt auf dem Urmeter

Jean-Baptiste-Joseph Delambre (1749-1822) gehört zu den führenden Forschern Frankreichs

Der Astronom Pierre-François-André Méchain (1744-1804) leitet die bedeutende Pariser Sternwarte

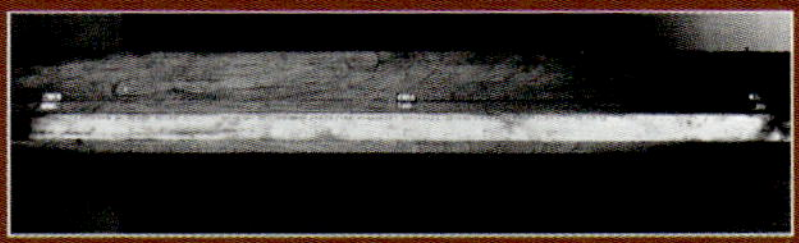

Das Ergebnis der siebenjährigen Expedition: ein Platinstab, der einen Meter misst. Von diesem »Urmeter« werden ab 1799 Tausende Repliken angefertigt und in Frankreich verteilt

Ein Meter aus Licht

Bei ihrem Versuch, Maßeinheiten etwa für die Entfernung oder das Gewicht festzulegen, haben Wissenschaftler in den vergangenen zwei Jahrhunderten universelle physische Standards wie das Urmeter und das Urkilogramm entwickelt. Doch sowohl Urmeter als auch Urkilogramm haben sich seither um Bruchteile verändert. Forscher versuchen daher, sämtliche Maße unabhängig von physischen Objekten zu definieren und durch Experimente zu beschreiben. Das Meter leiten sie heute von einer physikalischen Konstante ab, die im ganzen Universum gilt: der Lichtgeschwindigkeit. Demnach ist ein Meter jene Strecke, die ein Lichtstrahl im 299 792 458sten Teil einer Sekunde im Vakuum zurücklegt. Um die Distanz so exakt wie möglich zu ermitteln, nutzen Forscher der Physikalisch-Technischen Bundesanstalt in Braunschweig einen Apparat, der Laserstrahlen aussendet. Diese Strahlen sind spezielle Lichtwellen, bei denen die Wissenschaftler die genaue Distanz zwischen zwei Wellenbergen kennen. Daher vermögen sie das Licht als Zollstock zu nutzen.

Text: Rainer Harf
Fotos: Marc Steinmetz

Eindringlich warnt der Distriktpräsident von Saint-Denis den Astronom Jean-Baptiste-Joseph Delambre: Die Weiterfahrt sei vermutlich zu riskant. Selbst ein Passierschein garantiere dem Forscher keineswegs, dass er das wenige Kilometer entfernte Paris unbeschadet erreichen werde.

Denn nichts ist mehr sicher in Frankreich. König Ludwig XVI. sitzt im Gefängnis. Adelige und königstreue Gelehrte sind auf der Flucht vor der Guillotine. Und in jedem Dorf zwischen Saint-Denis und der Stadtgrenze haben Bürger Barrikaden errichtet.

Mit einem Repetitionskreis messen Méchain und Delambre die Winkel zwischen Beobachtungspunkten und leiten daraus deren Entfernung ab

Delambre aber lässt sich an diesem 6. September 1792 nicht aufhalten. Ungeachtet der Warnung, lenkt der 42-Jährige eine schwer beladene, mit königlichem Siegel geschmückte Kutsche auf die Straße Richtung Paris.

Doch nach nicht einmal 20 Minuten versperren Nationalgardisten ihm und seinen Assistenten den Weg und ver-

Strahlende Kugel

Lichtstärke wird seit 1948 weltweit in Candela gemessen. Davor gab es unterschiedliche Einheiten, in England etwa galt lange die Helligkeit einer Kerze als Maß, die pro Stunde 7,77 Gramm Walrat (eine wachsähnliche Substanz) verbrennt. Heute wird die Einheit über die in einen bestimmten Raumwinkel ausgesendete Leistung einer speziellen Strahlungsquelle definiert. Mit modernen Messgeräten wie der »Ulbricht-Kugel« können Forscher (hier in Braunschweig) so die Lichtstärke einer Glühbirne exakt bestimmen. Die Wände der Kugel reflektieren das Licht, ein Detektor im Inneren misst die Strahlungsleistung.

Die Farbe der Wärme

Physiker messen die Temperatur nicht in Grad Celsius, sondern in Kelvin. Die Kelvin-Skala beginnt beim absoluten Nullpunkt, der niedrigsten Temperatur überhaupt (bei 0 Kelvin besitzen alle Teilchen die kleinstmögliche Bewegungsenergie). Ein zweiter »Fixpunkt« auf der Kelvin-Skala ist der sogenannte Triple-Punkt von Wasser: Bei einem bestimmten Druck und einer Temperatur von 273,16 Kelvin (das entspricht etwa 0 Grad Celsius) existiert Wasser gleichzeitig als Eis, Flüssigkeit und Dampf. Um Thermometer zu kalibrieren, arbeiten Forscher mit mehr als einem Dutzend solcher Fixpunkte. Besonders schwierig ist es, hohe Temperaturen exakt zu messen. Experten nutzen dafür Lampen, in denen ein Metallband aus Wolfram glüht. Messgeräte (hier in Berlin) ermitteln die Farbe der ausgesandten Strahlung: Je heißer der Draht, desto weißer das Licht. So kann über die Lichtfarbe auf die Temperatur rückgeschlossen werden.

weigern Delambre trotz gültiger Ausweise die Durchfahrt.

Denn nirgendwo in seinen Papieren sind jene militärisch anmutenden Gerätschaften verzeichnet, die der Gelehrte mit sich führt: hölzerne Stangen, wuchtige Stative und massige Metallkreise, auf denen Fernrohre angebracht sind.

Es handele sich um Entfernungsmesser, erklärt Delambre. Die Königliche Akademie der Wissenschaften habe ihn mit einer bedeutenden Aufgabe betraut: Gemeinsam mit dem Astronom Pierre-François-André Méchain solle er den Umfang der Erde ermitteln.

Und: Aus den Messergebnissen würden die Mitglieder der Akademie nichts Geringeres berechnen als ein univer-

Um 1790 gibt es in Frankreich 250 000 Maßeinheiten, etwa Ellen für Stoffe und Schoppen für Getränke

selles Maß. Den ersten Längenstandard, der für jeden Bürger der Welt gleichermaßen gelten werde.

Um die Männer von der friedlichen Mission zu überzeugen, baut Delambre die hochempfindlichen Instrumente am Straßenrand auf und erläutert deren Funktionsweise. Doch vergebens.

Die Gardisten eskortieren ihn und seine Helfer zurück nach Saint-Denis, um die Verdächtigen dort zu verhören.

Am gleichen Tag sitzt Delambres Kompagnon Pierre Méchain etwa 700 Kilometer südlich in Camprodon, einem spanischen Pyrenäendorf an der Grenze zu Frankreich, und ist entnervt. Wochenlang hat sich der 47-Jährige von Barcelona aus durch die Bergwelt nach Norden gequält. In Begleitung spanischer Offiziere und zweier französischer Assistenten hat er windumtoste Gipfel erklommen, um geeignete Stationen für die Messungen zu finden.

Jetzt will er endlich mit seinen Observationen beginnen. Doch nun stürmt und schneit es, die Pfade zu den Beobachtungspunkten sind unpassierbar. Und zu allem Übel haben französische Revolutionskämpfer einen Freiheitsbaum, das Symbol der neuen nationalen

Maße variieren von Provinz zu Provinz, von Stadt zu Stadt, von Pfarrei zu Pfarrei

Gesinnung, auf dem Grenzberg aufgestellt. Das schürt die Spannungen unter den Nachbarländern: Die Spanier befürchten, das freiheitliche Gedankengut könnte ihre Monarchie erschüttern. In Südfrankreich indes hat man Angst, Spanien könnte einmarschieren.

Es ist lebensgefährlich für einen spanisch-französischen Trupp, sich mit Fernrohren an der Grenze aufzuhalten. Der Generalgouverneur von Katalonien erteilt Order zum Abbruch. Die Forschungsreisenden kehren um.

Verärgert schreibt Méchain an die Distriktverwaltung im südfranzösischen Perpignan, man möge eine Kopie der Genehmigung ihrer Mission an alle Bergdörfer schicken. Jeder Bewohner solle wissen, dass er sich auf einer Forschungsreise befinde, die der Entwicklung eines friedlichen Handels zwischen den Völkern gelte.

Méchain und Delambre sind erst drei Monate unterwegs, doch nun droht ihre Expedition bereits zu scheitern. Dabei soll ihr Projekt nicht nur Frankreich verändern, sondern die ganze Welt. Antoine de Lavoisier, einer der einflussreichsten Wissenschaftler Frankreichs, spricht gar von der „bedeutendsten Mission, mit der je ein Mensch beauftragt worden ist".

Es ist eine Mission, die Méchain fast das Leben kosten wird. Die ihn in tiefe Verzweiflung stürzt. Die auf sieben Monate angesetzt ist und sieben Jahre dauert. Eine Forschungsreise, auf der Méchain und Delambre ein Maß für die Welt berechnen – und einem von ihnen ein folgenschwerer Fehler unterläuft.

Drei Jahre zuvor ist Frankreich aus dem Gleichgewicht geraten. Ein neues Zeitalter hat begonnen, seit Aufständische im Juli 1789 die Bastille gestürmt haben.

Seither stellt das Volk sämtliche Werte und Gewohnheiten infrage. Der Adel hat seine Privilegien weitgehend verloren, ein neues Rechtssystem ist in Kraft getreten. Bald schon darf jeder Bürger ein Geschäft eröffnen und Handel treiben.

Im April 1791 beauftragt die Akademie der Wissenschaften einige Mitglieder, eine Reform anzuschieben. Deren Ziel soll es sein, den Wirrwarr an unterschiedlichen Maßen zu beenden, der den Handel behindert und die Verständigung unter den Bürgern und zwischen den Staaten erschwert. Denn allerorten haben sich lokale Längen- und Gewichtsstandards eingebürgert.

Die französische Regierung richtet ab 1799 in fast jeder Stadt Büros für Gewichte und Maße ein und lässt marmorne Meterstäbe in Gebäude einmauern

Maße variieren von Provinz zu Provinz, von Stadt zu Stadt. Jeder Handelszweig beansprucht seine eigenen Gewichtsnormen. Jede Ware wird anders bemessen: Die Menschen verkaufen Brennholz nach Bündeln, Holzkohle nach Körben, Ocker nach Fässern. Überall sind unterschiedliche Maße für Salz gebräuchlich, jede Sorte Korn wird anders gewogen.

Zwar klingen manche Bezeichnungen in weiten Teilen des Landes ähnlich – etwa ein Schoppen, ein Pfund, eine Elle. Doch ein Schoppen Bier in Paris enthält ein Drittel weniger Gerstensaft als ein Schoppen in Saint-Denis. Ein Pfund Brot ist leichter als ein Pfund Stahl. Und allein in Paris messen Tuchhändler drei unterschiedliche Stoffarten mit drei unterschiedlich langen Ellen.

Und so verbergen sich hinter den 800 Bezeichnungen, die in Gebrauch sind, nicht weniger als schätzungsweise 250 000 unterschiedliche Gewichts- und Maßeinheiten.

Das Durcheinander macht jede rationale Staatsführung, jede vernünftige und gerechte Besteuerung unmöglich. Es verführt Händler dazu, ihre Kunden zu betrügen. Denn die vermögen unterschiedliche Marktpreise für ein und dieselbe Ware kaum noch zu vergleichen. Auch den Gelehrten erschwert das Chaos, ihre Forschungsergebnisse mit denen von Kollegen zu vergleichen.

Acht französische Könige haben versucht, Vorschriften über Standardmaße zu erlassen. Doch stets hat der Adel eine solche Vereinheitlichung erfolgreich abgewehrt – denn Grundherren und Gutsverwalter haben die Vielfalt an Maßeinheiten stets zu ihren Gunsten genutzt und überhöhte Pachtabgaben von den Bauern eingetrieben.

Erst nach der Revolution wächst landesweit der Wunsch, eine geeinte, eine gerechte Nation unter Gleichen zu bilden. Und die Wissenschaftler der Akademie sind sich einig: Der neue Standard soll unvergänglich sein, von ewiger Dauer – anders als die gebräuchlichen Maße, die allzu oft Körperteilen entlehnt sind, wie etwa die Pariser Ur-Toise, die als sechsfache Länge eines königlichen Fußes definiert ist.

Unveränderlichen Gesetzen gehorcht nach damaliger Auffassung nur die Natur. Und in der Natur wiederum ist nichts so beständig wie die Erde. Das Ur-Maß müsse also vom Umfang des Globus abgeleitet werden.

Denn nicht nur unwandelbar ist der Planet, er verbindet auch die Natio-

Das neue Gewicht

Ende des 18. Jahrhunderts definierten Wissenschaftler das Kilogramm als die Masse eines wassergefüllten Würfels mit einer Kantenlänge von zehn Zentimetern. Seit 1889 dient das »Urkilogramm« als Referenz: ein Zylinder aus einer Platin-Iridium-Legierung. Forscher in Sèvres bei Paris haben nun eine Waage konstruiert, die die Gewichtskraft eines Kilogramms mit derjenigen Kraft austariert, die in einem Magnetfeld auf eine stromdurchflossene Spule wirkt. Sobald die Waage ausgereift ist, werden die Forscher das Urkilogramm wiegen, dessen heutiges Gewicht in elektrische Werte übersetzen und diese womöglich als neuen Standard definieren.

nen. Die Erde gehört allen Menschen gleichermaßen. Auch andere Völker könnten daher jene Norm annehmen, die der Globus selbst vorgibt. So würde der Standard die Beziehung zwischen den Völkern stärken und den Handel vorantreiben. Die Gelehrten nennen dieses Welt-Maß „mètre" („Meter").

Von dieser Basislänge sollen sich später auch andere Einheiten (für Länge, Fläche, Volumen oder Gewicht) ableiten, etwa das Kilogramm: definiert als ein wassergefüllter Würfel, der bei bestimmter Temperatur und Luftdruck die Kantenlänge von einem zehntel Meter (einem Dezimeter) einnimmt.

Das Meter, so die Vorgabe, soll genau so lang sein wie der 40-millionste Teil des Gesamt-Erdumfangs. Anders gesagt: Es ist der zehnmillionste Teil eines Erdquadranten, der Strecke also vom Nordpol bis zum Äquator.

Aufgrund früherer Messungen vermögen die Mitglieder der Akademie vorherzusagen, dass dieser winzige Teil eines Erdquadranten ein handliches Maß ergeben wird. Eine Länge, die für den Alltagsgebrauch praktikabel ist.

Zudem wird das neue System sämtliche Karten vereinfachen: Misst ein Erdquadrant zehn Millionen Meter, beträgt der Abstand zwischen zwei Breitengraden – jenen Linien, welche die Nord- und Südhälfte des Planeten horizontal umfassen – genau 100 000 Meter (also 100 Kilometer).

Diese Einteilung soll es jedem Reisenden und Seefahrer erleichtern, die Länge einer Route über Land oder Wasser zu berechnen.

Zwar kartographieren Gelehrte den Planeten bereits seit Tausenden von Jahren (siehe Seite 20). Doch nun soll die Erde so exakt wie nie zuvor vermessen werden: auf wenige Schritte genau.

EIN GEWALTIGES VORHABEN. Denn zu jener Zeit gibt es nur ein Verfahren, mit dem sich Entfernungen zwischen zwei Orten auf der Erde höchst präzise bestimmen lassen – die Triangulation.

Zwar ist die Methode in der Theorie denkbar simpel, denn man bedient sich dabei eines einfachen Lehrsatzes der Geometrie: Sind mindestens zwei Winkel und eine Seite eines Dreiecks bekannt, lassen sich auch die Längen der beiden anderen Seiten berechnen.

Daraus folgt: Wenn man von einer Kette aneinanderhängender Dreiecke alle Winkel und die Länge einer einzigen Seite kennt, kann man die Länge aller anderen Seiten ermitteln. Denn jedes Dreieck der Kette teilt mindestens eine Seite mit dem nächsten (siehe Seite 27).

Die Schwierigkeiten und Hindernisse ergeben sich jedoch in der Praxis. Landvermesser müssen zunächst im Geiste eine Dreieckskette über das zu vermessende Gebiet spannen. An jedem einzelnen Knotenpunkt dieser Kette muss eine geeignete Station stehen, von der mindestens drei andere Knotenpunkte zu sehen sind – etwa Kirchtürme, Burgen, Berggipfel oder eigens angefertigte Plattformen.

Um die Produktion von Meterstäben zu beschleunigen, werden in Frankreich Kirchen zu Fabriken umfunktioniert

Auf diesen Observatorien installieren die Landvermesser oft weithin sichtbare Signale, zum Beispiel Holzgestelle. Dann klettern sie mit Fernrohren und Messgeräten auf jede Station und peilen die anderen, benachbarten Knotenpunkte an. In mühsamer Arbeit messen die Wissenschaftler so nach und nach sämtliche horizontalen Winkel innerhalb der gedachten Dreieckskette.

Anschließend lassen sich aus diesen Daten mithilfe des geometrischen Lehrsatzes alle weiteren Distanzen zwischen den Knotenpunkten berechnen – und letztlich die Entfernung zwischen den beiden Endpunkten der Dreieckskette.

Um eine derart große Strecke wie den Umfang der Erde fehlerfrei zu ermitteln, muss der Abstand zwischen zwei sehr weit auseinanderliegenden Orten gemessen werden. Zudem müssen die beiden Punkte auf einem Meridian liegen – einer Linie, die senkrecht zum Äquator von Pol zu Pol reicht.

Ist die exakte Lage der beiden Endpunkte auf dem Erdball sowie die Distanz zwischen ihnen bekannt, vermögen Astronomen mittels eines komplexen Formelwerks auf den Umfang der Welt zu schließen.

Es ist, als würde man ein Stück aus einem kreisrunden Draht herausschneiden, Länge und Krümmung dieses Bruchstücks messen und daraus auf die Gesamtlänge des Kreises schließen.

Im Juni 1792 ist es so weit. Die Akademie schickt zwei führende Astronomen auf Vermessungsreise: Jean-Baptiste-Joseph Delambre und Pierre Méchain. Die beiden Männer sollen die Distanz zwischen Dünkirchen am Ärmelkanal und Barcelona bestimmen. Die zwei Städte liegen auf einem Meridian und sind weit genug voneinander entfernt. Darüber hinaus hat bereits 1740 der damalige Direktor der Pariser Sternwarte, César-François Cassini de Thury, auf diesem Meridian den Abstand zwischen Dünkirchen und dem südfranzösischen Ort Rodez ermittelt.

Er hat für die nördlichen zwei Drittel der gesamten Dreieckskette geeignete Knotenpunkte ausgekundschaftet und damit einen gewaltigen Teil der Arbeit vorweggenommen.

Eigentlich könnten die Akademiemitglieder auf die alten Daten zurückgreifen – und daraus ohne viel Arbeit das Meter errechnen. Denn auch damals wurden die Winkel so exakt wie möglich gemessen. Aber eben nicht exakt genug für die hohen Ansprüche der Wissenschaftler. In den 50 Jahren seither sind immer bessere Peilgeräte entwickelt worden.

Die Expedition ist **gefährlich:** Bären und Wölfe streunen in den Bergen umher

Méchain und Delambre nehmen die neuesten und vermutlich besten Vermessungsgeräte der Welt auf ihre Exkursion mit: Bordas Repetitionskreise. Die 20 Pfund schweren Metallgestelle – jeweils mit zwei Hochpräzisionsfernrohren versehen – hat Jean-Charles de Borda erfunden, Frankreichs führender Experimentalphysiker.

Bei der extrem komplizierten Bedienung der Repetitionskreise machen sich die Wissenschaftler einen Trick zunutze: Sie peilen einen Knotenpunkt nicht nur einmal an, sondern viele Male hintereinander. Jede einzelne Messung weicht ein klein wenig von der vorherigen ab, denn das menschliche Auge ist nicht perfekt. Doch wenn man den Mittelwert vieler solcher Peildaten berechne, verringere sich der Fehler, so schätzt Borda, auf nahezu null.

Um die Triangulation zu beschleunigen, werden Méchain und Delambre unterschiedliche Wege gehen.

Delambre bricht (nach einigen Messungen in Paris) nach Dünkirchen im Norden auf und soll die bereits 50 Jahre zuvor beschrittene Strecke nach Süden triangulieren.

Méchain macht sich auf den Weg nach Barcelona, kundschaftet geeignete Observatorien in den Pyrenäen aus, um Richtung Norden zu triangulieren.

Das Ziel: Nach etwa sieben Monaten sollen die beiden Astronomen in Rodez zusammentreffen und dort ihre beiden Dreiecksketten miteinander verbinden.

Ende Juni 1792 macht sich Delambre in Paris und Umgebung daran, jene Observatorien zu suchen, die ein halbes Jahrhundert zuvor für die Messungen genutzt wurden. Doch enttäuscht muss er feststellen, dass sich in 50 Jahren vieles in der Hauptstadt verändert hat: So ist beispielsweise der Glockenturm der Benediktiner-Abtei Saint-Pierre auf dem Montmartre zerstört, einer der alten Knotenpunkte. Zudem versperren überall Neubauten die Sicht.

Häufig muss Delambre alte Stationen ausbessern. Ein Bauernhaus auf einem Hügel im Südosten der Hauptstadt etwa ist als Station kaum noch zu gebrauchen: Hohe Bäume wachsen mittlerweile um das Anwesen. Der Geodät bittet den Bauern um Genehmigung, den Kamin um sechs Fuß zu erhöhen.

Am 10. August 1792 macht sich Delambre endlich an seine ersten Messungen. Vom Glockenturm einer Kirche von Dammartin im Norden der Stadt

Auf die Sekunde genau

Ursprünglich definierten Physiker die Sekunde als den 86 400sten Teil eines Tages. Die Erde aber rotiert ungleichmäßig; daher ist nicht jeder Tag gleich lang. Heute definiert die Frequenz (Anzahl der Schwingungen pro Sekunde) einer speziellen elektromagnetischen Strahlung die Sekunde – eine Frequenz, die wiederum Cäsium-Atome zu einer resonanten Schwingung anregt. Mithilfe von Atomuhren (oben), die diesen Schwingungsvorgang registrieren, vermögen Wissenschaftler in Braunschweig eine Sekunde bis auf 16 Stellen nach dem Komma zu messen.

will er einen Signalpunkt auf dem Montmarte anpeilen. Bei Nacht soll dort ein Assistent auf einem eigens errichteten Dachobservatorium ein weithin sichtbares Leuchtsignal entfachen.

Delambre wartet auf das Zeichen. Vergebens. Er sieht nur ein Flackern – aber in einer ganz anderen Richtung: Das Palais de Tuileries brennt.

10 000 Pariser haben den Palast gestürmt, in dem der König seit Monaten von Revolutionsgarden gefangen gehalten wird. Sie setzen das Gebäude in Brand und massakrieren 600 Männer der königlichen Schweizergarde. Es wäre lebensgefährlich gewesen, in dieser Nacht ein Leuchtfeuer auf dem Montmartre zu entzünden.

Dennoch gibt Delambre nicht auf. Als er einen Monat später, an jenem 6. September 1792, von Nationalgardisten aufgegriffen und in Saint-Denis verhört wird, hält der Wissenschaftler eine flammende Rede.

Seine Mission möge vielleicht so erscheinen, als habe sie nicht das Geringste mit den Problemen der Bürger zu tun, doch sie könne ihr Leben mehr verändern als jeder Sieg auf dem Schlachtfeld. Ja, die Bürger von Saint-Denis selbst hätten doch ein einheitliches Maß für Frankreich gefordert. Und wo feige Könige einst versagt hätten, sei die Revolution nun zum Erfolg entschlossen.

Delambres Worte überzeugen: Am nächsten Morgen werden er und Méchain zu offiziellen Emissären der Republik erklärt. Alle lokalen Behörden und Nationalgardisten entlang ihrer Route werden angewiesen, den beiden Astronomen jede Hilfe zu gewähren.

Dennoch wird Delambre mehr als den folgenden Winter brauchen, um die Umgebung von Paris zu vermessen.

Pierre Méchain dagegen kommt zu Beginn seiner Reise schneller voran: Bereits Anfang Juli 1792 erreicht er Barcelona. Dort beauftragt er Handwerker, pyramidenförmige Holzgestelle anzufertigen, auf deren Spitzen ein weiß gestrichener Kegel angebracht ist – ein gut sichtbares Ziel, das er von den benachbarten Stationen anvisieren kann.

Anfang August macht sich Méchain auf den Weg nach Norden in die Berge. Es ist eine Reise ins Ungewisse: Denn das ländliche Katalonien ist größtenteils noch ein weißer Fleck auf der Landkarte; in spanischen Archiven hat Méchain vergebens nach kartographischen Aufzeichnungen der Region gesucht.

Und es ist eine gefährliche Exkursion: Schmuggler treiben regen Handel mit Tabak und Feuerwaffen, Banditen lauern Reisenden auf, allenthalben streunen Bären und Wölfe herum. Und auf den schmalen Hochgebirgspfaden findet kein Pferd Halt.

Méchain heuert ortsansässige Führer an und lässt die schweren Gerätschaften von Maultieren transportieren. Immer wieder besteigt er Bergkämme, prüft den Ausblick auf andere mögliche Knotenpunkte und lässt Signale aus Holz installieren – zunächst auf der Suche nach geeigneten Beobachtungsstationen. Einen Monat später hat er sein Ziel, die spanisch-französische Grenze, erreicht, doch da brechen die Tumulte aus und zwingen ihn zur Umkehr.

Drei Tage klettert die Gruppe über „höllische Pfade", wie Méchain notiert. Als sich die Mannschaft weit genug entfernt hat, beginnt er mit seinen Messungen Richtung Barcelona und ist nun so schnell, dass er Ende Oktober bereits sieben Knotenpunkte vermessen hat und damit etwa die Hälfte der Strecke bis zum Treffpunkt mit Delambre.

Den Winter über widmet sich Méchain der delikatesten Aufgabe seiner Mission: der Positionsbestimmung des südlichsten Punktes der Dreieckskette in Barcelona – der hochgelegenen Festung „Montjuïc". Die Lage dieses Endpunktes der Dreieckskette muss besonders präzise ermittelt werden, denn schon die geringste Abweichung würde das Gesamtergebnis verzerren.

Um die genaue Position auf dem Erdball festzustellen, beobachtet der penible Astronom mithilfe des Repetitionskreises den Lauf verschiedener Sterne am Firmament. Méchain ist Perfektionist, sämtliche Messungen nimmt er allein vor, kaum einer seiner Begleiter darf durch eines der Fernrohre schauen.

Nur er verfüge über die gebotene Fähigkeit und Erfahrung und: Er allein habe vor der Akademie Rede und Antwort zu stehen und die Verantwortung für die Resultate zu übernehmen. In den frostkalten Nächten der folgenden Monate nimmt Méchain bei insgesamt 1050 Observationen jeweils sechs verschiedene Sterne ins Visier.

Sobald die Daten seiner Positionsbestimmung vollständig vorlägen, schreibt er im Februar 1793 an Delambre, komme er nach Paris zurück. Doch die Lage verschärft sich zunehmend. Am 21. Januar 1793 ist die französische Monarchie endgültig gefallen, Ludwig XVI. hingerichtet worden. Daraufhin bricht Krieg aus zwischen Frankreich und

Delambre und Méchain vermessen per Triangulation die exakte Entfernung zwischen Dünkirchen und Barcelona – und leiten daraus das Meter ab

Spanien; alle Franzosen sollen Spanien verlassen. Méchain kann seine Arbeit gerade noch abschließen.

Doch ehe er heimreisen kann, kommt es zu einem schweren Unfall. Gemeinsam mit einem Freund, dem Arzt Francesco Salvà i Campillo, besucht Méchain eine neue Pumpanlage vor Barcelona. Als Salvà das Gerät in Gang setzt, steigt der Wasserdruck so rasch, dass eine lange Triebstange zurückschnellt und Méchain gegen die Brust prallt.

Der Astronom wird gegen eine Mauer geschleudert und verliert das Bewusstsein. Aus seinem rechten Ohr fließt Blut, der Brustkorb ist eingedrückt, Rippen und Schlüsselbein sind mehrfach gebrochen. Salvà und ein Diener heben den Verletzten in die Kutsche, versorgen ihn notdürftig und fahren ihn später nach Barcelona. Erst nach drei Tagen kommt Méchain wieder zu sich.

Die Wunden heilen nur langsam, wochenlang kann sich der Astronom kaum bewegen. Und als er endlich wieder laufen kann, ist es zu spät für die Heimreise.

Denn in der Zwischenzeit ist das Amt des Generalgouverneurs von Katalonien neu besetzt worden – und der neue Machthaber fürchtet, die geodätischen Daten könnten den Feinden zugutekommen. Méchain wird in Spanien festgehalten.

Zwar darf er weiterhin in einem Hotel, dem „Fontana de Oro", in Barcelona logieren. Doch er schreibt im Januar 1794 an Jean-Charles de Borda in Paris: „Wo bin ich? In Ketten! Wenigstens haben wir mittlerweile versucht, unsere Versklavung in etwas Nützliches zu verwandeln, wenn auch nicht im Dienste der Mission, so doch wenigstens im Dienste der Astronomie."

Gerade dieser Übereifer wird Méchain zum Verhängnis.

Denn anstatt sich in Barcelona von den Strapazen zu erholen, nimmt er von der Terrasse seines Hotels umfangreiche Sternenmessungen vor. Und vergleicht sie mit jenen Daten, die er ein Jahr zuvor auf dem Montjuïc gesammelt hat.

Entsetzt stellt Méchain fest, dass die beiden Datensätze nicht übereinstimmen, ja, dass sie um mehr als fünf Prozent voneinander abweichen – eine Differenz, 10 000-mal größer als erwartet.

Méchain, der penible Wissenschaftler, hat sich vermessen. Verzweifelt versucht er, den Fehler zu finden. Immer wieder rechnet er die Daten durch, von denen sich die Länge des Meters ableiten lassen soll. Doch es gelingt ihm nicht, die Unstimmigkeit aufzuklären.

> Nach **sechs Jahren** sehen sich die beiden Partner zum ersten Mal wieder

Zunehmend befallen ihn Selbstzweifel; er schämt sich, hat Angst.

Was geschieht, wenn die Mitglieder der Akademie den Fehler bemerken? Und schlimmer: Was geschieht, wenn sie den Fehler nicht bemerken? Wird das wichtigste Maß der Menschheit dann ein falsches sein?

Méchain beschließt zu schweigen. Er erzählt niemandem von dem Dilemma – und reist im Mai 1794 heimlich nach Genua. Es scheint eine Flucht vor der Verantwortung zu sein, eine Flucht vor der Blamage. Von Italien aus schreibt er nach Paris, dass er auf Instruktionen der Akademie warte.

Zwei Jahre hat Méchain seine Familie nicht mehr gesehen. Und nur sporadisch erfährt er, in welchem Chaos Frankreich versinkt. Wenige Briefe erreichen ihn aus der Heimat. Er erfährt kaum, wie es seinem Kompagnon im Norden ergeht und wie dieser mit seinen Messungen vorankommt.

Delambre muss sich in dieser Zeit den politischen Umwälzungen fügen. Im Sommer 1793 trianguliert er von Dünkirchen Richtung Paris, als am 8. August radikale Politiker die Akademie der Wissenschaften abschaffen. Schon lange werfen sie den Gelehrten der königlichen Institution vor, geringschätzig auf die Erfinder und Denker aus dem Volk herabzublicken. Von nun an solle allein der Staat über die wissenschaftliche Zukunft des Landes entscheiden.

Einer Weiterführung des Meridianprojekts stimmen die Politiker nur unter einer Bedingung zu: Solange die Expedition nicht beendet ist, soll ein „provisorisches Meter“ eingeführt werden. Dessen Länge berechnen drei der führenden Mathematiker Frankreichs: Jean-Charles de Borda, Pierre-Simon Laplace und Joseph Louis Lagrange. Dafür greifen sie auf die alten Daten von 1740 zurück – und kommen auf 443,44 Lignes (1 Fuß = 144 Lignes).

„Die neuen Maße werden in die Wirtschaft eingeführt, gleichgültig, was Eure Ergebnisse sein werden“, schreibt ein Kollege an Delambre. „Also solltet Ihr Euch nicht allzu sehr unter Druck setzen, um Eure Resultate beizubringen.“

Delambre misst unbeirrt weiter. Doch fünf Monate später, am 4. Januar 1794, erhält er ein Schreiben von der kurz zuvor ins Leben gerufenen Kommission für Maße und Gewichte: Das Meridianprojekt sei eingestellt und Delambre seines Amtes enthoben. Er habe alle Notizen, Berechnungen und Instrumente sofort zu übergeben.

„Obwohl es mir unmöglich ist, den Grund für meinen Rückruf zu verstehen“, schreibt Delambre an die Kommission, „werde ich mich klaglos fügen und mich eben wieder mit den Dingen befassen, von welchen ich mich ohnedies nur unter Bedauern hatte losreißen können.“

Ein paar Monate später erfährt auch Méchain von der Entscheidung: Er ist erleichtert und gleichzeitig erschüttert. „All das löst außerordentlichen Ekel in mir aus“, notiert er. „Die Absicht, etwas Sinnvolles zu tun und etwas Ruhm zu erlangen, war also nichts als ein sinnloses Fantasiegebilde.“

Doch es ist Ausdruck jener Epoche des politischen Umbruchs, dass auch die Auflösung des Projektes nicht von Dauer ist – wie so oft auf dieser Expedition kommt es anders als vermutet.

Am 7. April 1795 wird die Meridianexpedition per Gesetz wieder aufgenommen. Denn nun endlich soll das provisorische in ein definitives Meter umgewandelt werden.

Delambre hat seine Messungen fortzusetzen, Méchain möglichst rasch nach Frankreich zurückzukehren und seine letzten Observationen vorzunehmen.

Im Sommer 1795 – drei Jahre, nachdem sie begonnen haben – triangulieren die beiden Astronomen wieder. Doch

Bereits im 16. Jahrhundert messen Geodäten Distanzen mithilfe der Triangulation, indem sie die Winkel zwischen drei Punkten ermitteln

es wird noch drei weitere Jahre dauern, bis die endgültigen Daten vorliegen.

Das liegt vor allem an Méchain. Während sich Delambre immer weiter nach Süden vorarbeitet, zögert sein Partner die Messungen hinaus. Mal bleibt er ein halbes Jahr in Marseille, mal bestimmt er nur drei Dreiecke in sechs Monaten, dann macht er völlig überflüssige Observationen.

Die Angst davor, entlarvt zu werden, hat ihn nicht verlassen. Immer weiter versteigt er sich in düsteren Visionen, immer tiefer fällt er in eine Antriebslosigkeit und Schwermut.

„Ich hoffe noch immer, dass ich diese Apathie oder diese Anfälle von Lethargie besiegen werde“, gesteht er einem befreundeten Wissenschaftler in einem Brief. „Denn sie entfremden mich von mir selbst und rauben mir auch noch meine letzten Fähigkeiten.“

Delambre dagegen ist voller Tatendrang und überwindet sämtliche Hindernisse, die sich ihm in den Weg stellen. Er lässt Bäume abholzen, schlägt Gucklöcher in einen Kirchturm und übernachtet zehn Tage in einem Kuhstall, um jeden Morgen zu einem Knotenpunkt auf einer Hochebene zu marschieren.

Schließlich misst er die exakte Position des nördlichsten Observatoriums und bestimmt die Länge zweier Grundlinien, also die Strecke zwischen zwei Knotenpunkten. Denn wenigstens die Seitenlänge eines Dreiecks muss ja bekannt sein, um mithilfe der Winkel die anderen Entfernungen zu berechnen.

Es ist ein enorm aufwendiges Verfahren, das jeweils mehr als einen Monat in Anspruch nimmt: Der Geodät schreitet mit genormten Hochpräzisions-Stäben aus reinem Platin (jeder davon exakt zwölf Fuß lang) eine schnurgerade ebene Strecke zwischen den Knotenpunkten ab. Die Metallstäbe werden (vereinfacht gesagt) hintereinandergelegt. Sobald der vierte am dritten Stab anliegt, wird der erste Stab an den vierten gereiht. Dann der zweite an den ersten und so weiter.

Während Delambre den Großteil der Arbeit erledigt, sitzt Méchain immer noch wie gelähmt im Süden. Im Sommer 1798 schließlich überredet Delambre die Frau seines Kollegen Méchain, ihren Mann aufzusuchen und ihn zur Arbeit zu motivieren. Sie bleibt einige Wochen, dann hat sie Erfolg: Méchain trianguliert weiter, vermisst die letzten Stationen – und verbindet endlich im Frühherbst 1798 seine Dreieckskette mit der von Delambre. Die Mission ist damit erfüllt, alle Winkel sind ermittelt. Die beiden Astronomen können nach Paris zurückkehren.

Aber Méchain weigert sich. Er quartiert sich in einem südfranzösischen Bergdorf ein, erfindet etliche Ausreden, weshalb er zur Abreise noch nicht bereit sei, und schreibt an Delambre, er solle schon mal in die Hauptstadt fahren. Die Daten schicke er ihm hinterher.

Delambre jedoch traut seinem Partner nicht mehr, er reist Anfang Oktober nach Carcassonne, einer Stadt in der Nähe des Bergdorfes, und lässt Méchain wissen, dass er auf ihn warte.

Eine Woche vergeht, zwei Wochen, ein Monat. Da bricht Méchain endlich aus seiner Isolation aus und fährt nach Carcassonne. Nach sechs Jahren sehen sich die beiden Partner erstmals wieder. Anfang November 1798 fahren sie gemeinsam nach Paris.

In den folgenden Monaten ordnen Méchain und Delambre ihre Aufzeichnungen und übertragen sie ins Reine. Dann übergeben sie ihre Messwerte im Frühjahr 1799 einer internationalen Kommission: Gelehrte aus den Niederlanden, Dänemark, der Schweiz, Spanien und Italien werden nun gemeinsam mit den Franzosen die schwierigen Berechnungen vornehmen.

Keinem Forscher fällt ein Fehler auf, sie akzeptieren alle Daten – selbst Méchains Positionsbestimmungen vom Montjuïc und seinem Hotel in Barcelona scheinen wie durch ein Wunder übereinzustimmen.

Die Kommission erkennt die Resultate der Expedition als ein Meisterwerk astronomischer Präzision an.

Und schließlich – im April 1799 – ist es vollbracht: Das Maß der Welt steht fest. Das ewige, unveränderliche Meter. Es misst 0,144 Lignes (0,325 Millimeter) weniger als das provisorische Meter. Die Differenz entspricht etwa der Dicke von drei Blatt Papier.

Die Kommission beauftragt Etienne Lenoir, Frankreichs besten Instrumentenbauer, den Zahlenwert in einen physischen Standard zu übertragen. Aus reinem Platin fertigt Lenoir einen hochpräzisen Maßstab: das Urmeter.

Dieses edle Muster wird künftig die einzige körperliche Referenz für das Meter sein. Die Wissenschaftler verschließen die wertvolle Platinstange in den Pariser Nationalarchiven.

Fortan wird an allen Schulen Frankreichs das „metrische System" gelehrt. Politiker lassen in Marmor eingefasste Duplikate des Urmeters in alle wichtigen öffentlichen Gebäude einmauern. Abertausende Meterstäbe werden produziert und landesweit verteilt.

Und doch dauert es Jahre, bis die Bürger allmählich von ihren alten Gewohnheiten Abstand nehmen und das neue einheitliche System annehmen.

Delambre erhält den Auftrag, den offiziellen Bericht über die Meridianexpedition zu verfassen. Méchain wird zum Direktor der Pariser Sternwarte befördert, zum ranghöchsten Astronom der Nation.

Fünf Jahre später erkrankt Méchain auf einer Expedition nach Südeuropa an Malaria und stirbt am 20. September 1804 mit 60 Jahren nahe der spanischen Stadt Valencia. Ende Oktober übergibt Méchains Sohn Augustin sämtliche wissenschaftlichen Aufzeichnungen seines Vaters an Delambre. Es sind Tausende Seiten – vollgeschrieben mit Formeln, Messungen, Berechnungen.

> Delambre erkennt, dass sein Partner einen **schweren Fehler** gemacht hat

Delambre versucht, jede einzelne Notiz seines einstigen Partners zu verstehen, wochenlang sichtet er Blatt für Blatt. Vergleicht die Originale mit jenen Daten, die Méchain der Kommission überlassen hat.

Und schließlich stößt er auf den Fehler: die Diskrepanz der beiden Positionsbestimmungen von Barcelona.

Und nicht nur das. Er erkennt, dass Méchain immer wieder Beobachtungen korrigiert, Messdaten umgeschrieben, anomale Werte vertuscht oder verworfen hat. Und für die internationale Kommission hat der vermeintlich so akkurate Wissenschaftler die widersprüchlichen Werte von Barcelona so manipuliert, dass sie aufs Wunderbarste zusammenpassen.

Ein Skandal. Ein Betrug. Aber es ist zu spät. Das Urmeter liegt längst in den Nationalarchiven.

Delambre schweigt. Er beschließt, seinen Kollegen nicht zu entehren.

Nur auf einer einzelnen Seite des Logbuchs, das Delambre aus Méchains Loseblattsammlung zusammenstellt, schreibt er mit Tinte: „Unter allen Varianten, die ich getreu den Manuskripten Méchains aufgezeichnet habe, gibt es Werte, für die kein Beobachter eine Erklärung finden kann."

Delambre stirbt am 19. August 1822 im Alter von 72 Jahren in seiner Wohnung in Paris.

Im Verlauf des 19. Jahrhunderts übernehmen immer mehr Länder das metrische System. 1820 wird es in Holland, Belgien und Luxemburg eingeführt. In den 1850er Jahren in Spanien, Kolumbien, Mexiko. 1872 in Deutschland.

Heute ist das Meter in allen Staaten der Welt (außer Birma, Liberia und den USA) gesetzlich als Standard-Maß verankert.

Moderne Satelliten vermögen die Erde inzwischen auf wenige Zentimeter genau zu vermessen. Mit einem ernüchternden Resultat: Das provisorische Meter, das auf den alten Messungen von 1740 beruhte, kam dem zehnmillionsten Teil eines Erdquadranten näher als das Meter von Delambre und Méchain.

Heute wird das Welt-Maß allerdings anders definiert: als die Strecke, die das Licht in einem bestimmten Sekundenbruchteil im Vakuum zurücklegt.

Doch auch diese neue Festlegung orientiert sich an jenem Urmeter aus Platin, das vor mehr als 200 Jahren auf Grundlage der Meridianexpedition angefertigt wurde.

Méchains Fehler hat die Zeiten also überdauert. □

Rainer Harf, 33, ist Redakteur bei GEOkompakt.
Marc Steinmetz, 45, ist einer der erfahrensten Wissenschaftsfotografen Deutschlands. Auf die Idee zu seinem Fotoprojekt kam Steinmetz bei einem Besuch der Physikalisch-Technischen-Bundesanstalt in Braunschweig. Gut ein halbes Jahr brauchte der Fotograf, um die Hightech-Experimente der Messforscher zu dokumentieren.

Die große Reise des Weltensammlers

Bei der Besteigung des Chimborazo und anderer Berge der Tropen sammelt Humboldt (oben) geologische, zoologische und vor allem botanische Daten. Jeden Fund trägt er entsprechend der Höhenlage ein – und fasst seine Beobachtungen später in diesem berühmt gewordenen Naturgemälde der Anden (rechts) zusammen, mit dem er die Pflanzengeographie begründet

Alexander von Humboldt ist kein Spezialist für ein bestimmtes Fach, als er im Juli 1799 in Venezuela an Land geht, um eine Expedition von fünf Jahren Dauer anzutreten. Er zieht vielmehr aus, die ganze Welt zu verstehen: als Gesamtschau, als ein gewaltiges System aus Verknüpfungen zwischen Landschaft, Klima, Tieren und Pflanzen. Dafür wagt er sich mit seinem Gefährten, dem Botaniker Aimé Bonpland, einheimischen Trägern und seinen wissenschaftlichen Instrumenten sogar auf den Chimborazo, der damals als höchster Berg der Erde gilt

Text: Ralf Berhorst

Der schmale Felskamm, den die vier Naturforscher hinaufsteigen, ist an manchen Stellen nicht breiter als fünf Zentimeter. Vorsichtig setzen sie ihre Schritte und versuchen, das Gleichgewicht zu halten. Denn rechts öffnet sich ein Abgrund, der fast 400 Meter tief ist.

Auch zu ihrer Linken fällt der Grat steil ab und ist mit einer verkrusteten Eisdecke überzogen. Wer dorthin stürzt, rollt in die Tiefe, versinkt in einer dicken Schicht aus Pulverschnee und erstickt.

Alexander von Humboldt und seine drei Gefährten tasten sich ohne Handschuhe, Steigeisen und Kletterseile auf dem Felskamm voran. Der 32-Jährige hat eine entzündete Wunde am Fuß, die schmerzt und ihn beim Gehen behindert. Es wäre klug, jetzt umzukehren. Doch Humboldt denkt nicht daran, seinen Plan aufzugeben.

Er will an diesem Tag unbedingt den Chimborazo ersteigen. Der 6310 Meter hohe Andengipfel im heutigen Ecuador gilt als höchster Berg der Welt – und er ist noch unbezwungen. Ein unwiderstehliches Ziel für den deutschen Forscher, der von einer „physikalischen Geographie" träumt: einer möglichst vollständigen Beschreibung der Erdoberfläche, ihrer Pflanzenformen, Gesteinsarten und klimatischen Beschaffenheit. Mehrfach hat er dafür schon sein Leben riskiert. Der höchste Punkt des Globus zieht ihn an – gleichgültig, wie viel dort oben zu sehen sein wird.

Der Weg wird so steil, dass die Männer sich nur auf allen vieren bewegen können. Vornübergebeugt suchen sie an den scharfkantigen Steinen Halt und schneiden sich dabei die Hände auf.

Der bröckelige Fels liegt auf einem Untergrund aus Sand und rutscht immer wieder weg. Schmelzwasser dringt in die dünnen Lederstiefel der Forscher, vor Kälte spüren sie ihre Füße kaum.

Bei 4800 Metern haben sie die ewige Schneegrenze passiert; gut 250 Meter höher weigerten sich die Indio-Träger, ihnen weiter zu folgen, weil sie fürchteten, in der dünnen Luft zu sterben.

Seither muss die kleine Mannschaft ihre Messinstrumente selber schleppen: das Gefäß-Barometer, das Humboldt immer wieder an breiteren Stellen des Weges aufbaut, um über den Luftdruck die Höhe zu bestimmen; den Sextanten und den Künstlichen Horizont (eine Flüssigkeitswaage, mit der sich der Sextant auch bei schlechter oder verstellter Sicht auf den natürlichen Horizont exakt waagerecht ausrichten lässt) sowie das Fernrohr und das Thermometer.

Die Temperatur ist auf knapp drei Grad Celsius gefallen. Nach Humboldts Messungen sind sie inzwischen auf über 5550 Meter geklettert – höher als jemals ein Wissenschaftler zuvor.

Die Männer blicken hinauf zum Gipfel. Doch dieser 23. Juni 1802 ist ein dunkler und nebliger Tag. Nur selten reißen die Dunstschwaden auf und geben die Sicht auf die Spitze des Chimborazo frei.

Imposant erhebt sich die schneebedeckte Kuppe über den mächtigen Gebirgszug der Anden. Bei klarem Wetter können Seefahrer die weiße Rundung des Berges von der Küste des Pazifischen Ozeans aus erkennen; wie eine

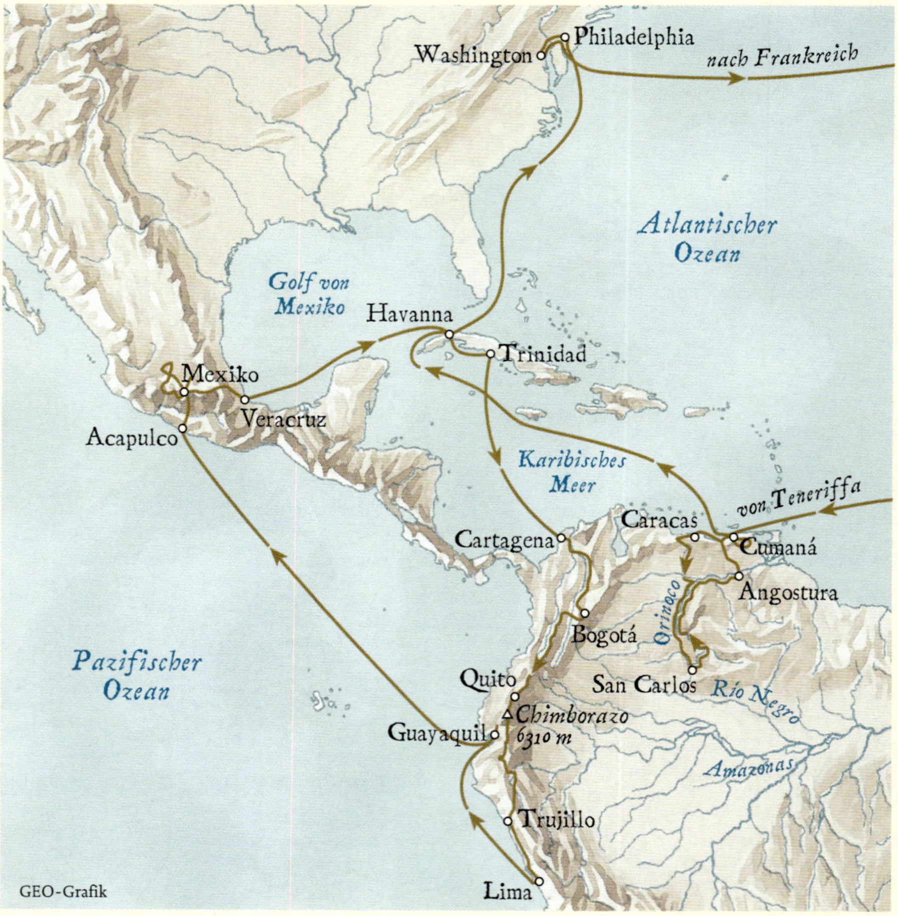

Von Cumaná in Venezuela über den Chimborazo bis nach Mexiko und in die USA: In fünf Jahren bewältigen Humboldt und Bonpland Tausende Kilometer und kehren mit 40 Kisten voller Blätter, Blüten, Gesteinsproben und Skizzen nach Europa zurück

Vorbereitungen für den Aufstieg am Fuß des 6310 Meter hohen Chimborazo. Zusammen mit indianischen Trägern, aber ohne alpine Ausrüstung klettern Humboldt (Mitte) und Bonpland (ganz rechts) fast bis auf den Gipfel des Andenvulkans

ferne Wolke scheint sie dann am Himmel zu schweben. Humboldt und seine kletternden Gefährten hingegen können ihr Ziel jetzt kaum ausmachen.

Mit jedem Schritt wird es kälter. Die Männer atmen schwer in der sauerstoffarmen Luft. Sie bluten aus Lippen und Zahnfleisch. Müdigkeit, Schwindel und Übelkeit erfassen sie, machen ihre Schritte auf dem Felskamm unsicher.

Noch immer mustert Alexander von Humboldt wie besessen die Gesteinsarten, sammelt Stückchen des schwarzen und grünlichbraunen Porphyrs ein, gründgrauen Gesteins aus Ton, Magnesiumerde und Feldspat, hält Ausschau nach Pflanzen und Insekten.

Aber nur zwei kümmerliche Flechtenarten gedeihen am Wegesrand. Die letzten Schmetterlinge haben sie bei 5070 Metern gesehen, einige Fliegen auf 5535 Meter Höhe.

Sonst gibt es am Chimborazo kein organisches Leben mehr. Die Gipfelregion erscheint Humboldt als triste und furchterregende Einöde. Der Nebel verhüllt sogar die Abgründe zur Linken und Rechten.

Humboldt will seinem engen Leben entfliehen – und alles in der Welt mit allem verknüpfen

Aber plötzlich klart es etwas auf, und der Anstieg wird sanfter. Die Dunstschleier zerreißen und geben für Sekunden die weiße Kuppel des Chimborazo frei. „Ein ernster, großartiger Anblick“, wie Humboldt später schreibt. „Die Hoffnung, diesen ersehnten Gipfel zu erreichen, belebte unsere Kräfte aufs Neue. Der Felskamm, der nur hier und da mit dünnen Schneeflocken bedeckt war, wurde etwas breiter; wir eilten sicheren Schrittes vorwärts.“

Bis zur Bergspitze, so schätzt er, sind es noch etwa 390 Höhenmeter. Doch dann endet der Grat abrupt. Vor den Füßen der Männer klafft eine tiefe Spalte.

HUMBOLDT HAT bis zu dieser Felsspalte eine Entfernung von etwa 12 000 Kilometern zurückgelegt – angetrieben von einer inneren Unruhe; dem rastlosen Drang, die ganze Welt mit eigenen Augen zu erfassen, ihre Gipfel, Täler, Höhlen, Wüsten, Meere und Flüsse zu erkunden und zu vermessen. Mit unerschöpflicher Neugierde will er das Zusammenspiel aller Naturkräfte ergründen – und nicht zuletzt einem engen bürgerlichen Leben entfliehen.

Alexander von Humboldt, geboren am 14. September 1769 in Berlin, stammt aus wohlhabenden Verhältnissen. Sein Vater war Offizier und diente als Kammerherr am preußischen Hof. Die Mutter hat aus erster Ehe ein Schloss nordwestlich von Berlin geerbt.

Hier, in Tegel, wachsen Alexander und sein zwei Jahre älterer Bruder Wilhelm auf. Hauslehrer bereiten sie auf eine hohe Beamtenkarriere im preußischen Staatsdienst vor. Alexander scheint dabei weniger talentiert zu sein als der Bruder, dem besonders das Erlernen alter Sprachen leichtfällt.

Als wohl **letzter Gelehrter** seiner Zeit wagt sich Humboldt an eine Universaltheorie

Alexander zieht es zum Studium der Natur, das unter Gelehrten jener Zeit aber noch nicht viel Ansehen genießt. Er leidet unter dem Gefühl, als der Unbegabtere zu gelten – und unter der Abgeschiedenheit von „Schloss Langeweil", wie er sein Zuhause nennt.

Er sammelt Pflanzen und Heilkräuter in den Parkanlagen des Schlosses, klebt sie auf Papier und bestimmt sie nach dem Klassifizierungssystem des schwedischen Botanikers Carl von Linné. Seine Eltern und Erzieher belächeln ihn als den „kleinen Apotheker".

1787 beginnt Alexander, dem Wunsch der Mutter folgend (der Vater ist bereits acht Jahre zuvor gestorben), in Frankfurt an der Oder Kameralistik zu studieren. Doch die Vorlesungen über diese trockene Wirtschafts- und Verwaltungslehre fesseln ihn nicht.

In den ersten Semesterferien kehrt er nach Berlin zurück und freundet sich mit einem Botaniker an, der ihn auf Streifzüge in die Natur mitnimmt und ihm in seinem Kabinett exotische Gewächse zeigt. „Ein unendlicher Hang nach dem Anschauen fremder Produkte erwachte in mir", erinnert sich Humboldt später. „In drei Wochen war ich ein enthusiastischer Botanist. Ich kaufte alle Rinden der Apotheken zusammen, verweilte mit unendlichem Wohlgefallen bei einem Reishalm in meinem Herbarium und gewöhnte mich, unbändige Wünsche nach weiten und unbekannten Dingen zu hegen."

Von Göttingen, wo er inzwischen studiert, bricht der 20-Jährige 1789 zu einer ersten kleinen Forschungsreise durch Hessen, die Pfalz und Westfalen auf und veröffentlicht darüber die Schrift „Mineralogische Beobachtungen über einige Basalte am Rhein".

Unterwegs lernt er den Weltumsegler Georg Forster kennen, der mit James Cook in der Südsee gewesen ist, und sehnt sich danach, wie Forster einmal in die Tropen zu reisen: „Ich fühlte mich eingeengt, engbrüstig. Ein unbestimmtes Streben nach dem Fernen und Ungewissen, alles, was meine Fantasie stark rührte, die Gefahr des Meeres, der Wunsch, Abenteuer zu bestehen und aus einer alltäglichen gemeinen Natur mich in eine Wunderwelt zu versetzen, reizten mich damals an. Alles, was auf bürgerliche Verhältnisse Bezug hatte, wurde mir verächtlich, jede Gemächlichkeit des häuslichen Lebens und der feineren Welt ekelte mich an."

1791 wechselt Humboldt an die Bergakademie im sächsischen Freiberg – ein geschickter Kompromiss zwischen den Karrierewünschen der Mutter und seinen eigenen Interessen. Die Bergakademie ist ein damals weit über die Ländergrenzen hinaus bekanntes geologisches Lehrinstitut. Er fährt mit Grubenarbeitern in Stollen hinab, studiert Metalladern, Minerale und den Aufbau der Erdkruste. Nebenbei findet er Zeit, ein Buch über den Einfluss des Sonnenlichts auf pflanzliche Organismen zu verfassen.

1792 wird Humboldt zum Assessor im preußischen Bergdienst ernannt, ein Jahr später unterstehen dem 23-Jährigen bereits sämtliche Gruben des Verwaltungsgebietes Ansbach-Bayreuth. Eine glänzende Laufbahn im Staatsdienst eröffnet sich ihm – so wie von der Mutter gewünscht.

Doch Humboldt ist unzufrieden. Ein „Streben nach Tätigkeit" plagt ihn, eine Ruhelosigkeit, die ihn auf immer neuen Wissensfeldern experimentieren lässt:

Diese Lithographie von Humboldt zeigt Löwenäffchen und Kondor. Jedes Lebewesen, erkennt er, hat in seinem Biotop eine ganz bestimmte Aufgabe

Rast am Ufer des Orinoco. Der Strom fließe nicht mit dem Amazonas zusammen, mutmaßen europäische Gelehrte. Doch die beiden Forscher beweisen das Gegenteil

Er reizt die Muskel- und Nervenfasern toter Frösche, Eidechsen und Füchse, um jene geheimnisvolle Lebenskraft zu ergründen, die nach Vorstellung vieler Gelehrter alle tierischen und pflanzlichen Organismen beseelt. Er experimentiert mit Stickstoff und anderen Gasen, macht barometrische Messungen.

Im Januar 1796 erwähnt er in einem Brief erstmals die Idee, seine zahlreichen Forschungen mit seiner Reiselust zu verbinden, zum Plan einer „physischen Weltbeschreibung“: „Ich wollte die Länder, die ich besuchte“, so fasst er später das Vorhaben zusammen, „einer allgemeineren Kenntnis zuführen; und ich wollte Tatsachen zur Erweiterung einer Wissenschaft sammeln, die noch kaum skizziert ist und ziemlich unbestimmt bald Physik der Welt, bald Theorie der Erde, bald Physikalische Geographie genannt wird.“

Es ist das Programm eines Universalgelehrten und Weltreisenden: Alexander von Humboldt will Landschaftsformationen, Klimazonen, Vegetationen und Tierwelt im Zusammenhang beschreiben – und auf dem ganzen Globus. Er will sich nicht wie viele andere Forscher in diesen Jahren auf eine Disziplin spezialisieren, ihn fasziniert nicht das Einzelproblem.

Als wohl letzter Gelehrter seiner Zeit wagt Humboldt den Versuch, das sich stetig vermehrende Wissen über die Natur zu einer Gesamtschau zusammenzuführen – auch wenn Wissenschaftler, die von seinem Plan erfahren, kritisieren, dass er sich mit zu vielen Dingen zugleich abgebe.

Doch Humboldt bleibt unbeirrt: „Ich werde Pflanzen und Tiere sammeln, die Wärme, die Elastizität, den magnetischen und elektrischen Gehalt der Atmosphäre untersuchen, sie zerlegen, geographische Längen und Breiten bestimmen, Berge messen – aber alles dies ist nicht Zweck meiner Reise. Mein eigentlicher, einziger Zweck ist, das Zusammen- und Ineinanderweben aller Naturkräfte zu untersuchen, den Einfluss der toten Natur auf die belebte Tier- und Pflanzenschöpfung. Ich weiß wohl, dass ich meinem großen Werke über die Natur nicht gewachsen bin, aber dieses ewige Treiben in mir (als wären es 10 000 Säue) wird nur durch die stete Richtung nach etwas Großem und Bleibenden erhalten.“

Als im November 1796 seine Mutter stirbt, wird der Plan plötzlich greifbar. Der junge Assessor erbt ein großes Vermögen, das ihn finanziell unabhängig macht.

Wenige Wochen später kündigt Humboldt seine Stelle im preußischen Staatsdienst – und gibt damit eine Karriere auf, die ihn wohl ins Amt eines Staatsministers geführt hätte. Fortan bereitet er sich auf seine Weltreise vor.

Humboldt übt an einer Sternwarte den Umgang mit Sextant, Teleskop und Chronometer, um jederzeit seinen Standort bestimmen zu können. Im Winter 1797/98 steigt er auf mehrere Alpengipfel, um seine Ausdauer zu trainieren und den Körper an große Höhen zu gewöhnen – in solche lebensfeindlichen Bergregionen wagt sich damals noch kaum ein Forscher vor.

In Paris ergänzt er seine Ausrüstung um weitere Messinstrumente. Dort hofft er anfangs, sich einer von der französischen Regierung finanzierten Weltumsegelung unter Kapitän Thomas Nicolas Baudin anschließen zu können.

Humboldt (links) und Bonpland sammeln und bestimmen Tausende von Pflanzen, wie hier am Orinoco, darunter 3600 in Europa unbekannte Spezies. Der Deutsche weist nach, dass Gewächse nicht in jeder beliebigen Höhe, sondern in Vegetationsstufen gedeihen

Doch dann wird der Start der Expedition aus Kostengründen auf unbestimmte Zeit verschoben.

Zu ihren Teilnehmern sollte auch der 25-jährige Arzt und Botaniker Alexandre Aimé Goujaud-Bonpland zählen.

Humboldt macht zufällig in seinem Pariser Hotel dessen Bekanntschaft und findet Gefallen an dem ausgeglichenen Temperament des jungen Forschers und an dessen praktischen Fertigkeiten. Bonpland versteht es, Präparate anzulegen und Pflanzen zu klassifizieren, er ist von robuster Statur – ein idealer Reisegefährte.

Humboldt lädt ihn zu einer Expedition ein. Bonpland willigt sofort ein. Gemeinsam wollen sie von Marseille aus nach Algier übersetzen, mit einer Karawane nach Mekka reisen und in Ägypten zum großen Forschertross stoßen, der den Truppen Napoleon Bonapartes folgt. Doch dann finden sie kein Schiff, das sie nach Nordafrika bringt, und ändern ihre Route.

Im Frühjahr 1799 treffen die beiden Forscher in Madrid ein. Vom spanischen König Karl IV. will Humboldt die Erlaubnis erwirken, als Privatgelehrter sämtliche Kolonien der Weltmacht in Amerika bereisen zu dürfen – eine fast aussichtslose Bitte.

Doch der Aristokrat Humboldt, der fließend Spanisch spricht, nutzt seine Kontakte zum Außenminister, den er von einer Begegnung in London kennt. Der Diplomat unterstützt seinen Plan, und in einer Audienz vor dem König tritt Humboldt offenbar so gewinnend auf, dass der Hof seine Bedenken gegen die Expedition eines Ausländers durch sein Hoheitsgebiet fallen lässt.

Überraschend erhält er am 7. Mai 1799 gemeinsam mit Bonpland einen Reisepass für die Besitzungen Spaniens in Übersee, um seine „bergmännischen Studien fortzusetzen und für den Fortschritt der Naturwissenschaften wertvolle Sammlungen, Beobachtungen und Entdeckungen zu machen“, wie es in dem Papier heißt.

Die Krone verspricht sich vor allem geologische Erkenntnisse, um ihre Bergwerke in den Kolonien besser ausbeuten zu können. Für Humboldt ist das Dokument ein Passierschein und unersetzlicher Schutzbrief.

Am 5. Juni 1799 gehen er und Bonpland in La Coruña an Bord einer spanischen Korvette. So eine Expedition hat es noch nicht gegeben: Humboldt bezahlt aus seinem Vermögen die Passage und alle weiteren Kosten.

Er und sein Gefährte reisen nicht im Auftrag eines Staates oder einer wissenschaftlichen Vereinigung, sondern sind in der Wahl ihrer Routen und Untersuchungen völlig frei.

Im Gepäck haben sie mehr als 40 moderne Messinstrumente – und sind damit besser ausgestattet als die Mannschaften der Weltumsegler James Cook und Louis Antoine de Bougainville.

„Welch ein Glück ist mir eröffnet!", schreibt Humboldt einem Freund kurz vor seiner Abreise. „Mir schwindelt der Kopf vor Freude. Welchen Schatz von Beobachtungen werde ich nun zu meinem Werke über die Konstruktion des Erdkörpers sammeln können!"

Am Nachmittag legt ihr Schiff ab; als es dunkel wird, segeln sie bereits auf dem offenen Atlantik.

Ihr Ziel ist das spanische Vizekönigtum Neu-Granada in Südamerika. Ein riskanter Kurs, denn Spanien und Frankreich liegen im Seekrieg mit England. Die Korvette ist zwar mit 18 Kanonen bestückt, aber nur ein leichtes Kurierschiff. Mehrmals sichtet die Mannschaft englische Fregatten, die aber bemerken den spanischen Segler nicht.

Beglückt angeln Humboldt und Bonpland Quallen und Tang aus dem Meer, das in den mondhellen Nächten leuchtet. Sie fangen Fliegende Fische, studieren Vögel, die an Deck rasten, messen die Meeresströmung und observieren während der Fahrt in südliche Breiten den Sternenhimmel.

Am 16. Juli 1799, nach 41 Tagen, wirft das Schiff an der Küste Neu-Granadas Anker im Hafen von Cumaná (im heutigen Venezuela). Humboldt ist endlich angekommen in der ersehnten Tropenwelt – und überwältigt von ihrer Fülle: Kokospalmen, fast 20 Meter hoch, wachsen am Ufer, üppige Bananenstauden und fremdartige, wohlriechende Pflanzen mit prächtigen Blüten.

„Und welche Farben der Vögel, der Fische, selbst der Krebse (himmelblau und gelb)!", berichtet er seinem Bruder. „Wie die Narren laufen wir bis jetzt umher; in den ersten drei Tagen können wir nichts bestimmen, da man immer einen Gegenstand wegwirft, um einen andern zu ergreifen. Bonpland versichert, dass er von Sinnen kommen werde, wenn die Wunder nicht bald aufhören. Ich fühle, dass ich sehr glücklich sein werde."

Von Cumaná aus machen sich Humboldt und Bonpland bald auf den Weg ins Landesinnere. Anfangs reisen sie eher planlos. Humboldt hofft noch immer, sich in irgendeinem Hafen dem Weltumsegler Kapitän Baudin anschließen zu können.

Sie zeichnen **Tiere**, die kein Europäer je gesehen hat, etwa den habichtähnlichen Fettschwalm

Dann will er sich von Acapulco an der Westküste nach den Marianen-Inseln und den Philippinen einschiffen, den Persischen Golf bereisen und über Bagdad nach Europa zurückkehren. Doch all dies zerschlägt sich, denn er kann keinen Kontakt zu den Franzosen aufnehmen.

In den folgenden Monaten erkunden Humboldt und Bonpland in der Nähe Cumanás die Flussufer des Río Manzanares und Salzsümpfe an der Küste, sie besuchen Missionsstationen der Kapuziner, steigen auf Berge und bahnen sich Wege durch die Urwälder. Sie füllen Hunderte Papierbögen und Büchsen mit exotischen Pflanzen, zeichnen Tiere, die noch niemand in Europa gesehen hat, etwa den habichtartigen Fettschwalm Guácharo, einen Vogel, den Humboldt erstmals beschreibt.

Sie steigen mit Fackeln in eine Höhle, die die Einheimischen für den Eingang zur Hölle halten. Sie beobachten eine Sonnenfinsternis und einen Schauer von Meteoren am Nachthimmel, überstehen ein Erdbeben. Die Monate reihen sich zu Jahren – erst einem, dann zwei, schließlich drei Jahren.

An einem großen See beobachten die beiden Forscher massive Waldrodungen und erkennen den ungünstigen Einfluss der Abholzungen auf den Wasserhaushalt der Region (zurück in Europa wird Humboldt in einer viel beachteten Klimastudie darlegen, dass Wälder durch ihren Schatten die Wasserverdunstung reduzieren und so die Austrocknung der Böden verhindern).

Bei bis zu 46 Grad Hitze durchqueren sie ein trockenes Savannenland im Osten Neu-Granadas, erkunden an einem Tümpel die Elektrizität von Zitteraalen. 75 Tage lang befahren sie in Booten den Orinoco-Fluss und einige seiner Nebenarme, dabei legen sie 2250 Kilometer zurück. Forscher in Europa bezweifeln damals, dass der Strom mit dem Amazonas verbunden ist.

Sie erreichen die Gabelteilung des Orinoco und sehen, dass ein Teil seines Wassers über den Río Negro tatsächlich in den Amazonas fließt.

In Venezuela nimmt Humboldt einen Cacajao-Affen mit, zeichnet ihn und lässt die Skizze später in Kupfer stechen

Humboldt und Bonpland setzen nach Cartagena (im heutigen Kolumbien) über. Acht Wochen befahren sie mit einem Flachboot den Río Magdalena. Dann steigen sie zur Hochebene von Bogotá auf. Im heutigen Ecuador erklettern sie die Krater aktiver Vulkane.

Höhepunkt ihrer Reise aber soll der Aufstieg auf den Chimborazo werden. Der erloschene Vulkan im Süden der Provinz gilt unter Forschern als größter Berg der Welt (enttäuscht erfährt Humboldt einige Jahre später, dass im Himalaya noch höhere Gipfel existieren).

Schon 1736 haben französische Forscher in der Region Vermessungen vorgenommen, um die Erdkrümmung zu bestimmen, doch sie haben den Chimborazo damals nicht erstiegen.

Am 22. Juni 1802 treffen Humboldt und Bonpland mit zwei Gefährten in einem Dorf am Fuß des Chimborazo ein. Nach ihrer Berechnung befindet sich die Ansiedlung auf 3159 Metern – höher als viele Gipfel in den Alpen.

Zahlreiche Hütten liegen nach einem großen Erdbeben fünf Jahre zuvor noch immer in Trümmern; erst vor fünf Nächten hat die Erde erneut gebebt.

Doch Humboldt hält an seinem Plan fest. Der Chimborazo zeigt sich ihm als kilometerbreiter Felskoloss mit hoch aufragender Schneekuppe: „Er sondert sich von den benachbarten Gipfeln ab und erhebt sich über die gesamte Kette der Anden wie jener majestätische Dom, Werk des Genies von Michelangelo, über die antiken Monumente rings um das Kapitol."

Die dünne Höhenluft lässt die weiße Kuppel noch heller erstrahlen, leuchtend hebt sie sich gegen den Himmel ab. Der Berg zieht Humboldt in seinen Bann: „Das, was unerreichbar scheint, hat eine geheimnisvolle Ziehkraft; man will, dass alles erspähet, dass wenigstens versucht werde, was nicht errungen werden kann", schreibt er.

Am Morgen darauf brechen die vier Männer zu dem Sechstausender auf – obwohl der Himmel verhangen und in der Nacht viel Neuschnee gefallen ist. Zudem leidet Humboldt seit Wochen an einem entzündeten Fuß, und die Forscher besitzen keinerlei bergsteigerische Ausrüstung, in leichter Kleidung wagen sie sich auf den Schneegipfel. Sie tragen, wie sonst auch in den Tropen, wohl nur kurze Jacken, lange Hosen aus Leinenstoff und Leder-Stiefeletten.

Humboldt und Bonpland haben im Fernrohr dünne schwarze Streifen ausgemacht, die auf den Gipfel führen: offenbar Felsgrate jenseits der Schneegrenze, die ihnen gangbar erscheinen.

Anfangs ist der Aufstieg nicht sonderlich steil; die Männer reiten auf Maultieren; ebenso die Indios, die ihre Messinstrumente transportieren. Es geht durch mehrere flache Ebenen mit ausgetrockneten Seen, die stufenartig übereinanderliegen. Lama-Herden weiden auf dem kargen Boden.

Immer wieder steigen Humboldt und Bonpland aus dem Sattel, um Pflanzen zu sammeln, Temperatur und Luftdruck zu messen und so die Höhe zu bestimmen. Humboldt will die Gesteinsschichten des Chimborazo genau erkunden; er wird die Vegetation und Tierwelt des Gipfels später nach Höhenzonen kartographieren.

Alle Informationen dienen dem Großprojekt der „physischen Weltbeschreibung", die er nach seiner Rückkehr nach Europa zu Papier bringen wird. In den Hochplateaus wachsen Kakteen, Agaven und Molina-Gräser.

Dann erreichen die Männer in einer Höhe von etwa 3500 Metern eine Zone mit alpinen Kräutern: Nerteria, Baldrian, Steinbrech- und Glockenblumengewächse und Kreuzblütler. Die Holz-Gewächse mit ihren zähen, glänzenden Blättern werden hier allmählich selten.

Etwas höher beginnt eine Region von Gräsern, deren versengte Halme sich wie ein goldgelber Teppich ausdehnen. Als sie bei etwa 3800 Metern die letzte der Hochebenen verlassen, wird der Weg steiler.

Weiter oben besteht der Boden zunehmend aus nacktem Fels, hier und da bedeckt vom Neuschnee der vergangenen Nacht. Der Untergrund wird unwegsamer, Humboldt steigt von seinem Maultier ab und geht zu Fuß. Die Männer haben jetzt die Neuschneegrenze bei etwa 4390 Metern erreicht. Seine Gefährten bleiben noch bis etwa 4800 Meter im Sattel sitzen; auf dieser Höhe (sie entspricht der des Montblanc) lassen die Forscher ihre Maultiere zurück.

Bei einem Aufenthalt in der Hafenstadt Guayaquil (oben) Anfang 1803 skizziert Humboldt erstmals die Verbreitung von Tieren und Pflanzen in den Höhenlagen der Anden

Angesichts der Farbenpracht in den Tropen – etwa der von ihm gezeichneten Vögel – fühlen sie sich »wie von Sinnen«, schreibt Humboldt seinem Bruder

Am Südhang des Chimborazo entdecken die Männer auf 5000 Meter Höhe einen schmalen Weg, der offenbar bis zum Gipfel führt. Es ist einer jener schneefreien Felskämme aus vulkanischem Gestein, die sie im Fernrohr ausgemacht haben.

Kurz darauf weigern sich die letzten Indios bei 5070 Metern, ihnen weiter zu folgen. Bald kämpfen auch Humboldt und seine Gefährten gegen Atemnot, Schwindel, Übelkeit und den Drang, sich zu erbrechen. Blut tritt ihnen aus Lippen und Zahnfleisch. Die Symptome der Höhenkrankheit sind ihnen bereits von früheren Aufstiegen vertraut; sie glauben, sie noch eine Weile aushalten zu können, und setzen ihren Weg fort.

Sie erreichen die **Schneegrenze,** immer höher geht es, dann geben sogar die Indios auf

Gegen 13.00 Uhr stehen Humboldt und Bonpland schließlich am Rand jener Felsspalte, die ihnen den Aufstieg zum Gipfel versperrt. In ihren Haaren, Bärten und Augenbrauen hängen kleine Eiszapfen, sie keuchen und frieren.

Der Abgrund ist etwa 20 Meter breit und 175 Meter tief. Jenseits davon setzt sich der Felskamm offenbar fort. Doch die Spalte ist zu steil, um sie zu durchklettern. Unmöglich auch, das Hindernis zu umgehen. Überall neben dem Felskamm liegt meterhoher Schnee, der

Viele Pflanzen (hier ein Borretschgewächs) trocknet Humboldt und bringt sie heim; sein Herbarium ist heute noch erhalten

so locker ist, dass es lebensgefährlich wäre, einen Schritt daraufzusetzen.

Humboldt ist wagemutig, aber kein Hasardeur. Er gibt den Plan, den Gipfel zu erreichen, endgültig auf.

Noch einmal messen die Männer den Luftdruck. Nach ihrer eigenen Schätzung sind sie bis auf 5915 Meter gestiegen – das wäre ein Höhenrekord für Wissenschaftler (eine spätere Rekonstruktion der Route ergibt, dass Humboldt und Bonpland wohl etwa 5600 Meter erreicht haben; heute weiß man aufgrund archäologischer Funde, dass peruanische Inkas bei Kulthandlungen höher gestiegen sein müssen).

Die Temperatur ist auf minus 1,6 Grad gesunken; nach mehreren Jahren in tropischer Hitze glauben Humboldt und Bonpland in der mäßigen Kälte zu erstarren.

Einige Minuten verharren sie in der extremen Höhe. Der Chimborazo ist jetzt wieder in dichte Nebelschwaden gehüllt. „Wir waren wie in einem Luftball isoliert", so Humboldt.

Dann kehren die Forscher um – was ihnen das Leben rettet. Denn während sie vorsichtig den bröckeligen Felsgrat hinabbalancieren, zieht ein Unwetter auf. In 5650 Meter Höhe überrascht feiner Hagel die durchgefrorenen Männer in ihrer dünnen Kleidung.

585 Meter tiefer setzt dichtes Schneetreiben ein. Binnen 20 Minuten fällt an manchen Stellen bis zu einem halben Meter Neuschnee. Die Forscher haben Mühe, den Weg zu erkennen. Vorsichtig tasten sie sich mit ihren blutigen und zerschrammten Händen und den durchweichten Stiefeln voran.

Humboldt sammelt unermüdlich Porphyr-Steinchen auf, um später Souvenirs vom Chimborazo vorzeigen zu können.

Nach etwa einer Stunde erkennen sie im Schneetreiben die beiden Indios, die bei den Maultieren warten. Sie sind gerettet. Gegen 17.00 Uhr erreichen die Forscher wieder das Dorf am Fuß des Chimborazo.

Auch wenn Humboldt sein Ziel nicht ganz erreicht hat und am Gipfel fast gestorben wäre – er ist mit seinen Gefährten in eine Höhenregion vorgestoßen, in die noch kein Wissenschaftler zuvor seinen Fuß gesetzt hat.

Zwei Jahre noch verbringen Humboldt und Bonpland in den amerikanischen Kolonien Spaniens.

Alles interessiert die beiden, nichts erscheint ihrer Mühe zu gering: In Peru besuchen sie eine verfallene Inka-Festung und befahren mehrere Flüsse. Sie steigen in ein Silberbergwerk hinab, klettern Felswände herunter, durchwandern Täler und ausgetrocknete Flussbetten, vermessen die Landschaft und sammeln geologische Daten für die „physische Weltbeschreibung".

> Endlich beschließen die Forscher den Abstieg vom Vulkan. Das rettet ihnen das Leben

Vor der Küste des Pazifischen Ozeans weist Humboldt eine Meeresströmung nach, die später nach ihm benannt wird.

Während eines Aufenthaltes in der Hafenstadt Guayaquil malt Humboldt aus der Erinnerung ein Aquarell des Chimborazo, in das er sämtliche botanischen, meteorologischen und geologischen Beobachtungen des Aufstiegs nach Höhenzonen einträgt. Mit dieser später berühmt gewordenen Skizze begründet er eine neue Wissenschaftsdisziplin: die Pflanzengeographie.

Dann brechen die rastlosen Männer wieder auf. 1803 bereisen Humboldt und Bonpland Neu-Spanien (das heutige Mexiko), steigen dort in den Krater eines aktiven Vulkans hinab und besichtigen Zuckerrohrplantagen auf Kuba.

Sie segeln weiter nach Norden, in die USA. In Washington wird Humboldt von Thomas Jefferson empfangen, dem dritten Präsidenten der Vereinigten Staaten – ein letzter Höhepunkt der Reise.

Drei Wochen lang ist Humboldt persönlicher Gast des Politikers, Aufklärers und Erfinders, der sich selbst für Botanik und alles Naturwissenschaftliche brennend interessiert. Humboldt schlägt der amerikanischen Regierung den Bau eines Kanals vor, der den Atlantik mit dem Pazifik verbinden soll – doch für den Bau eines solchen Wasserweges fehlen die technischen Mittel (erst 1904 werden die USA bei der Landenge von Panama mit dem Bau eines solchen Kanals beginnen).

Schon in Mexiko benötigten Humboldt und Bonpland eine Karawane von mehr als 20 Maultieren, um ihre Sammlungen und Funde zu transportieren. Nun ist es Zeit, zurückzukehren.

Am 30. Juni 1804 schiffen sie sich in New Castle am Delaware River ein, von dort erreichen sie die Ostküste der USA und den offenen Atlantik.

34 Tage später betreten sie in Bordeaux nach mehr als fünf Jahren wieder europäischen Boden. Humboldt hat allein 27 Behälter mit getrockneten Pflanzen im Gepäck und fühlt sich an Beobachtungen „vielleicht reicher als irgendein früherer Reisender".

*

Dreieinhalb Wochen später lässt sich Humboldt in Paris nieder, wo zu dieser Zeit mehr bedeutende Naturwissenschaftler leben als in jeder anderen europäischen Kapitale. Seine Vorträge

Bibliothek der **Gewächse**

Wie Forscher Pflanzen archivieren, um sie vor dem Untergang zu bewahren

Auch 200 Jahre nach Alexander von Humboldts Expedition suchen Botaniker in den abgeschiedensten Gebieten der Erde nach Pflanzen, und sie stehen unter Zeitdruck: Etwa zwölf Prozent der mehr als 300 000 bisher bekannten Pflanzenarten weltweit gelten als gefährdet; Forscher schätzen, dass zwischen den Jahren 1970 und 2050 mehrere Zehntausend Spezies der Zerstörung von Lebensräumen sowie dem Klimawandel zum Opfer fallen. Um deren wertvolle Samen für die Nachwelt zu erhalten, frieren Naturforscher ihre Funde deshalb in weltweit rund 1400 Pflanzenarchiven ein. Besonders groß ist der Schwund bei den Kulturpflanzen.

Über Jahrtausende hat der Mensch für seine Ernährung rund 10 000 Pflanzenarten genutzt, aus denen er wiederum eine Fülle von Sorten züchtete: Allein bei Mango und Apfel sind es bis zu

In der norwegischen Samenbank lagern bislang 490 000 Samenproben – 4,5 Millionen können es werden

15 000. Doch diese Vielfalt geht allmählich verloren, weil auf den globalen Märkten nur wenige Arten und deren Sorten wirtschaftlich erfolgreich sind.

Heute werden gerade noch 150 Spezies verwendet. Davon liefern nur vier Arten – Reis, Weizen, Mais, Kartoffel – die Hälfte des Kalorienbedarfs der Menschheit, und unter diesen sind nur wenige Sorten in Gebrauch.

Tief in den Fels gebaut ist die Pflanzensamen-Bank »Svalbard Global Seed Vault« in Spitzbergen. Betonmauern und Stahltüren sollen sie vor Naturkatastrophen schützen

Um den Verlust biologischer Vielfalt und die zunehmende Verbreitung anfälliger Monokulturen zu verhindern, einigten sich rund 140 Staaten darauf, Samen von Kultur- und Wildpflanzen in Genbanken zu sammeln und für Züchter und Forscher zugänglich zu machen. So lagern etwa in der deutschen Kulturpflanzen-Genbank in Gatersleben mehr als 20 000 Proben unterschiedlicher Gerstesorten.

Damit die Keimfähigkeit der Proben erhalten bleibt, wird den Samen zunächst das Wasser entzogen. Danach werden sie bei minus 20 Grad Celsius eingefroren. Doch auch derart behandelte Samen überleben nicht unbegrenzt. Erbsen und andere Hülsenfrüchte sterben schon nach wenigen Jahren ab, Getreidesamen spätestens nach einigen Jahrzehnten. Daher tauen die Forscher die Proben regelmäßig behutsam auf, wässern sie, ziehen daraus neue Pflanzen und frieren deren Samen wieder ein.

Diesen Zyklus vertragen nicht alle Arten: Bei Kartoffeln, Äpfeln oder Minze zieht man im Labor Sprösslinge und lagert sie frisch bei minus 196 Grad in flüssigem Stickstoff ein. Dort können sie vermutlich ein halbes Jahrtausend lang überdauern.

Für den Fall, dass Kriege oder Naturkatastrophen auf einen Schlag mehrere solcher Archive und damit unwiederbringliche Samenschätze zunichte machen sollten, haben sowohl Wild- als auch Nutzpflanzen-Genbanken eine Art Rückversicherung. Viele Nutzpflanzen-Archive bewahren beispielsweise einen zweiten Samensatz im kommerziell geführten „Svalbard Global Seed Vault" im norwegischen Spitzbergen auf. In einem Bunker aus Stahlbeton, tief eingebettet im gefrorenen Erdreich, sind die kostbaren Proben geschützt vor allmählicher Erderwärmung, Erdbeben – und selbst vor nuklearen Explosionen.

In Spitzbergen sind bislang 490 000 Proben mit Samen von 3500 verschiedenen Kulturgewächsen zusammengekommen, insgesamt können dort 4,5 Millionen Samenproben gelagert werden. Bei einer weltweiten Umweltkatastrophe und dem Untergang der kleineren Archive hätte die Menschheit eine zweite Chance. Sofern dann überhaupt noch intakte Lebensräume vorhanden sind.

Marlene Weiss

über die Amerikareise fesseln die Aufmerksamkeit befreundeter Botaniker, Chemiker und Astronomen.

„Dieser Mann vereinigt in sich eine ganze Akademie", ruft einer von ihnen erstaunt aus. Und in den Salons genießt Humboldt seinen Ruhm als Universalgelehrter und Fast-Bezwinger des Chimborazo.

Er geht daran, seine Manuskripte, Zeichnungen und Sammlungen zu sichten; lässt seine geographischen Messungen überprüfen und die Reiseskizzen auf eigene Kosten in Kupfer stechen – noch immer kann Humboldt auf ein großes Vermögen zurückgreifen.

Seinem Reisegefährten verschafft er eine Stelle als Hofgärtner bei Napoleons Gattin Josephine.

Doch Bonpland scheut die mühsame Auswertung der mitgebrachten Präparate am Schreibtisch. 1816 kehrt er in die Tropen zurück, wird Professor in Buenos Aires, fünf Jahre später von den Schergen des paraguayanischen Diktators verschleppt. Erst 1831 kommt er aus der Gefangenschaft frei und stirbt 1858 nahezu vergessen in Argentinien.

Humboldt dagegen macht sich an die Niederschrift eines monumentalen Berichts: Er gliedert sein Werk über die „Reise in die Äquinoktial-Gegenden des Neuen Kontinents" in sechs Wissensgebiete: Pflanzengeographie, Botanik, Zoologie, Geologie, Geographie und Astronomie.

Der Bericht beschäftigt Humboldt statt der ursprünglich geplanten zwei Jahre mehr als drei Jahrzehnte (nur 1829 bricht Humboldt noch einmal auf Einladung des Zaren zu einer großen Reise durch Russland und Sibirien auf, allerdings stets begleitet von staatlichen Aufpassern).

Am Ende wird die Reiseschilderung 29 Bände mit mehr als 1400 Kupfertafeln umfassen – und mehrere Pariser Verleger ruinieren.

Die wohl teuerste und aufwendigste Publikation, die ein Privatmann jemals hat erstellen lassen, verschlingt etwa 1,5 Millionen Francs, zehrt Humboldts Vermögen auf.

Und sie bleibt Fragment. 1839 gibt Humboldt die Arbeit an dem Reisewerk auf. Der 70-Jährige, der inzwischen aus finanzieller Not wieder in Berlin lebt, wo ihm der preußische König eine bezahlte Stelle als Kammerherr und Akademiemitglied gewährt hat, plant ein noch gigantischeres Opus. Titel: „Kosmos – Entwurf einer physischen Weltbeschreibung".

Der „Kosmos" soll die einst geplante „physische Weltbeschreibung" überbieten, nicht nur die gesamte Erde, sondern auch den Himmel umfassen: Ein „allgemeines Naturgemälde, das von den fernsten Nebelflecken und kreisenden Doppelsternen zu den tellurischen Erscheinungen der Geographie der Organismen (Pflanzen, Tiere und Menschenrassen) herabsteigt". Es ist der Versuch einer Darstellung „alles Geschaffenen im Erd- und Himmelsraum", mit der Humboldt die Natur als ein „netzartig verschlungenes Gewebe" zeigen will.

Für die Aufarbeitung der Expedition braucht Humboldt Jahrzehnte – und opfert dafür sein Vermögen

Schon seine öffentlichen Vorlesungen über das „Kosmos"-Projekt ziehen in Berlin Hunderte Zuhörer an, vom Droschkenkutscher bis zum preußischen König.

Als 1845 der erste Teil des Werkes erscheint, wird er zum Verkaufserfolg. Doch auch der „Kosmos" bleibt unvollendet, obwohl Humboldt wie besessen an ihm arbeitet und sich nicht mehr als vier Stunden Schlaf gönnt. Ein großartiger Torso.

Am 6. Mai 1859 stirbt Alexander von Humboldt mit 89 Jahren. Zuletzt völlig verarmt und verschuldet selbst bei seinem eigenen Diener. Aber hochgeachtet als einer der letzten Universalgelehrten, als Begründer der modernen Geographie und der Klimaforschung.

Seine Expedition nach Amerika inspiriert Generationen von jungen Wissenschaftlern. Charles Darwin nannte Alexander von Humboldt bewundernd den „Vater einer großen Nachkommenschaft von Forschungsreisenden".

Er war wohl der letzte Forscher, der den Versuch gewagt hat, ein vollständiges Gemälde der Welt und alles Existierenden zu zeichnen. Erzählerisch, lebendig, alle Erkenntnisse miteinander verknüpfend und aus eigener Anschauung geschöpft.

Niemand nach ihm hat mehr ein vergleichbares Werk in Angriff genommen. Und niemand hätte es wahrscheinlich mehr vermocht, denn im 19. Jahrhundert verzweigen sich die Naturwissenschaften in Spezialdisziplinen. Kein Einzelner mehr kann die Gesamtheit des angehäuften (und immer rascher veraltenden) Wissens überblicken.

Wenige Forscher nur genossen zu ihren Lebzeiten ein Ansehen wie Alexander von Humboldt, den bis zuletzt jede Woche Dutzende Briefe, Manuskripte, Anfragen und Besucher erreichen.

Als ihm ein Ungar, der 1857 und 1858 auf seinen Spuren durch Südamerika reiste und mit einem frühen Foto-Apparat experimentierte, Aufnahmen von vertrauten Naturschauplätzen zeigt, steigen dem alten Herrn Tränen in die Augen.

Mit einem anderen Besucher kommt er auf die Anden und die erhabene Schönheit der vulkanischen Schneegipfel inmitten der Tropen zu sprechen: „Ich glaube noch, dass der Chimborazo der großartigste Berg der Welt ist." □

Ralf Berhorst, 42, ist Autor in Berlin. Er staunte, wie wagemutig, teils tollkühn und unvorbereitet sich Humboldt und seine Gefährten auf Sechstausender und durch staubige Wüsten wagten.

Literaturtipps: Frank Holl, „Alexander von Humboldt. Mein vielbewegtes Leben", Eichborn: reich illustrierte Sammlung biographischer Zeugnisse und zahlreicher Originalzitate, kenntnisreich kommentiert. Oliver Lubrich, Ottmar Ette, „Alexander von Humboldt, Über einen Versuch den Gipfel des Chimborazo zu ersteigen", Eichborn: Humboldts Beschreibung des Aufstiegs zum Anden-Gipfel samt der Tagebuchnotizen über die Expedition. Otto Krätz, „Alexander von Humboldt", Callwey: gelungenes und gut lesbares Porträt über den Universalgelehrten.

Die Fahrt der »Challenger« ist die erste große meereskundliche Expedition der Geschichte. Zugleich unternehmen die Forscher – hier ihr Leiter Wyville Thomson auf den Admiralitätsinseln im Südpazifik – auch ethnologische Studien

Das »Challenger«-Projekt

Es ist die Apollo-Mission der viktorianischen Zeit: Ende 1872 läuft die britische Korvette »HMS Challenger« zu einer dreieinhalbjährigen Expedition rund um die Welt aus. Die Wissenschaftler an Bord wollen fremde Völker studieren – vor allem aber den bis dahin noch kaum bekannten Kosmos der Ozeane erkunden

Zwischenstopp in der Karibik: Bei Flaute wird der Dreimaster von einer Dampfmaschine angetrieben

Die Wissenschaftler und ihre Förderer von der Royal Society vor der Abfahrt im englischen Sheerness. Ganz hinten (2. v. r.): der deutsche Zoologe Rudolf von Willemoes-Suhm

Text: Jens Schröder

Die Dunkelheit kommt mit tropischer Schnelligkeit, als die „HMS Challenger" am 23. Februar 1875 in einer Bucht im Norden Neuguineas vor Anker geht. Am Ufer flackern Feuer auf. Wütende Rufe dringen von den Hütten am Strand über das Wasser. Sechs Männer springen in zwei Kanus und rudern auf die britische Korvette zu.

Sie gleiten vorsichtig längsseits und begutachten die fremden Weißen ernst im Schein glimmender Holzscheite.

„Sigor!, Sigor!", rufen sie nach oben. Die britischen Matrosen glauben zu verstehen und lassen ein paar Zigarren in einer Kokosnussschale an der Bordwand herab (erst Tags darauf werden sie erfahren, dass „Sigor" bei den einheimischen Papua das Wort für „Eisen" ist).

Langsam nähern sich die beiden Boote einer der Kanonenluken im Zwischendeck. Doch dahinter ist kein schweres Geschütz untergebracht, sondern ein Laboratorium: der Arbeitsraum des 27-jährigen Zoologen Rudolf von Willemoes-Suhm, der die rätselhafte Szenerie gespannt beobachtet. Der junge Deutsche fühlt sich bestätigt.

Vehement hatte er zuvor für eine Landung in dieser Bucht plädiert, für einen Besuch an einer kaum bekannten Küste, an der er unbedingt den „Reiz der Neuheit" erfahren wollte.

Als einer der Papua die Glut seiner Fackel zur Flamme anbläst, kann der Deutsche sie genau erkennen: „Völlig nackte Wilde mit riesigen Schweinshauern in den Nasenlöchern, Perücken aus Kasuar-Federn und Kränzen roter Hibiskusblüten", notiert er später. Ein Mann verzieht das Gesicht zur Grimasse, imitiert das Knallen einer Pistole.

Nirgendwo auf seiner Weltreise ist der Dreimaster bislang so argwöhnisch, fast schon feindselig empfangen worden wie hier auf Neuguinea. Doch wie sollen die Papua auch ahnen, dass die Royal Navy, die mächtigste Kriegsmarine der Welt, ihr Schiff über alle Ozeane geschickt hat, um nichts anderes zu erobern als – Wissen?

Die 263 Soldaten an Bord haben nur eine Aufgabe: Sie sollen sechs Forscher dreieinhalb Jahre lang um die Erde navigieren und sie im Auftrag der britischen Admiralität dabei unterstützen, alles über die Weltmeere herauszufinden.

Die Wissenschaftler sollen die Beschaffenheit der unterseeischen Böden erkunden und die Meerestiefe in den großen Ozeanbecken ausloten, von denen noch immer die Rede geht, sie seien Bruchstellen, hinterlassen vom Mond, als der sich einst von der Erdkugel abgetrennt habe.

Sie sollen das Wasser der untersten Schichten erforschen, das die Gelehrten über lange Zeit für so dicht hielten, dass versunkene Kanonenkugeln und ertrunkene Seeleute den Grund niemals erreichen würden. Sie sollen die Strömungen erkunden, deren Verlauf schon vage ein Einfluss auf das Klima ganzer Weltregionen zugeschrieben wird.

Und sie sollen Tiere aus weit mehr als 500 Meter Tiefe ans Licht holen – Lebewesen, die einer noch immer einflussreichen Lehrmeinung zufolge gar nicht existieren dürften.

Eine schwimmende Akademie der Ozeane hat da vor Neuguinea festgemacht. Dies ist das erste Großvorhaben der Grundlagenforschung, eine Art Apollo-Projekt der viktorianischen Zeit, finanziert mit 171 000 Pfund Sterling von der britischen Regierung – etwa 15 Millionen Euro nach heutigem Wert.

Eine Expedition in einen unsichtbaren Teil der Erde, der nur mithilfe von Netzen, Thermometern und Senkblei begreifbar wird.

Vielleicht ist es das, was den Besuch bei den Papua für den jungen Deutschen Rudolf von Willemoes-Suhm zu einem aufregenden Ereignis macht: Auch die Bewohner Neuguineas sind – aus westlicher Sicht – unerforscht. Aber sie sind nicht verborgen wie die Wesen der Tiefsee, er kann sie durchs Laborfenster beobachten, und er wird sich in ihrem Lebensraum umsehen. Wenn sie es zulassen.

Möglicherweise sind sie gefährlich – wahrscheinlicher ist aber, dass sie einfach nur Angst haben vor den Fremden: Fast lautlos rudern die Männer zurück an den Strand. Auf der Korvette werden die Lichter zur Nacht gelöscht. Für den nächsten Tag ist ein Landgang geplant.

AM 7. DEZEMBER 1872, 810 Tage zuvor, ist die „Challenger“ aus dem Dock von Sheerness in Südengland ausgelaufen. Der 14 Jahre alte Dreimaster der Royal Navy ist 69 Meter lang und verdrängt 2306 Tonnen. Eine 400 PS starke Dampfmaschine bringt den Segler auch bei Flaute voran.

Statt Kanonen füllen nun Labor und Bibliothek den Laderaum

Die Route, die sich die Wissenschaftler ausgesucht haben, misst knapp 70 000 Seemeilen: Von England soll es zunächst über den Atlantik nach Kanada und Brasilien gehen, anschließend in Richtung Südosten zum Kap der Guten Hoffnung. Von dort in die „Roaring Forties“, die berüchtigten 40er-Breitengrade der Südhalbkugel, wo nur hartgesottene Robbenjäger auf sturmumtosten Archipelen ihre Stützpunkte unterhalten. Dann zur südlichen Eisbarriere. Weiter über Australien, Japan und die pazifischen Inseln zur Magellanstraße und mit einer weiteren Atlantiküberquerung zurück nach Hause.

Das alles muss verwirklicht werden, ohne die Crew in größere Auseinandersetzungen zu verwickeln: Denn 20 der ursprünglich 22 Kanonen an Bord sind aus dem Bauch der „Challenger“ entfernt worden, um Platz zu schaffen für die Unterkünfte der Forscher, für ein kleines chemisches Labor und für eine biologische Werkstatt mit einer großen Arbeitsplatte, einer Pflanzenpresse und von der Decke hängenden Tischen – auf denen die Präparate seltener Meerestiere auch beim stärksten Seegang sicher liegen bleiben.

Mikroskope sind am Werktisch festgeschraubt, die kleine Fachbibliothek ist gut bestückt. Unter der Decke sind Har-

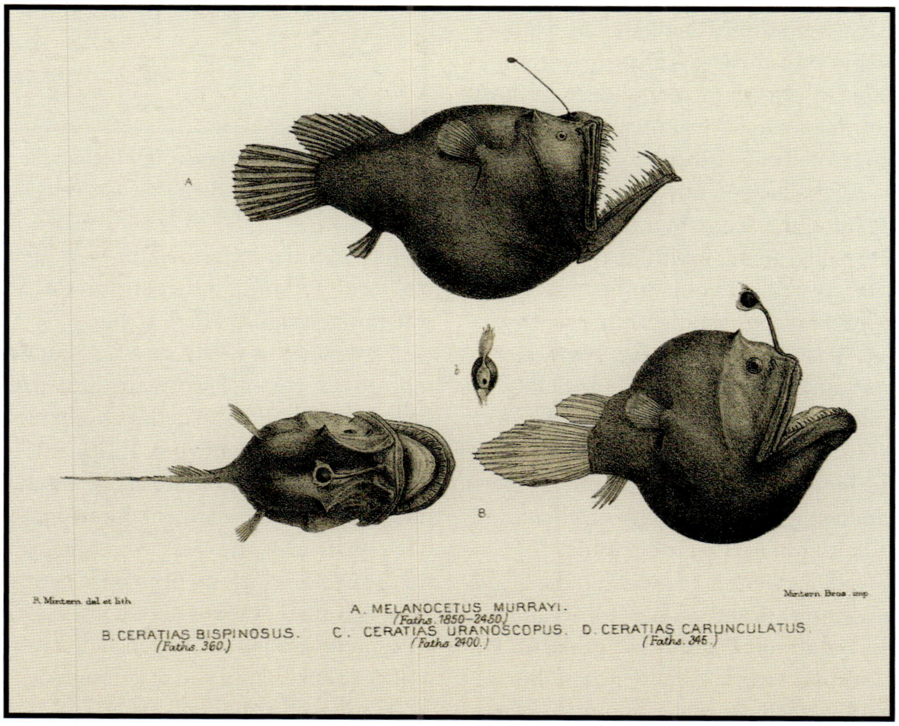

In ihren eisernen Scharrnetzen, die sie über Grund ziehen, birgt die »Challenger«-Crew die bizarrsten Kreaturen – etwa diese Anglerfische aus bis zu 4400 Meter Tiefe

punen befestigt, zudem Hummertöpfe und große Zylinder, die später Federkorallen aus der Südsee aufnehmen sollen. Aus einem Tank hinter der Laborwand werden im Laufe der Reise mehrere Tausend Gallonen hochprozentigen Alkohols in rund 10 000 Gläser, Flaschen und Schalen fließen, um deren Inhalt für spätere Untersuchungen zu konservieren.

Der Zapfhahn des Tanks ist abschließbar, der Schlüssel hängt am Schlüsselbund des Expeditionsleiters Wyville Thomson. Der bärtige Professor aus Edinburgh weiß genau, dass ein Tank voller Spiritus auf langen Seereisen für fast jeden Matrosen zu einer Versuchung werden kann.

Thomson und die fünf weiteren Wissenschaftler an Bord gelten bei der übrigen Mannschaft schon bald als seltsame Figuren. „Die Philosophen" werden sie genannt – unter anderem auch deshalb, weil sie keine seefesten Mägen haben: Als die „Challenger" noch im Ärmelkanal in schweres Wetter kommt und mächtige Brecher ihre Gischt bis in den Maschinenraum drücken, verlassen die Wissenschaftler bei einem Zwischenstopp fluchtartig das Schiff.

An Land lösen sie Bahnfahrkarten nach Portsmouth, wo sie bei weniger Wind und unter dem kaum verhohlenen Gespött der Crew wieder an Bord kommen, um nun zum zweiten Mal mit ihrer Weltumsegelung zu beginnen.

Aber südlich von Teneriffa verschaffen sich die sechs Männer schon bald Respekt – als sie mit ihrer Arbeit beginnen: Wyville Thomson hat ein akribisches Forschungsprogramm ausgearbeitet, das die Akademiker und einen großen Teil der Crew während der Reise voll beanspruchen wird. Küsten und Kontinente sind zwar weitgehend entdeckt, aber Thomson hat anderes Neuland vor Augen – wissenschaftliches.

Er nennt es: Ozeanographie.

Jeden zweiten Tag werden die Segel eingeholt. Während der Kommandant das Schiff mit Dampfkraft exakt auf Position und mit dem Bug gegen die See hält, werfen die Matrosen mit zentnerschweren Gewichten beschwerte Lotleinen über die Reling. 400 Kilometer feinstes italienisches Hanfseil, aufgerollt auf Trommeln, liegen für solche Messungen an Bord bereit.

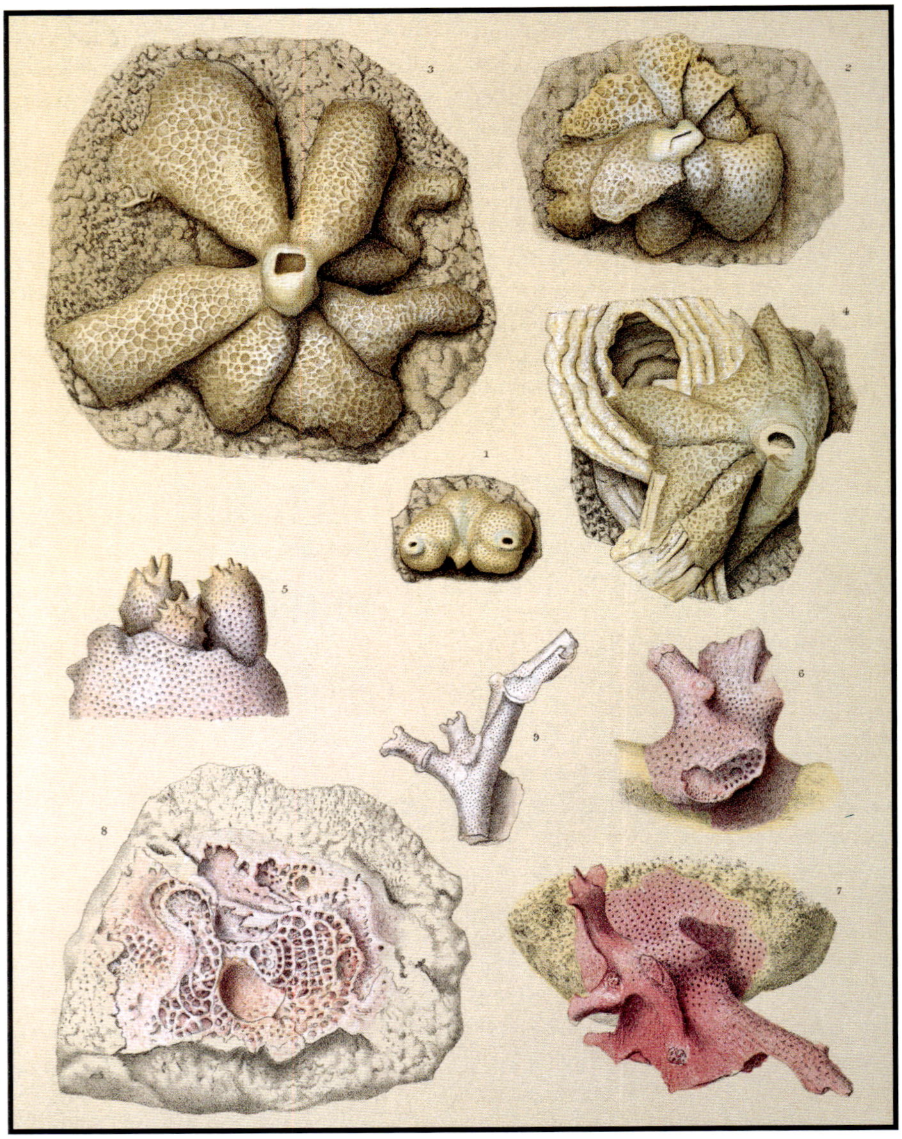

Ihren Reisebericht veröffentlichen die Wissenschaftler später in 50 Bänden – darin auch diese detailreichen Zeichnungen schwammähnlicher Meerestiere

Es dauert oft mehr als eine Stunde, ehe die schweren Trommeln zum Stillstand kommen. Dann hat das Kolbenlot den Grund erreicht, bei 1500, 2000, 3150 Faden (5760 Meter). Die an der Lotleine befestigten Spezialthermometer registrieren die Wassertemperatur in der Tiefe – doch nicht präzise genug, wie sich später herausstellen wird: Die eingravierten Skalen lassen sich kaum auf ein viertel Grad genau ablesen.

Mit den gewonnenen Daten soll endlich eine systematische Kartographie der Becken und Rücken am Meeresboden begründet werden – wichtige Informationen etwa für das Verlegen von Telegraphenkabeln.

Unter der Masse der Gewichte bohrt sich ein Metallrohr etwa 30 Zentimeter tief in den Meeresboden und nimmt eine Probe der Sedimentablagerungen auf – 10 000 Jahre alten Ton zum Beispiel. Oder Schlamm mit fossilen Überresten von Kleinstlebewesen, die (wie sich später herausstellt) seit zwei Millionen Jahren ausgestorben sind.

Oder Schlick, in dem die Biologen an Bord astronomische Mengen von Radiolarien finden: abgesunkene, winzige Planktontierchen, deren filigrane kugel-, glocken- oder sternförmige Skelette aus

Kieselsäure erst unter dem Mikroskop sichtbar werden. 3500 bislang unbekannte Arten dieser kleinen Schöpfungswunder werden später im Expeditionsbericht beschrieben und in Tusche gezeichnet sein.

34 eiserne „Dredge-Apparate", Scharrnetze, lässt die „Challenger"-Crew in allen Weltmeeren immer wieder über den Grund schaben. Aus bis zu 5700 Meter Tiefe befördern die schweren Geräte (von denen einer der Schiffsstewards schreibt, sie sähen aus wie „Schweinströge mit Netzen unten dran") unbekannte Lebewesen ans Tageslicht. Die Matrosen hieven die Netze oft erst bei Einbruch der Dunkelheit in stundenlanger Arbeit wieder aufs Mitteldeck, mithilfe einer kleinen Dampfwinde. Jeweils 40 Seeleute sind mit dem „dredgen" beschäftigt – sie nennen es schon bald „drudgen": abrackern.

Der Kapitän weiß, dass die Sonderschichten nicht beliebt sind; er spendiert deshalb nach jedem Netz voller Spritzwürmer, Kieselschwämme oder blinder Tiefseekrebse etwas Sherry für alle an der Schwerstarbeit Beteiligten.

Die Wissenschaftler bleiben meist unter Deck bei ihren Büchern. Erst das Signal „Dredge is up!" ruft sie auf den Plan: Dann stürmen sie mit Pinzetten und Sieben auf die Mittelbrücke und machen sich bei Laternenschein über den Schlamm her, der auf die sauberen Planken gekippt wird.

„Man weiß gar nicht, wo man anfangen soll mit der Arbeit", schreibt Willemoes-Suhm nach Hause, so viel „Anziehendes" finde sich in dem Schlick.

Der junge Zoologe, der bislang nicht viel mehr als die Tierwelt der Kieler Bucht erforscht hat, ist als Professor Thomsons Protegé auf die Forschungsreise eingeladen worden, als er den berühmten Gelehrten bei einem Treffen in Edinburgh offenbar mit seinem Enthusiasmus beeindruckte.

Sie finden Wesen, die nie zuvor ein Mensch gesehen hat

Eigentlich hatte der Deutsche eine Stelle als Zoologe in einem neuen Museum auf Ceylon antreten wollen. Aber die „Challenger"-Expedition erscheint ihm mehr zu versprechen. „Wenn sich einem im Leben etwas Glückliches darbietet, muss man zugreifen und nicht zaudern", schreibt er an seinen Lehrmeister in München.

Die Mannschaft beobachtet die Forscher auf dem Mitteldeck mit einer Mischung aus Bewunderung und Unverständnis. Immerhin kommt in den Netzen oft Bemerkenswertes an Bord: Tiefseefische mit hörnerartigen Auswüchsen; sonderbare Glasschwämme mit Skeletten aus purem Quarz; Lebewesen mit riesigen Köpfen; Tiere mit Augen an unterschiedlichen Körperstellen; Crustaceen, die gar keine Sehorgane haben, weil ihr Gesichtssinn im Dunkel der Tiefe durch Tastfühler ersetzt ist.

Die Wissenschaftler untersuchen Geschöpfe, die noch nie zuvor ein Mensch gesehen hat. Bei besonderen Funden, so beobachtet der Steward,

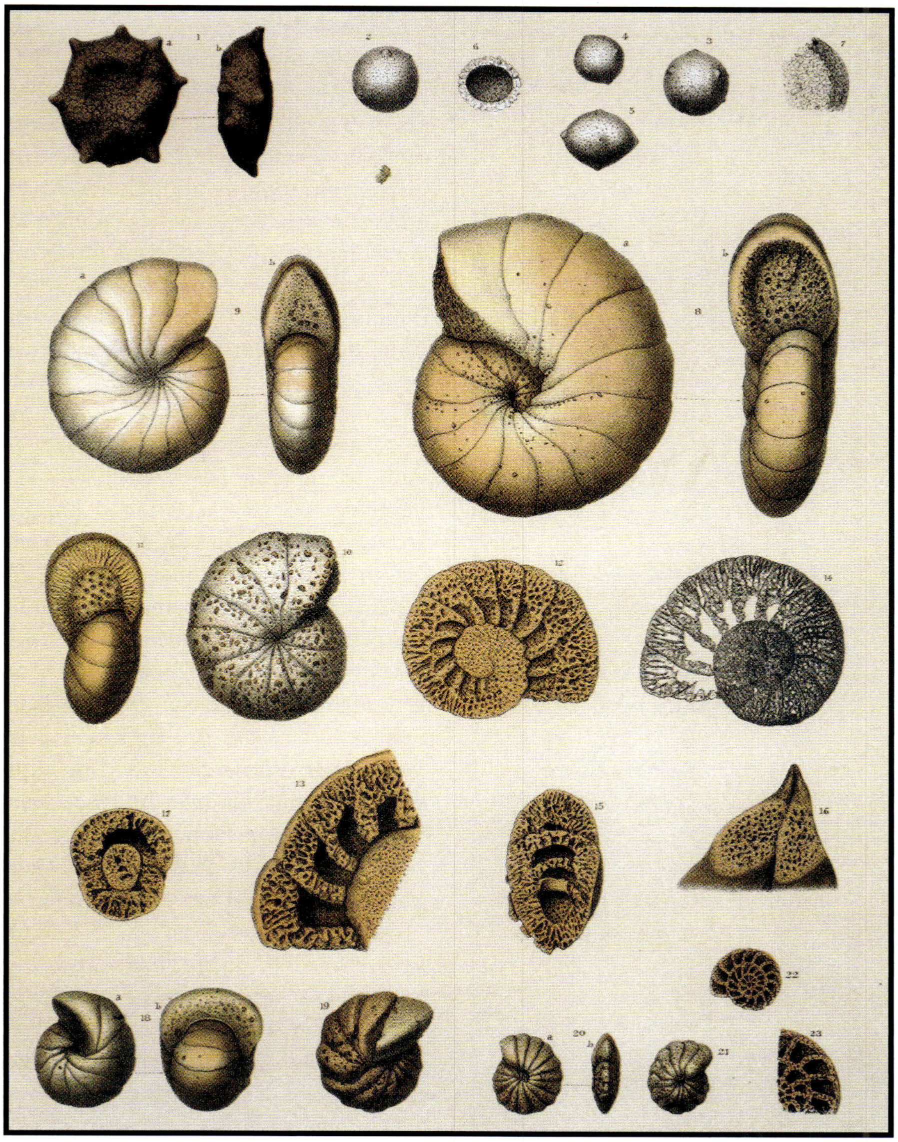

Mehr als 10 000 Lebewesen – darunter diese winzigen schneckenförmigen »Foraminiferen« sammeln die Forscher und konservieren sie in Alkohol

„sind die Forscher hoch gestimmt, tragen sie runter ins Labor, trinken dort einige Flaschen Champagner und taufen ihre neue Trophäe auf einen Namen mit etwa 40 Buchstaben".

Eine dieser Trophäen wird der Stolz des jungen Willemoes-Suhm: ein zehnfüßiger, blinder Tiefseekrebs, den die Wissenschaft bis heute unter dem Namen *Willemoesia leptodactyla* kennt.

Unter Deck geht die Arbeit der Ozeanographen erst richtig los: Sie sezieren, mikroskopieren, zeichnen im trüben Licht schwankender Funzeln, ziehen Schlüsse auf Fortpflanzungsweise und Ernährung der gefundenen Lebewesen, ordnen sie in Familien, Ordnungen und Klassen, legen sie in Spiritus oder Salzlake ein, beschriften sie mit Datum, Längen- und Breitengrad des Fundorts und verpacken sie schließlich in Kisten.

Könige und Häuptlinge kommen an Bord

Von Bermuda, Halifax, Sydney, Hongkong und Yokohama schickt das Team insgesamt 5000 Flaschen und Krüge mit anderen Schiffen zurück nach Edinburgh, wo sie von dem eigens eingerichteten „Challenger-Büro" an Europas renommierteste Experten zur Begutachtung weiterversendet werden. Eine effiziente und sichere Methode der Arbeitsteilung, wie Thomson später zufrieden feststellt: „Nur vier der Gefäße sind zerbrochen, keines der eingelegten Objekte ist verloren gegangen."

Auch an Bord der „Challenger" verdichten die Ozeanographen ihre Daten zu neuen, ungewöhnlichen Thesen. Dass sich der Atlantik in ein östliches und ein westliches Becken teilt, die ein hoher Rücken trennt, ist der Forschung zwar bekannt – aber wie kommt es, dass am Meeresgrund das Wasser im Südosten drei Grad Fahrenheit wärmer ist als im Südwesten?

Die Antwort der „Challenger"-Forscher: Der Rücken muss sich wie ein lang gestreckter Gebirgszug ohne eine einzige tiefe Schlucht durch den Atlantik erstrecken; die tiefer liegenden Wasserschichten sind also nicht miteinander verbunden, vermischen sich nicht oder nur langsam (spätere Forscher werden diese These mithilfe moderner Messgeräte bestätigen).

Ein Zwischenwesen: Dieser Eichelwurm gehört weder zu den Wirbeltieren noch zu den Wirbellosen und fängt mithilfe seiner zwölf buschigen Fangarme Nahrungsteilchen

An Land sind die Forschungen nicht ganz so ergiebig. Die Wissenschaftler verbringen zwar knapp die Hälfte der Reise auf Inseln und an Küsten, doch lassen sie sich dort von ihren gesellschaftlichen Verpflichtungen so sehr in Anspruch nehmen, dass sie zu ernsthafter Forschung wenig Zeit haben.

Holländer, Franzosen, Portugiesen, Spanier und Briten haben ja bereits in fast jedem Winkel der Erde ihre Gouverneure und Handelsvertreter stationiert. In den meisten Häfen wird die berühmte Expedition deshalb mit Gala-Diners und Gartenpartys empfangen.

Könige müssen über das Schiff geführt werden, Häuptlinge und Geschäftsleute kommen zu Besuch, feine europäische Damen wollen kurze Ausflugsfahrten unternehmen, und die Bordkapelle spielt zum Tanz.

Rudolf von Willemoes-Suhm durchstöbert in jeder freien Stunde die exotischen Märkte nach Souvenirs. In Bahia

Eine Bucht in Neuguinea: Als Einheimische in Kanus heranpaddeln, kommt es beinahe zu einem Zwischenfall

»Sie näherten sich uns laut schreiend, nur so weit, dass wir beim Schein der Laternen Wilde mit enormen Perücken und mit riesigen Schweinshauern in den Nasen zu erkennen vermochten. Übrigens waren sie sonst ganz, wie Gott sie geschaffen«

aus einem Brief des Zoologen Rudolf von Willemoes-Suhm

Mehr als 800 Fotos zeigen die Bewohner fremder Inseln, wie hier auf Tonga

erwirbt er Kolibris als Hutschmuck für die Schwestern daheim. Auf Madeira kauft er sich von Seeleuten einen grauen Papagei. In Kapstadt erwirbt er einen „Kaffer" als Diener, der aber in Hongkong an Lungenentzündung erkrankt, „von der er sich wohl schwerlich wieder erholen wird", wie der Wissenschaftler seiner Mutter mitteilt: „Dagegen ist der Papagei wohl und gedeiht vorzüglich."

Doch bei aller Zerstreuung vergessen die Forscher bei keinem Stopp das „Zoologisieren" und „Botanisieren". Sie besteigen Vulkane, lassen sich durch Urwälder führen, betäuben Paradiesvögel mit stumpfen Pfeilen, vergiften Pinguine im Namen der Wissenschaft und nutzen die gerade aufgekommene Foto-Technik, um auf den Kapverdischen Inseln einen seltenen „Negeralbino" abzulichten und an der Packeisgrenze schwimmende Eisberge.

In Neuseeland trifft Willemoes-Suhm auf Maori, darunter „einige schön tätowierte alte Kerle und Weiber, auch jüngere, nicht mehr blau gefärbte Individuen". Der Deutsche beobachtet, dass sich die Einheimischen den Europäern gegenüber recht verschlossen zeigen: „Englisch aber lernen sie fast nie und

Auf den Admiralitätsinseln stoßen sie auf Menschen mit »hebräischen Gesichtern«

In China fotografieren die Forscher Szenen aus dem Alltag

»Die Japaner haben alles Nationale abgelegt und bieten natürlich nur europäische Karikaturen, die lächerlich, zum Teil schäbig sind«

Sänfte in Japan. Die Forscher lassen sich in Handwagen durch Städte kutschieren

bleiben schon dadurch von den Kolonisten ganz abgesondert; es ist, als ob sie eine physische Schwierigkeit bei der Erlernung dieses sächsischen Idioms nicht überwinden könnten."

Die Bewohner der Freundschaftsinseln hingegen empfangen die Crew der „Challenger" mit offener Herzlichkeit, ja es bricht sogar „Jubel" aus, so hält es Willemoes-Suhm in einem seiner Briefe fest, „wie man es anderswo kaum erlebt. Sie sind so rührend naiv und zutraulich, und die jungen Mädchen betrachten es keineswegs als unziemlich, dass man sie auf die Schulter klopft und ihr Haar streichelt, welches Letztere man freilich besser unterlässt, wenn sie sich frisch mit Kalk oder mit Kokosnussöl bedeckt. Dies gibt ihnen dafür ein merkwürdiges Rokoko-Aussehen."

Hoch konzentriert geht die Forschungsarbeit vor allem auf unbewohnten Inseln vonstatten, etwa auf Marion Island im Süden des Indischen Ozeans. Bei schönem Wetter landen die Forscher und Offiziere dort am zweiten Weihnachtstag des Jahres 1874 und schwärmen sofort aus.

„Ich stürzte mit meinem Kaffer längs des Ufers, um die Vögel zu beobachten und totzuschlagen", notiert Willemoes-Suhm, und dass er dazu „einen ausgewählten brasilianischen Knittel" verwendet habe.

Er überlässt dann aber die Albatrosse, Sturmvögel und drei Arten von Pinguinen seinen Kollegen und wendet sich stattdessen Schnecken, Würmern und Spinnen zu, die untersucht, konserviert und verschickt werden müssen. An einem Felsen der Insel findet er eine flügellose schwarze Fliege, „die an und für sich schon interessant ist".

300 Krieger in 70 Kanus umkreisen die »Challenger«

Einige seiner Kollegen wandern derweil am Hang des Inselgebirges in Richtung der Vegetationsgrenze, sammeln dabei Steine, 31 verschiedene Moose und Köpfe von genießbarem Kerguïlen-Kohl, der nur auf den unwirtlichen Eilanden der gefürchteten 40er-Breitengrade heimisch ist.

Die „Challenger"-Crew wirft unterdessen den ganzen Tag im flachen Küstenwasser ihre Dredge-Netze aus. Als die Forscher mit „einem wüsten Chaos an Naturalien" an Bord kommen und die Pfeife zur Abfahrt ertönt, liegt auf den Planken des Mitteldecks bereits eine neue Ladung Schlamm vom Meeresgrund zur Inspektion bereit.

DOCH ES IST EIN TAG, an dem die Forscher überhaupt nichts Neues finden, der bei dem jungen Willemoes-Suhm den tiefsten Eindruck hinterlässt: ebenjener Abstecher in die Bucht von Neuguinea, der den Besuch der sechs Kanufahrer nach sich zieht.

Dieser 24. Februar 1875 ist wohl der einzige Tag auf der Fahrt der „Challenger", an dem das Team noch einmal etwas von der zu Ende gehenden Ära der abenteuerlichen Seereisen und Entdeckungsfahrten spürt, von den Ungewissheiten und Gefahren am Rande der kartographierten Welt.

Es ist eine letzte Erinnerung an Reisen wie die des James Cook, der 100

Jahre zuvor die Südsee als Erster systematisch erkundet hat (siehe Seite 20).

Bei Sonnenaufgang umgeben 70 Kanus mit mehr als 300 heftig gestikulierenden Männern die „Challenger". Die Einheimischen tragen Bogen und mit Widerhaken besetzte Pfeile. Haben sie die Waffen zum Töten oder Tauschen mitgebracht?

Die Forscher sind ratlos. Die perforierten Triton-Muscheln, auf denen die Papua ständig dumpfe Töne blasen, scheinen jedenfalls so etwas wie Kriegstrompeten zu sein. Geistesgegenwärtig hält Willemoes-Suhm den Balg eines Paradiesvogels in die Luft.

Sofort beginnen die Einheimischen, für das Tier zu bieten, halten Lebensmittel und Schmuck aus Schweinszähnen und Bohnen in die Höhe.

Ein Handel kommt in Gang, bei dem die Papua vor allem kunstvoll gearbeitete Äxte aus poliertem Melaphyrstein zum Tausch anbieten – gegen rostige Tonnenbandringe und weiche, eigens für den Handel mit Naturvölkern produzierte Beile: Hauptsache, die Tauschwaren sind aus „Sigor", aus Eisen.

Doch als die Wissenschaftler an Land gehen wollen, um ihre eigentliche Arbeit zu verrichten, schlägt die Stimmung um: Ein Papua zielt mit halb gespanntem Bogen auf die Europäer und fordert Geschenke. „Dem Chemiker Buchanan und mir prickelte der Rücken bei der Nähe des Pfeils", schreibt Willemoes-Suhm später.

Eilig greifen die Besucher zu ihren Waffen – ohne Erfolg: Da die Papua die Wirkung der Flinten offenbar nicht kennen, weichen sie nicht vor ihnen zurück.

Den Forschern bleibt nichts anderes übrig, als zurück zum Schiff zu rudern. Den Einheimischen überlassen sie ihre Botanisiertrommel, darin etwas Schmetterlingspapier, eine Pfeife und eine Flasche Sodawasser. „Die mag den Herren Wilden einen hübschen Schrecken eingejagt haben, als der Pfropfen aufsprang", tröstet sich Willemoes-Suhm nach dem überstandenen Abenteuer. „Wir werden diesen Tag wohl noch lange als den merkwürdigsten unseres Lebens anzusehen haben."

Dabei haben die Männer erst rund zwei Drittel der Expedition hinter sich: Noch 421 Tage wird die „Challenger" unterwegs sein, Japan, Valparaiso, Montevideo und die Ascension-Inseln anlaufen; und dann endlich ein drittes Mal den Atlantik queren.

IM SPANISCHEN HAFEN Vigo liegt die britische Kanalflotte vor Anker, als der Dreimaster am 20. Mai 1876 dort einläuft; zur Begrüßung spielt an Bord der „Defence" eine Kapelle „Home, sweet home". Am 24. Mai 1876 segelt das Forschungsschiff bei klarem Wetter in den Ärmelkanal und ankert um neun Uhr abends in Portsmouth.

Vermutlich denkt keiner der Heimkehrer an jenem Tag daran, dass die eigentliche wissenschaftliche Arbeit nun erst beginnt. Ein Expeditionsbericht in 50 großformatigen, in grünes Leder gebundenen Bänden wird nach und nach alle Daten und Ergebnisse der Fahrt zusammenfassen.

Insgesamt werden über einen Zeitraum von 19 Jahren 29 552 Seiten publiziert, verfasst von mehr als 70 Fachleuten in aller Welt, illustriert von Lithographen, Zeichnern und Kupferstechern.

Messdaten von 362 Forschungsstationen und Untersuchungen an mehr als 10 000 gesammelten und präparierten

Ein Wunder der Symmetrie, eine Kreatur wie ein Kunstobjekt: Bis ins Detail hat ein Illustrator die Unterseite dieser Tiefseequalle *(Periphylla mirabilis)* festgehalten

Zoologe und Chronist der Reise: der Deutsche Rudolf von Willemoes-Suhm (Mitte)

Pflanzen und Tieren sind in den Berichten verarbeitet: Analysen zur spezifischen Dichte des Tiefenwassers etwa; Beiträge über die Zusammensetzung des Meersalzes, die weltweit fast identisch ist; Aufsätze über die Petrologie abgeschiedener Inseln und über die Chemie der faustgroßen Manganknollen, die den Boden in manchen Regionen des Südpazifiks wie eine Decke aus metallenen Warzen überziehen.

Aufsehen erregt ein Traktat über den Bathybius: jenen angeblichen Tiefsee-Urschleim, in dem der britische Gelehrte Thomas Huxley wenige Jahre zuvor den Ursprung allen Lebens auf der Erde ausgemacht zu haben glaubte.

Das Fazit der „Challenger"-Expedition: Es gibt den Bathybius in der Tiefsee überhaupt nicht – der Schleim entsteht erst als Ablagerung im Reagenzglas.

Allein 40 Bände sind zoologischen Themen gewidmet, der Fauna des Meeres und der Küsten. Mehr als 4500 zuvor unbekannte Lebewesen können in Familien, Ordnungen und Klassen eingeteilt werden; viele von ihnen aus Meerestiefen, die kurz zuvor noch als unbelebt galten. Und das Überraschendste: In der Tiefe sind viele Tiere Kosmopoliten – sie leben in antarktischen wie in tropischen Gewässern.

Eine Fehleinschätzung unterläuft Professor Thomson aber, als er anhand der „Challenger"-Funde die Behauptung aufstellt, die Tiefsee zeichne sich durch eine nur geringe Artenvielfalt aus: Erst 70 Jahre später werden Biologen herausfinden, dass die Biodiversität auf dem Meeresgrund vermutlich der in tropischen Regenwäldern nicht nachsteht.

Bei den physikalischen Erkenntnissen ist der Expeditionserfolg dagegen getrübt: Der Druck in großen Wassertiefen hat die gemessenen Temperaturwerte so verzerrt, dass sie nachträglich korrigiert werden müssen.

Zwar gelingt es den Forschern, selbst aus diesen Daten auf eine mächtige Tiefenströmung zu schließen, die sich am Meeresgrund von der Antarktis in die Ozeane zieht, besonders in den Atlantik. Auch eine Strömung vom Nord- in den Südatlantik können sie ausmachen.

Doch für weitere Überlegungen über die komplexe thermohaline Zirkulation – die heute in der Klimaforschung eine wichtige Rolle spielt – fehlt den Wissenschaftlern um Thomson das Vertrauen in ihre Messdaten.

Die Fahrt der „Challenger" ist die größte Expedition ihrer Zeit, das kostspieligste Großforschungsprojekt der viktorianischen Epoche. Sie begründet die Wissenschaft der Ozeanographie – und inspiriert zahlreiche weitere Expeditionen, die auf dem gesammelten Wissen aufbauen, allen voran die Fahrt des deutschen Seglers „Gazelle" 1874.

Rudolf von Willemoes-Suhm erlebt den Erfolg seiner Forschungsreise nicht

Die Forscher bringen mehr als 4500 unbekannte Spezies heim

mehr: Auf dem Teilstück von Hawaii nach Tahiti erkrankt er an einer Wundrose und fällt am 11. September 1875, seinem 28. Geburtstag, ins Delirium; zwei Tage später stirbt er.

Alle Offiziere der „Challenger" sind in ihrer vollen Uniform angetreten, als sie den Leichnam des Deutschen am 14. September beisetzen. „Ein plötzliches Aufspritzen, und alles ist vorbei", notiert der Schiffsingenieur.

Kurz darauf geht auch wieder die Lotleine über Bord: Das Lot sinkt bis auf 2650 Faden. □

Jens Schröder, 37, ist Geschäftsführender Redakteur von GEO.

Literaturtipp: Gerhard Müller, „Die Challenger-Expedition. Zum tiefsten Punkt der Weltmeere", Thienemann, antiquarisch erhältlich: detailreiche und packende Dokumentation aus Originalaufzeichnungen und Briefen der Missionsteilnehmer.

Inventur des **Lebens**

Beim »Census of Marine Life«-Projekt bestimmen Forscher, welche Arten in den Meeren leben – und wie viele

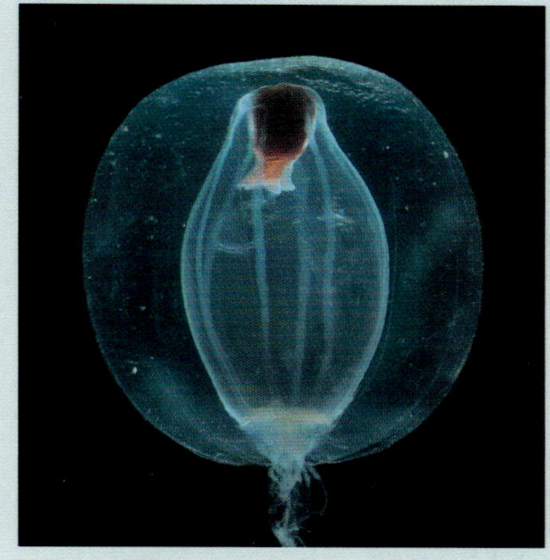

Census-Biologen haben bisher mehr als 108 000 Arten erfasst, darunter diese murmelgroße Qualle aus der Antarktis

Im Südpolarmeer ging den Forschern eine Krakenart ins Netz, die dem Urahn vieler achtarmigen Tintenfische nahe kommt

Diese arktische Tiefsee-Flügelschnecke ist eine von bislang gut 5500 neuen Spezies, die beim Census gefunden wurden

Die Ozeane zählen immer noch zu den am wenigsten erforschten Lebensräumen der Erde. Erst 230 000 Arten sind bisher beschrieben worden – die Gesamtzahl schätzen Biologen auf mindestens eine Million.

Im Rahmen des internationalen Projektes „Census of Marine Life" haben sich zur Jahrtausendwende mehr als 2000 Forscher aus 82 Ländern zu einer Mission zusammengeschlossen, die den Blick auf das Leben im Meer für immer verändern soll: Bis Oktober 2010 wollen sie erfassen, welche Organismen die Ozeane bevölkern, wo sie sich aufhalten, wie sie wandern, was sie fressen. Und vor allem: wie zahlreich sie sind.

In derzeit 18 Teilprojekten untersuchen die Census-Wissenschaftler sämtliche Meere – von den tropischen Korallenriffen bis zum Polarmeer, von den Küsten bis zur Tiefsee. Insgesamt analysieren die Forscher bei dem 500-Millionen-Euro-Projekt ein Gebiet, größer als die gesamte Landfläche der Erde.

Dabei sind sie vor Neuseeland auf eine Kolonie von mehreren zehn Millionen Schlangensternen gestoßen, haben vor Frankreich 20 Zentimeter große Riesenaustern entdeckt und im Pazifik eine Versammlung mehrerer Tausend Weißer Haie beobachtet. Als die Wissenschaftler Lachse mit akustischen Sendern ausstatteten, konnten sie erstmals die Wanderbewegungen einzelner Tiere verfolgen – von den Flüssen der Rocky Mountains bis ins arktische Eismeer. Mithilfe eines neuartigen Sonars orteten sie vor der Küste des US-Bundesstaats Maine einen Heringschwarm von der Größe Manhattans. Und als sie spezielle Fangnetze bis in 5000 Meter Tiefe absenkten, beförderten sie Hunderte Plankton-Arten an die Oberfläche sowie bizarr anmutende Kreaturen: borstenbesetzte Würmer, stachelbewehrte Krebse sowie Fische, so klein wie ein Stecknadelkopf, aber bewaffnet mit furchteinflößenden Zähnen. Sämtlichen Tieren entnehmen die Forscher DNS-Proben und fertigen daraus einen Barcode an: einen genetischen Fingerabdruck, der jede Spezies individuell kennzeichnet. In Verbindung mit den anderen Angaben über die Lebensweise sollen die Daten in eine gewaltige Bibliothek aus Steckbriefen einfließen. Informationen über mehr als 108 000 Arten haben die Wissenschaftler inzwischen in den Census-Katalog eingespeist.

Diese bislang umfangreichste Dokumentation der Artenvielfalt in den Ozeanen soll genaue Prognosen darüber ermöglichen, wie sich die globale Klimaerwärmung auf das Leben in den Weltmeeren auswirkt. Welche Rolle winzige Wesen wie Algen und Einzeller für die Stabilität der marinen Ökosysteme spielen. Und wie Schutzgebiete angelegt werden müssen, damit der Bestand bedrohter Spezies zu sichern ist.

Auch in die von Dunkelheit, Kälte, enormem Druck sowie reißenden Strömungen beherrschte Tiefsee stoßen Census-Biologen mittlerweile vor. Mit einer neuen Generation von Hightech-Instrumenten ist es ihnen nun erstmals gelungen, ein umfassendes Bild dieser unwirtlichen Zone zu erhalten.

So erkunden US-Forscher seit Mai 2009 mit einem Tauchroboter die bis zu 11 000 Meter tiefen Ozeangräben im westpazifischen Ozean. Eine robuste Keramikhülle schützt das rund vier Meter lange und zwei Meter breite Gerät vor mehr als einer Tonne Druck, die in dieser Tiefe auf jedem Quadratzentimeter lasten. Mehr als 4000 Akkuzellen versorgen das Gerät mit Energie und ermöglichen Tauchfahrten von bis zu 36 Stunden.

Auch zur Bestandsaufnahme der polaren Tiefseefauna wird der Roboter in Zukunft beitragen – denn er vermag weit unter den bislang unzugänglichen Eisschilden zu tauchen. Ein 40 Kilometer langes Kabel aus haarfeinen Glasfasern verbindet ihn dabei mit dem Mutterschiff. Über diese Nabelschnur wird der Späher schon bald Bilder und Messdaten aus einem der letzten völlig unerforschten Ökosysteme an die Wasseroberfläche senden. *Sebastian Witte*

Duell in tödlicher Kälte

Sie könnten kaum unterschiedlicher sein: Der eine ist ein mutiger Draufgänger, der andere ein kühl kalkulierender Forscher. Doch Robert Scott und Roald Amundsen haben das gleiche Ziel: den Südpol. In der eisigen Ödnis entbrennt 1911 ein dramatischer Wettkampf, wer ihn als Erster erreichen wird

18. Januar 1912: Erschöpft erreichen Robert Scott, Lawrence Oates, Edward Wilson und Edgar Evans (von links) den Südpol. Doch sie sind nicht die Ersten: Vier Wochen zuvor hat der Norweger Roald Amundsen dort ein Zelt errichtet

Text: Wolf Schneider

Wenn ein englischer Gentleman gegen einen bloßen Fachmann aus Norwegen verliert, so kann nur der Engländer der Sieger gewesen sein – zumal wenn er seine Niederlage mit einer Art Heldentod verklärt: Das war die Stimmung in Großbritannien, als 1913 das Ergebnis des verrücktesten und tragischsten Wettlaufs der Weltgeschichte bekannt geworden war.

Einem unsichtbaren Fleck in unvorstellbarer Öde hatte er gegolten: dem südlichen „Durchstoßpunkt" der Rotationsachse der Erde, kurz Südpol genannt.

Was ist ein Punkt? Ein ausdehnungsloses Gebilde. Haben denn Amundsen und vier Wochen nach ihm Scott ihren Fuß auf dieses Gebilde setzen können? Wahrscheinlich nicht.

Denn um bis zu zehn Meter entfernt sich der Punkt von seiner mittleren Position – zum Beispiel wenn ein Erdbeben den Planeten ein bisschen ins Schlingern bringt; und Amundsen vertraute der Messung seines Sextanten (zu Recht) so wenig, dass er drei seiner Männer je eine Tagesreise lang vom vermuteten Südpol wegschickte, um ihn wenigstens eingekreist zu haben.

Wie konnte der „Durchstoßpunkt", diese wesenlose Projektion der sphärischen Trigonometrie, einen so rasenden Ehrgeiz entfachen?

Das ist eine Geschichte, die im 15. Jahrhundert mit den Seefahrern Portugals und Spaniens begann und erst 1953 mit der Erstbesteigung des Mount Everest mehr oder weniger beendet war: der Wille, die Erde bis in ihre fernsten, feindlichsten Winkel in Besitz zu nehmen – entfaltet von Männern, die die Besessenheit des Kolumbus in sich trugen; gefördert von Kaufleuten und Königen, oft zugleich der Wissenschaft zuliebe und fast immer von der Geltungssucht der Nationen getragen.

Und da nun Amerika entdeckt, die Sahara durchquert und die Welt umsegelt war, mussten die letzten Entdecker eben mit theoretischen Punkten vorliebnehmen. Dass es einen ungeheuren Preis erforderte, sie zu erreichen, war da gleichsam ein Trost.

Amundsen nahm dafür 99 Tage auf Skiern im ewigen Eis in Kauf, Scott fast fünf Monate bis zu seinem Tod – von bis zu 60 Grad Kälte gebissen und von Schneestürmen bis zu 130 Stundenkilometern angefaucht; unter Leiden, Strapazen und hygienischen Verhältnissen, die die meisten Menschen kaum

Robert Falcon Scott (1868–1912) verbringt eine behütete Kindheit. Dann beschließt sein Vater, ihn zur Marine zu schicken

vier Tage lang ertragen würden; Scott und seine zwei letzten Männer nach einem Fußmarsch von 2400 Kilometern schließlich im Zelt verhungert und erfroren.

Da der „Fachmann" seine Expedition perfekt organisiert, der „Gentleman" aber bei der Vorbereitung ziemlich leichtfertig gehandelt hatte, war dessen Leistung in der Tat die noch erstaunlichere – ein Weltrekord an Zähigkeit, Nervenstärke und Überlebenswillen. Doch keinen, der Scott kannte, wunderte es, dass er der Verlierer war, der Antarktis einfach nicht gewachsen.

GEWALTIG BREITET SICH der sechste, der bis dahin ignorierte Kontinent rund um den Südpol aus, größer als Europa, unbewohnbar, zu nichts nütze und bis zu vier Kilometer dick mit Eis bepackt.

Etwa seit 1820 wurden seine Küsten zur Robbenjagd und zum Walfang angelaufen; von 1901 bis 1904 leitete der junge Captain Scott eine Antarktis-Unternehmung, die sich vor allem der Forschung widmete, als Kommandant des Expeditionsschiffs „Discovery".

Von dem aus drang ein Stoßtrupp ein paar Hundert Kilometer auf den Eisschild vor. Scott selbst war dabei und der fünf Jahre jüngere Leutnant Ernest Shackleton. Sie mochten einander nicht, und in seinem Buch über die Fahrt deutete Scott an, dass Shackleton ein Versager gewesen sei.

Da war es für Shackleton ein Triumph, dass es ihm 1909 gelang, sich dem Südpol bis auf 156 Kilometer zu nähern – als Spitze einer neuen Expedition, an der Scott nicht teilnahm.

Im Jahr zuvor behauptete der amerikanische Arzt Frederick Cook, er habe den Nordpol erreicht. Gelogen, sagte sein Landsmann Robert Peary 1909 – erst ich habe es geschafft!

Welcher, oder ob keiner von beiden, ist bis heute umstritten. Damals glaubte man Peary, und Unruhe machte sich breit unter den Letzten, die hofften, sie könnten noch zu den Entdeckern gehören.

Der 36-jährige Roald Amundsen zumal war entsetzt: Von 1903 bis 1906 war ihm die seemännische Großtat gelungen, die Nordwestpassage zu eröffnen, die bis dahin nur erhoffte Schiff-

> »Ich bin der Meinung, dass nur ein Engländer zum Südpol gelangen sollte«
>
> *Robert F. Scott an Admiral Sir Arthur Moore, 21. September 1909*

fahrtsroute um Kanada herum. Er bewältigte sie mit drei Überwinterungen im Eis – und unterstellte, dass der Nordpol jetzt eigentlich nur ihm gehören könne.

Der vier Jahre ältere britische Kapitän Robert Falcon Scott aber sah England geschändet und sich selber bedroht: Ging es denn an, dass ein Amerikaner den Nordpol erobert hatte – herrschte das Britische Weltreich nicht über fast ein Viertel der Erde und über alle Meere sowieso? Also musste auf dem anderen Pol, dem ungleich schwerer erreichbaren, der Union Jack aufgepflanzt werden! (Der Mount Everest, später der „Dritte Pol" genannt, geriet erst 1921 ins britische Visier.)

„Ich bin der Meinung, dass nur ein Engländer zum Südpol gelangen sollte", schrieb Scott im September 1909. Shackleton, der gerade als Held der Antarktis gefeiert wurde? Nein, er, Scott!

In seinem Entschluss bestärkte ihn die Frau, die er 1908 geheiratet hatte: Kathleen Bruce, eine lebenslustige, leicht überspannte Künstlerin.

Scotts gründlichster Biograf, der britische Journalist Roland Huntford, behauptet von ihr, sie habe sich vorgenommen, einen Helden zu gebären, und dazu, natürlich, müsse der Vater sich als Held erweisen. „Du *musst* zum Südpol!", ermahnte sie ihn. „Es *muss* zu schaffen sein!"

Nun brauchte Scott vor allem zweierlei: Geld und Protektion. Mit seinem flotten Buch über die „Discovery" hatte er gut verdient, und Kathleen ließ ihre Beziehungen spielen. Indem sich Scott zugleich der Popularität bediente, die sein Rivale Shackleton dem Unternehmen Südpol verschafft hatte, kam er gut voran. Für die Schiffsmannschaft gingen fast 8000 Bewerbungen ein.

Am 31. Mai 1910 wurde Scott von der Royal Geographical Society mit einem Festessen zur Antarktis verabschiedet. Ihr Präsident rühmte, „dass die Tugenden unserer Vorfahren, die dieses Weltreich schufen, weiter in uns leben". Am 1. Juni stach die „Terra Nova", ein alter Walfänger, in Portland Harbour an der Kanalküste in See, von Tausenden bejubelt; einem englischen Kapitän mit Polarerfahrung fiel die Menge der goldenen Tressen auf dem Deck der „Terra Nova" auf.

SCOTTS SCHIFF war da noch als einziges zur Antarktis unterwegs. Doch längst bereitete Amundsen sich auf einen Wettlauf vor. Schon im September

Roald Amundsen (1872–1928) bricht sein Medizinstudium ab, um sich seiner Passion zu widmen: der Polerkundung

1909, als er von Scotts Südpol-Plänen hörte, hatte er sich zu diesem „Handstreich" entschlossen (so nannte er das in seinen Erinnerungen). Öffentlich blieb er bei seiner Ankündigung, er wolle, da der Nordpol nun mal erobert sei, die Nordwestpassage noch einmal befahren, diesmal jedoch in umgekehrter Richtung, nach monatelanger Anreise um Feuerland herum.

Ein ganzes Jahr lang hielt er sein Vorhaben geheim, sogar von der Mannschaft, die er angeworben hatte, war nur sein Stellvertreter eingeweiht. In Grönland bestellte er aber schon mal 100 Schlittenhunde.

Hunde! Dass Amundsen sie souverän einsetzte und Scott sie missachtete, machte dessen Niederlage unvermeidlich und trug bei zu seinem Untergang.

„Hunde rauben dem Zug mit Schlitten viel von seinem Glanz", hatte Scott sich 1905 vernehmen lassen – in einem Haus mit Dienern war er aufgewachsen, die Royal Navy hatte ihn geprägt. „Mit Hunden lässt sich nie die erhabene Vorstellung hervorrufen, dass eine Gruppe von Männern sich aufmacht, allen Strapazen und Gefahren aus eigener Kraft zu trotzen. In diesem Fall ist der Sieg würdiger erkämpft."

Heroische, ein bisschen verblasene Gesinnung gegen Amundsens kühle Strategie! Und so ließ Scott am 11. Dezember 1911, fünf Wochen vor dem Ziel, in der Tat alle Hunde umkehren, und zwölf Männer auf Skiern zogen drei Schlitten mit mehr als einer Tonne Material dem Südpol entgegen, und schließlich zerrten drei Mann den letzten Schlitten bis zu ihrem Grab im Eis. Auch ohne den Wettlauf mit Amundsen hätten sie wohl nicht überlebt.

Aufgebrochen war Amundsen über ein Vierteljahr nach Scott, am 9. September 1910 – allerdings schon von Madeira aus, wohin er mit der „Fram" gefahren war. Als sie die Anker lichtete, rief Amundsen seine Männer zusammen und eröffnete ihnen: Ja, sie führen in Richtung Feuerland – aber dann nicht nach Norden zum Westeingang der Nordwestpassage, wie er es angekündigt hatte, sondern weiter nach Süden, um den Südpol zu erreichen.

Sie zu täuschen sei leider nötig gewesen, weil er befürchtet habe, die Regierung (der die „Fram“ gehörte) könnte seine Pläne durchkreuzen. In die Totenstille hinein versicherte Amundsen, es handle sich um „einen verhältnismäßig kleinen Umweg“. Jetzt gehe es darum, die Engländer zu schlagen!

Da kam Jubel auf, und kein Mann machte vom Angebot des Kapitäns Gebrauch, das Schiff zu verlassen, die Heimreise werde ihm bezahlt. Körperlich überragte Amundsen sie alle, ein hagerer, knorriger, wortkarger Mann mit einer Adlernase und der Aura unumstößlicher Zuverlässigkeit.

Der britische Leutnant Edward Evans (hier mit einem Theodoliten) vermisst im Basislager die Küstenlinie der Antarktis

Erst drei Wochen später, am 1. Oktober 1910, informierte Amundsens Bruder Leon in Oslo den König, mit der Bitte um Verständnis für die ungewöhnlichen Umstände.

Am 12. Oktober schließlich hielt Scott auf der „Terra Nova“ Amundsens Telegramm in der Hand: „Erlaube mir mitzuteilen, dass die ‚Fram‘ zur Antarktis fährt.“ Der Wettlauf war eröffnet.

Scotts spontane Reaktion ist nicht überliefert. Ein Jahr später, kurz vor dem Aufbruch vom Basislager zum Pol, schrieb er seinem Agenten in Neuseeland: „Mir ist die Komplizierung der Lage völlig klar, aber da jeder Versuch eines Wettlaufs für unsere Chance, den Pol überhaupt zu erreichen, tödlich sein könnte, habe ich entschieden, genauso weiterzumachen, als wenn Amundsen nicht hier unten wäre.“ Das kann nur gelogen gewesen sein.

Mit dem ehemaligen Walfänger »Terra Nova« bricht Robert Scott am 1. Juni 1910 von Großbritannien auf und stößt in das Schelfeis vor, das die südliche Polkappe der Erde umgibt

Den Platz fürs Basislager fand Scott am 4. Januar 1911 auf der Ross-Insel, am 14. Februar Amundsen an der Walfischbucht – beide am Ross-Meer, beide in Sichtweite der mehr als 30 Meter hohen Mauer des Schelfeises; etwa 740 Kilometer voneinander entfernt (also fast Nachbarn nach antarktischen Maßstäben), Amundsen aber 110 Kilometer näher am Pol.

Es war Sommer auf der Südhalbkugel, es gab sogar ein paar frostfreie Mittagsstunden. Nun mussten die Vorräte ausgeladen, ein Winterquartier errichtet und möglichst rasch mit der Anlage der Depots begonnen werden: der Stützpunkte auf dem Weg zum Pol, im Abstand von etwa einer Marschwoche errichtet und mit Vorräten für eine Woche versehen – Lebensmittel, Reservekleidung, Paraffinöl für die Kocher und die Öfen, für die Hunde Seehundfleisch, für Scotts Ponys gepresstes Heu.

Zunächst jedoch sollte bei Scott die große Stunde der Schneeraupen, der Motorschlitten, schlagen. Von denen gab es schon ein paar in Kanada und Schweden – aber noch war ja selbst das Straßenauto ein pannenanfälliges Vehikel. Unerschrocken hatte Scott 1907, drei Jahre nach seiner Rückkehr von der „Discovery“-Expedition, die Denkschrift „Das Schlittenproblem in der Antarktis – Menschen gegen Motoren“

Zu Scotts Mannschaft zählen Offiziere, Wissenschaftler, Hundeführer und Handwerker. Seine Crew (hier im Basislager auf der Ross-Insel) wählt er aus fast 8000 Bewerbern aus

Amundsen setzt nur Schlittenhunde ein, Scott nutzt auch Ponys als Zugtiere

Der Parasitologe Edward Atkinson erforscht gemeinsam mit sechs weiteren Wissenschaftlern die antarktische Fauna

veröffentlicht, mit der These, die 2700 Kilometer zum Südpol und zurück seien weder von Menschen noch von Hunden als Zugkräften zu schaffen. 1908 fuhr er mit einem Motorschlitten durch Norwegens Berge und war begeistert. Aber als am 8. Januar 1911, vier Tage nach der Landung am Ort des Winterquartiers, die erste Schneeraupe ausgeladen wurde, brach sie durchs Eis und versank. Da waren's bloß noch zwei.

Im März vertraute Dr. Edward A. Wilson, der Expeditionsarzt, einem Teammitglied dessen Tagebuch zufolge an: „Scott ist in einem fürchterlichen Zustand. Natürlich denkt er, dass Amundsen als Erster am Pol sein wird, wenn er nicht direkt Pech hat. Seine Expedition ist ruiniert."

Doch was immer Scott dachte: Die Arbeit ging weiter.

Erst einmal brach der lange Polarwinter herein. Über die dunklen Tage berichtet Scott in seinem Tagebuch: Aufstehen zwischen sieben und acht – Eis holen, zum Schmelzen fürs Teewasser, sogar zum Waschen: einen halben Liter pro Kopf und Tag. Nach den Hunden sehen (ein paar waren nun doch dabei) und nach den Ponys: 19 Pferdchen hatte Scott aus der Mandschurei kommen lassen, sie galten als besonders zäh, und 1908 hatten sie Shackleton gut gedient. Dann Frühstück bereiten (Porridge), Temperatur, Wind und Schneehöhe messen, Ponys spazieren führen, die Vorräte sichten und pflegen.

Nach dem Abendessen wurde gelesen, geschrieben, „gewöhnlich bringt eine freundliche Seele das Grammophon in Gang".

Am 24. Oktober 1911 (dem April auf der Nordhalbkugel entsprechend) starteten die zwei verbliebenen Motorschlitten, als Vorhut für die ungeheure Reise, jeder mit anderthalb Tonnen beladen. Sie kamen 80 Kilometer weit – ein Achtzehntel der Entfernung zum Pol. Dann war bei dem einen eine Achse gebrochen und beim anderen ein Zylinder geplatzt.

Objektiv hatte Scott den Wettlauf damit schon verloren: Amundsen war elf Tage vor ihm gestartet, sein Weg war 110 Kilometer kürzer – und er verließ sich auf Schlittenhunde. Für Scott aber schlug nun die große Stunde der Ponys.

Ja, mehr ziehen als Hunde konnten sie. Doch im Schnee sanken sie tiefer ein, oft zerbrach die Eiskruste unter ihren Hufen und schnitt ihnen in die Beine. Bei jeder Rast verwandelte sich der Schweiß auf ihrem Körper in einen Eisfilm, sie mussten abgerieben und mit Decken geschützt werden. Für die Nacht musste man ihnen gegen den Eiswind einen Schneewall schaufeln.

Sie magerten ab, wurden schneeblind und apathisch.

Am 24. November ließ Scott das erste Pony erschießen, das zweite vier Tage später, am 1. Dezember das dritte – „den Hunden geopfert", schrieb er im Tagebuch, denn die brauchten Fleisch. Am 9. Dezember (39 Tage nach dem Aufbruch, 39 Tage vor dem Pol) wurden die letzten fünf Ponys noch zwölfeinhalb Stunden lang vorangepeitscht – und am Abend allesamt erschossen.

»Am Pol geht nichts über den ehrlichen Gebrauch der Beine«

Scott, „The Voyage of the Discovery", 1905

„Schlachthauslager“ nannten die Engländer ihren Zeltplatz. „Dennoch ist heute Abend jeder vergnügt“, steht in Scotts Tagebuch (Begründung fehlt). Mindestens einer sah das anders: „Wir gleichen einem besiegten, enttäuschten und untröstlichen Heer“, schrieb der Norweger Tryggve Gran. Als Ski-Experten hatte ihn Scott mitgenommen; Amundsens Leute brauchten keinen.

Nun hätte Scotts drittes Transportmittel zum Zuge kommen können, er hatte ja vorgesorgt: seine sibirischen Schlittenhunde. Mit solchen umzugehen wollte freilich gelernt sein: bis zu zwölf von ihnen sauber anschirren, dabei die Beißordnung zwischen ihnen beachten und sie immer aufs Neue motivieren. Amundsens Leute hatten das alle vorher lernen müssen; Scott hatte zusammen mit den Hunden zwei russische Hundeführer importiert.

Die wollte er sowieso nicht in der Spitzenmannschaft haben, und so kehrten sie zusammen mit den Hunden am 11. Dezember um – zwei Tage nach dem Schlachtfest an den Ponys. Für

»Der Schlitten bricht einem das Kreuz«

H. R. Bowers, Tagebuch, 14. Dezember 1911

Scott war damit erreicht, was er 1905 geschrieben hatte: „In antarktischen Regionen geht nichts über den ehrlichen Gebrauch der Beine“, nur Männer könnten das Erhabene leisten. Nun war das Erhabene vollends gesichert und der Wettlauf vollends verloren.

Kann das dem Captain Scott verborgen geblieben sein?

Wer ihn nicht als völlig vernagelt einstufen will, hat eigentlich nur zwei

Erst als die »Fram« vor Madeira ankert, verrät Amundsen der Crew das Reiseziel

Möglichkeiten, seinen Motiven gerecht zu werden.

Entweder es rumorte in ihm etwas von jener heroischen Gesinnung, die sich durch die sichere Niederlage nicht irritieren lässt – das gibt es ja, auch wenn sich die Alltagslogik dagegen sträubt. „Der Mensch darf nicht aufgeben“, lässt Hemingway seinen alten Fischer sagen („Der alte Mann und das Meer“). „Man kann vernichtet werden, aber man darf nicht aufgeben.“

Und T. E. Lawrence, der 1916 den arabischen Kleinkrieg gegen die Türken organisierte, fabulierte am nächtlichen Lagerfeuer: „Misslingen erscheine als die dem Menschen von Gott gewährte Freiheit ... Ein sicherer Erfolg könne keine Ehre einbringen – weniger als eine sichere Niederlage.“ Und wirklich: Gerade aus seinem dramatischen Scheitern ist ja Scotts Weltruhm gefolgt.

Oder er besaß etwas von jener irrationalen Mischung aus Hochmut, Sportsgeist und Improvisationstalent, mit der Großbritannien schließlich halbe Kontinente unterworfen hatte, und empfand etwa dies: Wozu braucht

Roald Amundsen (2. v. l.) ist schon weltberühmt, als er in die Antarktis aufbricht: Von 1903 bis 1906 hat der Polarforscher als Erster die Nordwestpassage im Norden Kanadas bewältigt und dabei mehrfach mit seinen Männern im Eis überwintert

Mit Pelzen schützt sich Amundsen (hier 1925) vor der Kälte der Polarregionen. Sein Vorbild sind die Inuit: Das Jägervolk hat die Kleidung für das Leben im Eis perfektioniert

ein Engländer Zugtiere und ein warmes Bett, wenn er siegen will? Engländer siegen auch frierend und zu Fuß!

Seine Männer mussten nun also je zu viert drei Schlitten ziehen, jeder mit 360 Kilogramm beladen, mehr als 90 Kilo pro Kopf. „Der Schlitten bricht einem das Kreuz", hielt einer fest. „Es ist die schlimmste Arbeit, die ich je verrichtet habe."

So schafften sie im Durchschnitt drei bis vier Kilometer pro Stunde; wenn sie sich schrecklich plagten, auch mal 20 Kilometer am Tag – und plagen mussten sie sich, Scott trieb sie dazu, ja oft machte er eine Schau daraus, dass er der am wenigsten Erschöpfte war.

Amundsen dagegen rief regelmäßig nach sechs Stunden zum Abspannen der Hunde und zum Zeltbau auf. Höchstens 35 Kilometer hatte seine Truppe dann geschafft, und bis zu 16 Stunden im Schlafsack gönnte er ihnen.

Bei Scott waren sogar die Schlafsäcke ein Problem. Er hatte sich dafür Rentierfelle aus Oslo kommen lassen, und die Felle ziemlich alter Tiere hatte man ihm angedreht. Amundsen wusste: Das Winterfell junger Tiere musste es sein, nur das haarte nicht, und in Lappland hatte er eingekauft. Bei den Engländern fielen schon im Winterquartier die meisten Haare von der Haut, und in den schrecklichen vier Monaten krochen Scott und seine Männer in Schlafsäcke, in denen oft der Schweiß der vorigen Nacht gefroren war – abends erst nach einer Stunde aufgetaut durch die Körperwärme. Keine *drei* Tage hätte ein normaler Mensch so etwas ertragen.

Welche Leidensbereitschaft mussten diese Männer haben, welch eisernen Willen, das Leiden durchzustehen – dem imaginären Ziel zuliebe und den offenkundigen Schwächen ihres Anführers zum Trotz! Gestützt vermutlich auf archaische Ideale von Mannestum und eine Gruppendynamik, die den Aussteiger oder Aufrührer als Feigling gebrandmarkt hätte.

DER MARSCH BEI TAGE war für beide Trupps, über die Strapaze hinaus, eine Qual für alle Sinne: Woche um Woche durch eine weiße Wüste ziehen, ohne Ende, ohne Schatten, ohne Farben, ohne Pflanze, ohne Tier, gequält von tausendfältig reflektiertem Sonnenlicht. Kein Geräusch außer dem Knirschen der Kufen und dem Pfeifen, dem Heulen des Windes, bei Amundsen dazu dem Gekläffe und Gehechel der Hunde. Keine Gerüche außer abends die von ungewaschenen Männern, vom Paraffinöl-Kocher und von Pemmikan.

Pemmikan: Das war mageres, sonnengetrocknetes Rindfleisch, nach einem Rezept nordamerikanischer Indianer zerstampft und zerrieben, mit Beeren oder Erbsen vermischt und mit Fett versetzt. Gehärtet und in Ledersäcke gepresst, blieb er fast unbegrenzt genießbar, und abends aufgewärmt war er zusammen mit Schiffszwieback das Grundnahrungsmittel beider Expeditionen. Dazu Trockenmilch und Schokolade; bei Scott ein bisschen Butter, Zucker und anfänglich das Fleisch der erschossenen Ponys; bei Amundsen das Fleisch der erschossenen Hunde.

Ja, eben das sollten seine Männer essen. Mit 52 Schlittenhunden und vier

52 Hunde spannt Amundsen anfangs vor die vier Schlitten, mit denen er in die Eiswüste vordringt. Unterwegs lässt er viele von ihnen erschießen und den übrigen zum Fraß vorwerfen. Auch seine Männer drängt er, das Fleisch zu essen – es beuge dem Skorbut vor

Schlitten waren die fünf Norweger am 20. Oktober aufgebrochen; nun, am 21. November, nachdem sich Menschen und Hunde zwölf Stunden lang 1500 Höhenmeter in ein Eisgebirge hinaufgeschunden hatten, ordnete Amundsen an: 24 der inzwischen 42 Hunde sind zu erschießen.

Das war so vorgesehen, ein erbarmungsloses Kalkül: Hunde brauchen Futter; es mitzuführen in Form von Seehundfleisch und Pemmikan kostet Platz und vergeudet Gewicht. Also nimmt man so viele Hunde mit, dass auf halbem Wege die einen den anderen zum Fraße vorgeworfen werden können.

„Wir hatten abgemacht, dass wir vor nichts zurückschrecken wollten, um unser Ziel zu erreichen", schrieb Amundsen. „Mit jedem Schuss verlor ein treuer Diener sein Leben. Die Stelle nannten wir ‚Metzgerladen'." Und während die lebenden Hunde die toten verspeisten, bedrängte Amundsen seine Männer, ebenfalls Hundefleisch zu essen, das sei gut gegen Skorbut. Nach anfänglichem Ekel „genossen wir unsere guten Grönländer", konstatierte einer.

»Alles, was uns einfiel, endete mit dem furchtbaren ›Zu spät!‹«

Scott, Tagebuch, 16. Januar 1912

Vor den Norwegern dehnte sich alsbald das riesige Plateau, auf dem der Südpol liegen musste, 2800 bis 3000 Meter über dem Meer. Am 8. Dezember schrien sie „Hurra!" und ließen die Fahne knattern: Shackletons Rekord gebrochen – nur noch 156 Kilometer bis zum Pol! Und Scott nicht zu sehen.

Mehr als 600 Kilometer muss er zurückgelegen haben, eine Strecke wie die von Hamburg nach München. Vier Tage lang hatte ein Schneesturm ihn ans Zelt gefesselt.

Der 9. Dezember war der Tag, an dem er die letzten Ponys schlachtete, der 11. der, an dem er seine Hunde heimschickte und die Niederlage damit unabwendbar machte.

Die Norweger schüttelten sich schon am 15. Dezember 1911 stumm die Hände: Das muss der Pol sein! Und eine englische Flagge war nicht in Sicht.

Amundsen dagegen blieb skeptisch, es war ja nicht leicht, den Punkt zu finden: Die Sonne umkreiste den Horizont Tag und Nacht in gleicher niedriger Höhe, einen Sternenhimmel gab es nicht, und das diffuse Licht erschwerte die Peilung noch mehr.

15 Kilometer weiter beschlossen die Norweger dann um 15 Uhr, dass dies der Südpol sei. Sie hoben die norwegische Fahne hoch, pflanzten sie ins Eis und aßen sich voll mit Pemmikan und Schokolade.

„Ich kann *nicht* sagen, dass ich da vor dem Ziel meines Lebens stand", heißt es in Amundsens Erinnerungen lakonisch. „Ich erkläre lieber geradeheraus, dass noch nie ein Mensch in so totalem Gegensatz zum Ziel seines Lebens gestanden hat": dem Nordpol nämlich. Am Abend dieses 15. Dezembers kam Amundsen nach immer neuen Messungen zu dem Ergebnis, man sei vermutlich doch acht Kilometer vom Pol entfernt.

So setzte er am nächsten Morgen drei seiner Männer in Marsch: Sie sollten in drei verschiedenen Richtungen jeder 18 Kilometer weit vom Zelt wegfahren, dort eine Schlittenkufe mit einer Fahne in den Schnee rammen „und auf diese Weise unseren Lagerplatz einkreisen", damit der Pol auch bestimmt innerhalb des Kreises lag.

Im Laufe des Tages befand Amundsen, der Pol müsse noch zehn Kilometer weiter liegen; am 17. Dezember korrigierte er sich neuerlich um etwa drei Kilometer. Dort errichteten die Norweger ein zweites Zelt, mit einer Grußbotschaft an Captain Scott. Ein britischer Wissenschaftler hat schließlich ermittelt: Immer noch um 1,5 Kilometer hatte Amundsen den Pol verpasst.

Der Durchstoßpunkt der Erdachse ist eben weder mit dem Fernglas noch unter dem Mikroskop zu sehen.

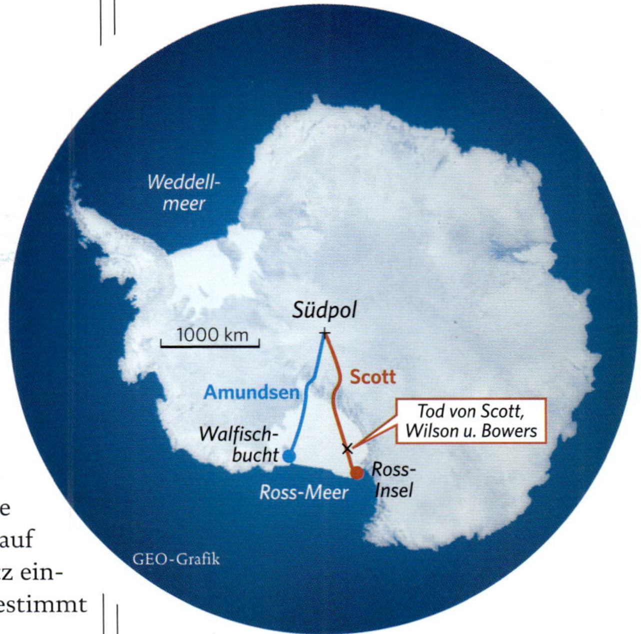

Scott und Amundsen errichten zunächst Basislager, in denen sie – gut 740 Kilometer voneinander entfernt – überwintern. Als sie im antarktischen Sommer zum Pol aufbrechen, passieren sie das Schelfeis des Ross-Meeres, bis sie die Festlandgletscher und schließlich den Südpol erreichen

Scott schickt die Hunde, die ihn anfangs durch die Eisgebirge ziehen, nach einiger Zeit mit ihren Führern ins Basislager zurück. Sie raubten dem Abenteuer den »Glanz«, behauptet er

Scott war, als die fünf Norweger mit den letzten 16 Hunden den Rückweg antraten, mit immer noch zwölf Männern unterwegs und 30 Tage vom Pol entfernt. Die keuchenden Schlittenzieher bewältigten an einem Tag, dem 20. Dezember, 38 Kilometer – manche offenbar immer noch mit einem Rest Hoffnung, sie könnten den Wettlauf gewinnen. Zwei Tage später schickte Scott vier von ihnen an die Küste zurück.

Weihnachten gab es Rosinen zum Pemmikan und danach einen Plumpudding für die letzten acht. Scott behauptete im Tagebuch, „sehr heiter" habe er über alles gesprochen. Zum ersten Mal scheine das Ziel wirklich in Sicht, sie kämen überraschend schnell voran; er bete nur um gutes Wetter.

Silvester tranken sie in 2800 Meter Höhe „eine Extratasse Tee", ließen ihr Ölöfchen bullern und saßen in ihren Schlafsäcken „so warm wie frisch geröstetes Brot", zeichnete Scott auf.

Am 3. Januar 1912 registrierte er auf dem Inlandeis 3100 Meter über dem Meer, es seien nur noch 280 Kilometer bis zum Pol. Drei weitere Männer schickte er heim. Nun waren es noch fünf, die den Todesmarsch antreten würden: neben Scott Captain Lawrence

Dank perfekter Vorbereitung braucht Amundsen für die 3000 Kilometer vom Basislager zum Pol und zurück nur 99 Tage. Scott ist bis zu seinem Tod mehr als 145 Tage unterwegs

Oates, Dr. Wilson, Bootsmann Edgar Evans (ein Universal-Handwerker) und Leutnant Henry R. Bowers, bewundert als der Zäheste von allen.

10. Januar, Scotts Tagebuch: Reservekleidung hat keiner mehr. „Wenn das so weitergeht, halten wir's nicht aus. Der Rückweg wird auch nicht besser sein."

Und dann am 16. Januar: „Das Furchtbare ist eingetreten! In gehobener Stimmung brachen wir auf. Aber nach der zweiten Marschstunde entdeckten Bowers' scharfe Augen etwas, das er für ein Wegzeichen hielt. Das Herz klopfte mir zum Zerspringen. Eine weitere halbe Stunde verging – da erblickten wir eine schwarze Flagge, an einer Schlittenkufe befestigt – Schlittengleise, Skispuren – Amundsen ist der Erste am Pol! An Ruhe war in dieser Nacht nicht zu denken. Alles, was uns einfiel, endete mit dem furchtbaren ‚Zu spät!'. Und als es still wurde im Zelt, brüteten wir über die finstere Vorstellung: Uns graut vor dem Rückweg!" Und dazu hatten sie allen Grund.

17. Januar: Morgens minus 22 Grad, am Pol sind sie noch nicht gewesen, 12 Kilometer ziehen sie südwärts. „Hier ist nichts zu sehen – nichts, was sich von der schauerlichen Eintönigkeit der letzten Tage unterschiede." Jeden Abend schreibt Scott, im Schlafsack sitzend. „An diesen entsetzlichen Ort haben wir uns hergeschleppt – und nicht einmal die Ersten sind wir gewesen!"

Doch noch am selben Tag rühren sich die Überlebensinstinkte: Nach einem reichlichen Mittagsmahl mit einem Stück Schokolade „und dem komischen Geschmack einer Zigarette", die Dr. Wilson zur allgemeinen Überraschung anbieten kann, fühlen sich die fünf, wenn Scott recht hat, „ganz behaglich. Nun auf zum Heimweg und einem verzweifelten Kampf."

18. Januar: Drei Kilometer weiter finden die Engländer Amundsens Zelt, mit der Einladung, sich der herumliegenden Ausrüstungsstücke zu bedienen, und dem Wunsch „für eine gesunde Heimkehr". Scott pflanzt den Union Jack auf, hinterlässt einen Zettel, dass auch die Engländer hier gewesen seien, und die fünf fotografieren einander.

Am Abend notiert Scott: „Ja, wir haben dem Ziel unseres Ehrgeizes den Rücken zugekehrt, und vor uns liegen 1500 Kilometer schweren Schlittenziehens – lebt wohl, ihr Träume!"

Mindestens 1000 Kilometer davon haben sie noch bewältigt auf ihrem Todesmarsch; nun nicht mehr mit der Alternative, dass sie auf das Ziel allenfalls hätten verzichten können, sondern ums nackte Leben kämpfend – und dies nicht nur im alten Trott von Plage, vereisten Schlafsäcken und Pemmikan, sondern noch dazu mit frostzerfressenen Gesichtern, erfrorenen Fingern und Zehen und schlimmeren Stürmen, als man um diese Jahreszeit – dem Spätsommer der Antarktis – hätte erwarten sollen. Mehr als

»Nun auf zum Heimweg und einem verzweifelten Kampf«

Scott, Tagebuch, 17. Januar 1912

diese fünf haben Menschen nie geleistet und kaum je erduldet. Einer starb auf halbem Wege; einer suchte den Opfertod.

Noch am 18. Januar machen sie sich von Amundsens Zelt weg auf den Weg nach Norden – zunächst offenbar mit frischer Energie, denn am 19. schaffen sie fast 34 Kilometer, mit einem Segel auf dem Schlitten, in das der Südwind bläst. 23. Januar: minus 30 Grad in 3100 Meter Höhe, Windstärke 7. Dr. Wilson sieht, dass die Nase von Evans erfroren ist. 24. Januar: „Ein Orkan zwang uns am Mittag, in die Schlafsäcke zu kriechen."

26. Januar: Vor Scott liegen noch wenigstens 1000 Kilometer bis zur Küste – Amundsen und seine vier Männer haben mit zwölf Hunden das Winterlager an der Bucht der Wale erreicht.

Nur 40 Tage waren die Norweger unterwegs, vom Triumph beflügelt, begünstigt von Amundsens perfekter Vorratswirtschaft und von verhältnismäßig mildem Wetter auch.

Und doch ist Amundsen noch immer ungeduldig. Er erinnert sich an den erbitterten Kampf um die Anerkennung, den Frederick Cook und Robert Peary 1909 über das Erstrecht am Nordpol geführt haben; und so wartet er auf dem Schiff nach Neuseeland nervös auf die erste Chance, der Welt mitzuteilen, dass er der Sieger am Südpol ist: das Telegraphenamt – bevor Robert Scott etwas anderes behaupten, mindestens aber die Aufregung der Weltöffentlichkeit absorbieren könnte.

Scott dachte nicht anders: Sein Tagebucheintrag vom 17. Januar („Nun auf zum Heimweg und einem verzweifelten Kampf") enthielt ursprünglich den Zusatz: „... einem verzweifelten Kampf, *die Nachricht als Erster zu überbringen*". Der wurde im Dienst seines Nachruhms von einem unbekannten Imagepfleger gestrichen.

Noch etwas hatte Amundsen mit Scott gemein: Ihren wissenschaftlichen Auftrag nahmen beide nicht sehr ernst. Ein Leutnant Prestrud von der „Fram" hatte mehrfach geäußert, wissenschaftliche Erkenntnisse seien eigentlich wichtiger als der Wettlauf zum Pol – was Amundsen so ärgerte, dass er noch nach der Rückkehr an die Bucht der Wale sagte, „nicht für eine Million" hätte er am Pol der Zweite sein wollen.

Scott betreibt seinerseits unvermeidlich „Wissenschaft": das tägliche Messen und Registrieren des Wetters, dazu die Beschaffenheit eines unbekannten Kontinents. Warum er aber einen ganzen Tag des katastrophalen Rückwegs, den 8. Februar, darauf verwendet, 16 Kilogramm an Gesteinsproben einzusammeln und den Schlitten damit zusätzlich zu belasten, das ist umstritten. Um als Märtyrer der Wissenschaft dazustehen!, schreibt sein kritischer

90 Grad Süd: Am 17. Dezember 1911 hissen Amundsen und seine Gefährten am antarktischen Pol die norwegische Flagge. In dem Zelt hinterlassen sie eine Nachricht für Scott

Die Abenteurer um Robert Scott (2. v. r.) erreichen am 18. Januar 1912 den Südpol – einen Monat nach Amundsen. Alle fünf verhungern oder erfrieren auf dem Rückweg

Großlabor **Südkontinent**

Saubere Luft, hochreines Eis, extreme Stille: In der Antarktis arbeiten Forscher unter einmaligen Bedingungen

Nahe dem Südpol liegt die Amundsen-Scott-Station. Die Höhe von 2800 Metern sowie die trockene, reine Luft ermöglichen hier ungestörte astronomische Beobachtungen

Sie hat fast die doppelte Fläche Australiens, aber kein Mensch lebt dauerhaft auf ihrem Terrain – die Antarktis ist die größte unbesiedelte Landmasse der Erde. Bei Temperaturen von bis zu minus 70 Grad Celsius, kargem Boden, den zumeist ein vier Kilometer dicker Eispanzer überzieht, und vielen Monaten ohne Sonnenlicht sind die Bedingungen so lebensfeindlich, dass selbst in den wenigen eisfreien Regionen fast nur Flechten, Moose und Milben ganzjährig bestehen können.

Vom Menschen unberührt ist das Gebiet indes nicht: 29 Staaten betreiben derzeit insgesamt 81 Forschungsstationen, den Südsommer über arbeiten dort mehr als 4000 Wissenschaftler und Techniker. Ihre Arbeit regelt der Antarktisvertrag von 1961, der den Kontinent als internationales Gebiet deklariert und nur die friedliche (insbesondere wissenschaftliche) Nutzung erlaubt. Territoriale Ansprüche bleiben bis 2041 ausgesetzt.

Bis dahin bieten sich der Forschung einzigartige Möglichkeiten. Denn kaum irgendwo sonst ist die Sicht etwa auf die Sterne so ungetrübt wie in der Antarktis, wo unweit des Südpols unter anderem das hochpräzise „South Pole Telescope" betrieben wird. Mit Unterwassermikrofonen belauschen Forscher Wale und Robben in deren Winterquartier, hören, wie sich Eisberge bewegen, Schollen aufeinanderprallen. Geologen untersuchen die zumeist dunklen Meteoriten, die auf der geschlossenen Schneedecke der Antarktis leicht zu finden sind. Auch das Magnetfeld der Sonne lässt sich wegen der geringen Störungen hier sehr genau vermessen.

Im ewigen Eis ist zudem das Klima der vergangenen 800 000 Jahre dokumentiert, denn jede Winter- und Sommersaison hinterlässt charakteristische Schichten. Aus der Beschaffenheit des Eises können Klimatologen auch die Temperaturen längst vergangener Zeiten ablesen.

Selbst Teilchenphysikern eröffnet die Eisdecke neue Möglichkeiten. In der Nähe des Südpols entsteht derzeit das internationale Neutrino-Observatorium „IceCube". Bis in 2,4 Kilometer Tiefe verankern Physiker im Eisschild Detektoren, um mit deren Hilfe das Verhalten von Neutrinos (besonders kleinen Atombestandteilen aus dem All) zu untersuchen. Diese Teilchen durchdringen sämtliche Materie des Planeten, fast ohne Spuren zu hinterlassen. Tief unter der Oberfläche der Antarktis ist das Eis jedoch frei von jeder Verunreinigung und durch den hohen Druck so rein, dass sich die feinsten Anzeichen aufzeichnen lassen, die Neutrinos auf ihrem Weg durch das Eis erzeugen.

Vor allem aber ist die Antarktis ein bedeutender Knotenpunkt in der Meteorologie – etwa wegen der besonderen Eigenschaft der Eisdecke, mehr Strahlung abzugeben als aufzunehmen, sodass die Antarktis Wärme abtransportiert und das Wetter auf der Südhalbkugel stark beeinflusst. Daher sind die Daten, die viele Stationen hier erheben, entscheidend für Wettervorhersagen.

Mit dem mächtigen, hochpräzisen »South Pole Telescope« vermessen Astronomen ferne Galaxien

Damit diese Daten immer zuverlässig gemessen werden können, verbringen rund 1000 Wissenschaftler und Techniker den Winter in der Antarktis. Wenn im März das letzte Schiff abgelegt hat, sind sie völlig auf sich gestellt. Bis zum Frühjahr ist das Gebiet von Packeis umgeben und von außen unerreichbar. Selbst ein Flugzeug könnte nur im äußersten Notfall landen. Spätestens im Juni wird es dunkel: An der amerikanischen Amundsen-Scott-Station direkt am Südpol dauert die Polarnacht etwa ein halbes Jahr. *Marlene Weiss*

Biograf Roland Huntford – ein anderer, um dem Bootsmann Evans einen Ruhetag zu gönnen: Nach der Nase sind dem mehrere Finger erfroren, die Nägel lösen sich, die Wunden eitern. (Das eine Motiv schließt das andere ja nicht aus.)

Neun Tage später, am 17. Februar, bleibt Evans hinter dem Schlitten zurück. Sie finden ihn mit aufgerissenem Pelz kniend im Schnee und schleppen ihn ins Zelt.

„Er erwachte nicht wieder", heißt es in Scotts Tagebuch. „Furchtbar, einen Kameraden so verlieren zu müssen! Aber immer noch ein Glück, dass die entsetzlichen Aufregungen so endeten. Mit einem Schwerkranken reisen zu müssen, hätte für uns alle den Tod bedeutet." So haben die anderen noch ein bisschen länger zu leben: vier Wochen Captain Oates, fast sechs Wochen die letzten drei.

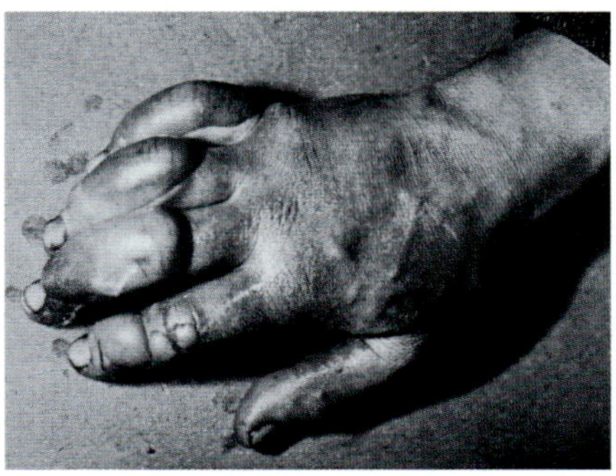

Bis zu 60 Grad Kälte zehren an den Männern: Erfrierungen an der Hand von Scotts Gefährten Edward Atkinson

Am 18. Februar finden sie ihr „Schlachthauslager" wieder und mästen sich an Ponyfleisch. Doch am 20. gibt Scott zu Protokoll: „Es geht schrecklich langsam. Wir sind nicht mehr so leistungsfähig wie zu Anfang, und die Jahreszeit schreitet fort."

Sie schaffen nur noch ein bis zwei Kilometer in der Stunde und höchstens zehn Kilometer am Tag.

Am 24. Februar erwartet sie der nächste Schock: „Wir erreichten das Depot am Vormittag und fanden die Vorräte in guter Ordnung – nur zu wenig Öl!" In den Kanistern ist das Paraffinöl von vier Litern auf einen geschrumpft – eine unter Polarforschern längst bekannte Reaktion auf extreme Kälte. Scott hatte das auf der „Discovery" selbst erfahren, es auf den Korkverschluss geschoben und für diesmal Schraubverschlüsse mit Lederabdichtung bestellt; luftdicht waren die Kanister nicht, anders als die von Amundsen.

»Gott steh uns bei! Diesen Strapazen sind wir nicht gewachsen«

Scott, Tagebuch, 3. März 1912

Das bisschen Öl benötigen die vier zum Kochen; zum Heizen ist bald nichts mehr da. 26. Februar: morgens minus 33 Grad – ungewöhnlich für den antarktischen August. Die erfrorenen Zehen von Captain Oates sind brandig geworden; anderthalb Stunden braucht er, um sich die Stiefel anzuziehen.

3. März: „Oft war der Sturm so heftig, dass wir den Schlitten nicht von der Stelle brachten. Gott steh uns bei! Diesen Strapazen sind wir nicht gewachsen." Wo bleiben die Hunde? Scott hatte sie am 11. Dezember doch mit der Weisung zurückgeschickt, dass sie ihnen entgegenkommen sollten!

5. März: Zweimal kippt der Schlitten um. Oates hinkt. 6. März: Er sitzt auf dem Schlitten und lässt sich ziehen. „Er ist ein schreckliches Hemmnis geworden", schreibt Scott.

8. März – draußen in der Menschenwelt jubiliert die „New York Times": „Die ganze Welt ist jetzt entdeckt!"

Amundsen hat also, nach 41 Tagen bangen Wartens, den zweiten Sieg errungen: auch mit der Nachricht der Erste zu sein. Norwegen ist begeistert, England verstört. Sollte Scott wirklich verloren haben? Norwegens Diplomaten weisen darauf hin, dass ihr Land zurzeit in Großbritannien unbeliebt sei; von einer Vortragsreise Amundsens nach England sei abzuraten. Und wo bleibt Scott?

Scott bleibt im Eis, noch mal drei Wochen kämpfend bis zum letzten Atemzug. Am 10. März fragt Captain

Auf dem Rückweg lässt Scott seine Männer zu viert einen Schlitten mit Hunderten Kilogramm Last ziehen. So legen sie im Durchschnitt 15 bis 20 Kilometer pro Tag zurück

Oates den Dr. Wilson, ob er eine Überlebenschance habe. „Natürlich musste Wilson sagen, dass er das glaube. In Wahrheit gibt es keine mehr." Und: „Unsere Kleider sind so vereist, dass wir sie kaum noch an- und ausziehen können." Aber ihren Schlitten zerren sie weiter.

14. März: minus 43 Grad – mittags! Am 16. macht Oates den Vorschlag, ihn in seinem Schlafsack zurückzulassen. Die drei anderen widersprechen, pflichtgemäß. Nach einer weiteren schlimmen Nacht aber sagt Oates: „Ich will mal rausgehen. Vielleicht bleibe ich eine Weile." Und er hinkt aus dem Zelt. Der Schneesturm brüllt ihm entgegen.

Da sind sie noch drei: Scott, Bowers, Dr. Wilson.

Drei Tage quälen sie sich weiter; vom 20. März an verlassen sie „wegen eines wütenden Orkans" das Zelt nicht mehr. 20 Kilometer bis zum nächsten Depot!, seufzt Scott. Am 22. März: kein Öl mehr – kaltes Essen noch für zwei Tage. Scotts rechter Fuß ist erfroren.

„Wir haben beschlossen", kritzelt er, „eines natürlichen Todes zu sterben. Wir wollen zum Depot marschieren und" (nun ein bisschen theatralisch) „auf unserer Spur zusammenbrechen."

Aber wollen das wirklich alle drei? Oder hoffen Wilson und Bowers noch, Scott würde als Erster sterben und sie könnten weiterziehen? Darüber hat es Spekulationen gegeben. Das Opium, das Dr. Wilson am 11. März vorsorglich verteilt hat, nehmen sie jedenfalls nicht. Der Schneesturm wütet weiter.

Zwischen dem 23. und dem 28. März enthält das Tagebuch keinen Eintrag. Vermutlich schreibt Scott seine merkwürdige „Botschaft an die Öffentlichkeit" und seine Abschiedsbriefe, an Freunde, an die Familien seiner Kameraden; und „schickt dieses Tagebuch meiner Frau", hat er geschrieben und dann „Frau" durchgestrichen: „Witwe".

Die „Botschaft", die siebeneinhalb Monate später aus dem Zelt geborgen wird, beginnt mit dem starken Satz:

Mit einem Berg aus Schnee markiert ein Suchtrupp jene Stelle, an der Scott und seine letzten beiden Mitstreiter starben

„Die Ursachen unseres Scheiterns liegen nicht in fehlerhafter Organisation, sondern darin, dass wir in allem Pech hatten." Die Versorgung sei perfekt organisiert gewesen, und sie wären unversehrt zurückgekommen „ohne das erstaunliche Versagen *(failure!)* des Mannes, den wir für den kräftigsten hielten: Edgar Evans. Er starb eines natürlichen Todes, aber er ließ uns erschüttert zurück."

Die schlimmste Überraschung jedoch sei das Wetter: schrecklichere Kälte als je in dieser Jahreszeit und dazu der Sturm, der sie zuletzt im Zelt festgehalten habe. Kein Mensch habe je einen solchen Monat durchgemacht wie ihren letzten. Und trotzdem würden sie's geschafft haben, wäre nicht auch noch Captain Oates ausgefallen und hätte nicht das Öl in den Depots gefehlt – ein Mangel, für den er nicht hafte.

„Aber ich bereue diese Reise nicht", schrieb Scott. „Sie hat gezeigt, dass Engländer sich in jeder Not behaupten, einander helfen und dem Tod mit derselben Seelenstärke entgegengehen wie in vergangenen Zeiten… Hätten wir überlebt, würde ich eine Geschichte von der Zähigkeit, der Standhaftigkeit, dem Mut meiner Kameraden erzählen können, die das Herz jedes Engländers bewegt hätte. Nun müssen diese groben Notizen und unsere Leichen genügen."

Am 29. März 1912 greift Scott zum letzten Mal zum Bleistift. Seit acht Tagen wirbelndes Schneegestöber – keine Chance, das Depot zu erreichen. „Auf Besserung können wir jetzt nicht mehr hoffen. Aber wir werden bis zum Ende aushalten. Der Tod kann nicht fern sein. Es ist ein Jammer, aber ich glaube nicht, dass ich noch weiterschreiben kann. Um Gottes willen – sorgt für unsere Angehörigen!"

»Wir werden sterben wie Gentlemen«

Scott an Sir Edgar Speyer, 16. März 1912

DIE MÄNNER im Standquartier auf der Ross-Insel mussten die Polarnacht tatenlos verstreichen lassen. Am 29. Oktober endlich brach ein Suchtrupp auf; am 12. November fanden sie das von Schnee zugedeckte Zelt, mit den drei Leichen in ihren Schlafsäcken. Sie nahmen Wertsachen, Briefe und Scotts Tagebuch an sich, errichteten über dem Zelt eine Schneepyramide und setzten ein Kreuz aus zwei Skiern darauf.

Aber es dauerte noch einmal drei Monate, bis die Welt von Scotts Tod erfuhr. Am 10. Februar 1913 erreichte die „Terra Nova" Neuseeland, und ihr Kapitän gab das Telegramm auf, das England und die halbe Welt erschütterte. „Man muss lange zurückgehen in der Geschichte britischer Entdeckungen, um auf eine Katastrophe dieses Ausmaßes zu stoßen", schrieb die „Times" am 13. Februar – und nun begann, zwischen englischem Hochmut und tröstlicher Legende, der Großversuch, aus dem Verlierer den eigentlichen Heros zu machen.

„Wir stehen bei Captain Scott und seinen Helden in ewiger Schuld", schrieb die „Daily Mail", und grandioser als der selbst gewählte Tod des Captain Oates sei nichts in der Geschichte englischen Heldentums. Die „Times": „So sind Menschen beschaffen, die Weltreiche aufbauen, und solange ein solcher

Geist in uns lebt, werden wir das Empire erhalten können, das unsere Väter geschaffen haben."

Dazu Pressestimmen wie die: Amundsen habe sich einfach den beschwerlichen, also den noblen Weg erspart, und ein „Wettlauf" habe gar nicht stattgefunden: „War es denn Scotts Auftrag, an einem Marathonlauf teilzunehmen?" Ein ehemaliger Präsident der Royal Geographical Society – Clements R. Markham – verkündete: „Wenige Ereignisse lassen sich in Hoheit und Leid mit diesem Ende im Schweigen des Schnees vergleichen." Der Sekretär der Gesellschaft äußerte geradeheraus sein Bedauern, dass ein „Professioneller" den Sieg errungen habe – das äußerste Gegenteil also eines Gentleman.

Unbestreitbar hätte Scott als lebendig heimgekehrter Verlierer kein auch nur annähernd so überschwängliches Echo hervorgerufen. Respekt hätte man ihm bezeugt, ihn getröstet, vielleicht ihm einen Orden verliehen – gewiss aber auch ihn peinlich befragt, warum er sein heldenhaftes Unternehmen so stümperhaft gemanagt hatte.

Daraus leitete Roland Huntford 1979 den Verdacht ab, Scott habe den vielleicht noch möglichen Weitermarsch zum nächsten Depot verweigert, eigens um seinen Opfertod zu inszenieren – und sich für sein vielfältiges Versagen nicht rechtfertigen zu müssen. Ausschließen lässt sich das nicht.

Eine plausiblere Deutung lautet: Selbst die schier unglaubliche Zähigkeit der letzten drei musste einmal an ihr Ende kommen – und sterbend gewährte sich Scott den Trost, an seiner Legende zu weben. „Wir werden sterben wie Gentlemen", hieß es in einem seiner Abschiedsbriefe. Wirksamer hätte man der öffentlichen Meinung seines Vaterlandes nicht zuarbeiten können.

Amundsen, der zum Nordpol wollte und sich mit dem Südpol tröstete, bezwang von 1918 bis 1920 auch noch die Nordostpassage (den Seeweg um Sibirien herum). Den Nordpol konnte er 1926 mit einem Luftschiff wenigstens überfliegen. 1928 startete er mit einem Wasserflugzeug zur Rettung des italienischen Polarforschers Nobile, dessen Luftschiff im Eis zerschellt war. Nobile lebte noch 50 Jahre lang; Amundsen stürzte ab und ist verschollen.

Dicht beim Südpol steht heute die Amundsen-Scott-Station, 6000 Quadratmeter auf hydraulischen Stelzen, von 150 Wissenschaftlern und Technikern bewohnt. Die Mutigsten rennen aus der Sauna, um den geographischen Südpol zu besuchen, nackt in Gummistiefeln. □

Wolf Schneider, 84, früherer Leiter der Hamburger Journalistenschule, ist Autor von 29 Sachbüchern, darunter „Deutsch für junge Profis", „Der Mensch - eine Karriere" und „Große Verlierer - von Goliath bis Gorbatschow".

Literaturtipps: Roland Huntford, „Scott und Amundsen", Heyne: mit vielen Originalzitaten versehene Dokumentation des Wettlaufs zum Südpol. Susan Solomon, „The Coldest March", Yale: sehr detailreiche Biografie Robert Scotts.

Inszenierung eines Wunschtraums: Halb nackt posiert 1910 diese Frau aus Samoa. Ein Bild, das die abendländische Fantasie beflügelt, die Südsee sei ein exotisches Paradies

Ethnologie

Vom Garten Eden auf einer Südseeinsel

Margaret Mead (1901-1978) ist die wohl berühmteste Ethnologin ihrer Zeit

Es gibt ein Reich ohne Neurosen, ohne Depressionen, ohne Mord, ein zwangloses, freizügiges Paradies: die Südsee. Das ist die Erkenntnis, mit der die 24-jährige Ethnologin Margaret Mead 1926 nach einem Aufenthalt auf Samoa in die Heimat zurückkehrt. Eine Erkenntnis, die der Amerikanerin Weltruhm beschert – und sich doch als großer Irrtum erweist

Text: Bertram Weiß

Ein halbes Dutzend Baumwollkleider verstaut die junge Frau in ihren Koffern. In den Tropen, so hat man Margaret Mead erzählt, könne sie mit Seidenröcken aus New Yorker Boutiquen nichts anfangen. Die 23-Jährige will alles richtig machen, als sie im Spätsommer 1925 ihren ganzen Mut zusammennimmt: Zum ersten Mal in ihrem Leben verlässt sie den amerikanischen Kontinent. Und bricht zu einer Expedition in die Südsee auf.

Mit ihrer Kurzhaarfrisur wirkt Mead noch wie ein Mädchen. Doch die promovierte Anthropologin ist ehrgeizig und entschlossen, im Südwesten des Stillen Ozeans eines der größten Rätsel der Wissenschaft zu lösen: Was formt stärker die Persönlichkeit eines Menschen – das biologische Erbe oder die kulturelle Erziehung?

Meads Antwort auf diese Frage wird sie weltberühmt machen, ihre Reise in die Inselwelt Polynesiens ist das Fundament ihres Aufstiegs.

Aber zugleich wird das Abenteuer in der Südsee Margaret Meads größte Blamage.

Ausgestattet mit einem Stipendium, legt sie mehr als 11 000 Kilometer zurück, um einen abgelegenen Archipel im Pazifik zu erreichen: Samoa. Ein Teil der Inseln steht unter US-Verwaltung; Neuseeland regiert den Rest.

Margaret Mead beschreibt die Samoaner als zutiefst friedliebende Menschen. Da aber täuscht sie sich

Seit rund 3000 Jahren leben Menschen auf diesen Inseln. Und seit niederländische Seefahrer sie im 18. Jahrhundert für die westliche Welt entdeckten, lassen sie die Völker des Abendlandes von friedlichem Leben, exotischen Genüssen und paradiesischer Milde träumen.

Zur Vorbereitung ihrer Reise liest Mead die blumigen Schilderungen Robert Louis Stevensons. Der berühmte Autor der „Schatzinsel" hat selbst jahrelang im Land „immerwährenden Gesanges und Tanzes, immerwährender Spiele, Reisen und Vergnügen" gelebt – in einer Welt, „die immer und überall schön ist".

Genau diesen Garten Eden will Mead erforschen. Ein Dampfer bringt sie am 31. August 1925 nach Amerikanisch-Samoa. Noch im Morgengrauen schwingt sie sich aus der Koje. Und beobachtet an Deck, wie sich am Horizont die smaragdgrünen Inseln aus den Fluten erheben.

Bei ihrer Ankunft auf der größten Insel, Tutuila, erblickt sie zunächst nur Schlachtschiffe der US Navy. Jagdflieger donnern über den Hafen hinweg, als sie in der Flottenbasis Pago Pago von Bord geht. Der Wind weht aus der Ferne die klimpernden Klänge einer Ragtime-Band herbei. Aber am Kai wartet niemand auf die Reisende.

Mead bezieht Quartier im baufälligen Hotel des Ortes. Es ist das erste Mal, dass sie allein fern der Heimat wohnt. Die Speisen in der Gaststätte bekommen ihr nicht, und der Gouverneur von Samoa begegnet der motivierten Miss aus den Staaten eher frostig. Doch sie lässt sich nicht abschrecken: Einige Wochen lang versucht sie, die samoanische Sprache zu erlernen, eines der ursprünglichsten und kompliziertesten der polynesischen Idiome.

Für ihre Forschung vergleicht Mead junge Mädchen auf Samoa mit pubertierenden Amerikanerinnen

Schließlich lässt sie sich von einem Minensuchboot der Marine auf die etwa 100 Kilometer entfernte Insel Ta'u übersetzen. Denn sie glaubt, die Menschen dort seien „viel rückständiger" als auf Tutuila und deshalb für ihr Vorhaben besser geeignet. Auf dem dicht bewaldeten Eiland leben etwa 600 Menschen in vier Dörfern. In Fitiuta, so erzählt es die Legende, sei einst der samoanische Schöpfergott Tagaloa zur Erde gestiegen und habe das erste typisch samoanische Haus erbaut.

Diese Hütte ähnelt einem Bienenkorb: Das rundliche Dach aus Zuckerrohrstroh oder Palmenzweigen schützt den von Korallensplittern bedeckten Boden. Geflochtene Jalousien, die die Bewohner bei schlechtem Wetter herunterlassen, umgeben die Unterkunft anstelle von Mauern.

In einer solch fremdartigen Behausung will Mead jedoch nicht wohnen. Sie schlägt ihr Lager auf der hinteren Veranda der medizinischen Station von Ta'u auf, in der ein Marineapotheker mit seiner Familie und zwei Soldaten lebt. Von dort kann sie über einen Hof hinweg zu den Hütten der Einheimischen hinüberschauen.

Schon nach **wenigen Monaten** verlässt die Forscherin jene Insel, die sie berühmt machen wird

An die Wand hängt die Forscherin ein Bild ihres Mentors Franz Boas. Der gebürtige Deutsche ist in den USA der berühmteste und einflussreichste Vertreter einer noch jungen Wissenschaft: der Ethnologie.

Erst gegen Ende des 19. Jahrhunderts hat sich die Ethnologie als Forschungsdisziplin etabliert. Die „Völkerkunde" soll die Lebensweise menschlicher Gemeinschaften beschreiben und vergleichen; erkunden, welche Sitten, Traditionen und Zwänge sie prägen. Zu ihren Urvätern zählt der Deutsche Georg Forster, der einst James Cook auf einer seiner Seefahrten um die Welt begleitet hat (siehe Seite 20). Denn so aufmerksam wie kaum ein Reisender zuvor hatte Forster die Menschen, denen er in der Fremde begegnete, beobachtet und studiert.

Aber als Mead nach Ozeanien aufbricht, begnügen sich die meisten Akademiker immer noch damit, Theorien über die Völker der Erde vom heimischen Schreibtisch aus zu entwickeln. Die konkrete Beobachtung vor Ort überlassen sie lieber Missionaren, Kolonialbeamten, Siedlern, Marineoffizieren und Kaufleuten.

Meads Lehrmeister Franz Boas jedoch ist eine Ausnahme: Er tritt als einer der ersten Wissenschaftler für gründliche und methodische Feldforschung ein und hat selbst mit Indianerstämmen im Nordwesten der USA gelebt.

„Papa Franz", wie Mead ihn nennt, schickt seine Elevin mit einem klaren Auftrag nach Samoa: Sie soll das Leben junger Mädchen erkunden und ihre Erkenntnisse anschließend mit der Forschung über Pubertierende in ihrer Heimat vergleichen. Dort zeigen sich die Halbwüchsigen nämlich äußerst widerspenstig oder übermäßig schüchtern, sind oft aggressiv und unberechenbar.

Liegt der Grund für diese Verhaltensauffälligkeiten nun in den Bedingungen ihrer Umgebung – und somit in der Kultur? Oder sind sie eine vorbestimmte Phase, die jeder durchlebt – und somit ein Ausdruck der Biologie?

Diese Fragen berühren nicht nur ein theoretisches Problem der Wissenschaft. Margaret Meads Forschungsergebnisse sind womöglich auch von praktischem Nutzen:

„Wenn ich herausfinden kann, ob Eigenschaften, die zu Pflichtvergessenheit beitragen, typisch sind für alle Mädchen eines bestimmten Alters", erklärt sie dem „Honolulu Star-Bulletin" kurz vor ihrer Ankunft auf Tutuila, „dann sollte ich einen wichtigen Beitrag dazu geleistet haben, um den richtigen Weg zu finden, wie sie in Gerichten, Schulen, Kirchen, Jugendorganisationen und ähnlichen Einrichtungen zu behandeln sind."

Den Wert genauer Beobachtung und sorgfältiger Aufzeichnung hat Margaret schon als Kind schätzen gelernt. Ihre Mutter erkundete als Soziologin das Leben italienischer Einwanderer in den USA und nahm ihre Tochter häufig zu den Migrantenfamilien mit. Als Schülerin gewöhnte sich Margaret an, das Geschehen in der eigenen Familie akribisch zu beschreiben – so protokollierte sie etwa die Lernfortschritte ihrer Geschwister.

Auf Ta'u streift sie unermüdlich umher und notiert alles, was ihr bedeutsam erscheint. „Ich konnte immer Informanten herbeirufen, die mich alles lehrten, was ich wissen wollte", berichtet sie später. Um diese Höflichkeit zu erwidern, tanzt sie am Abend mit den Einheimischen im Dorf. Mit Zigaretten, Papier, Streichhölzern, Scheren und anderen kleinen Geschenken bedankt sie sich für Erklärungen und Hinweise.

Samoaner zelebrieren eine Hochzeit mit Kawa, einem berauschenden Getränk aus Wurzeln und Kokosmilch

Sie lädt Heranwachsende zu sich ein und lässt sie aus ihrem Leben berichten. Das Gehörte notiert sie sorgfältig und tippt auf ihrer Reiseschreibmaschine Briefe an Freunde und Bekannte in der Heimat. Manchmal stellt sie den Mädchen Aufgaben, malt etwa kleine Stoffquadrate an und bittet ihre Besucherinnen, die verschiedenen Farben zu benennen.

Mead spricht mit 25 Mädchen, die aus ihrer Sicht die Pubertät bereits hinter sich haben. Außerdem interviewt sie 42 jüngere Kinder. Diese „Querschnittsmethode" soll ihr ermöglichen, in kurzer Zeit verschiedene Phasen der jugendlichen Entwicklung herauszuarbeiten.

So erspart sie sich, einzelne Mädchen über einen langen Zeitraum zu begleiten. Nach etwa vier Monaten hat sie genug Material, um ihre Forschung zu beenden. Einige Wochen lang versucht sie noch, ein allgemeines Bild von der samoanischen Kultur zu gewinnen. Dann bricht sie wieder in die vertraute Heimat auf.

Ihre Erfahrungen und Ergebnisse beschreibt Mead in einem Buch. „Kindheit und Jugend in Samoa" nennt sie das etwas mehr als 200 Seiten lange Traktat. Der Untertitel verspricht eine „Psychologische Studie primitiver

Margaret Mead in traditioneller Kleidung während ihres Aufenthalts auf Samoa Mitte der 1920er Jahre

Jugend für die westliche Zivilisation". Der Umschlag zeigt eine Frau und einen Mann mit Lendenschurz, die Hand in Hand unter Palmen im Mondlicht wandeln.

Das Werk wird ein großer Erfolg. Innerhalb weniger Monate muss es der Verlag mehrfach nachdrucken. Magazine und Zeitungen feiern Mead in tropischem Dekor als „Prinzessin der Südsee". Für die Amerikaner ist Margaret Mead eine Sensation: eine kluge, junge Schönheit, die aus freien Stücken unter „Wilden" lebte. Allein diese ungewöhnliche Tatsache erregt die Aufmerksamkeit der Reporter.

Margaret Meads Erkenntnisse verstören und faszinieren die puritanische US-Gesellschaft zugleich: Nach ihrer Schilderung scheinen die Samoaner in einer geradezu paradiesischen Umgebung aufzuwachsen, in der Neurosen, Gewalttaten oder Selbstmorde äußerst selten sind.

Vier Jahre ist Margaret Mead tot, da stellt ein Buch ihr **Lebenswerk** infrage

In schillernden Worten beflügelt Margaret die Fantasie der Leser und nährt ihre Sehnsucht nach dem Zauber der Ursprünglichkeit: „Sobald der Tag zwischen den sanften Dächern dämmert und die Palmen sich vom glitzernden Meer abheben, schlüpfen Liebende vom Stelldichein unter Palmen oder am Strand im Schatten von Kanus nach Hause", beschreibt sie den Tagesanbruch auf Ta'u. „Mädchen kichern über einen jungen Tunichtgut, der während der Nacht der Verfolgung eines zornigen Vaters entronnen ist, und vermuten scharfsinnig, dass die Tochter mehr über seinen Aufenthalt weiß, als sie zugibt."

Zwar erlebten die Heranwachsenden auf Samoa die gleichen körperlichen Veränderungen wie Gleichaltrige in den USA. Doch von Psychodramen der Pubertät blieben die samoanischen Mädchen verschont. Sie seien frei von all jenen „Wesensmerkmalen, die sie in komplexeren Gesellschaftsformen für erwachsene Menschen zu einem Schrecken und für junge Leute zu einer Gefahr machen", schreibt Margaret Mead.

Sie seien ausgeglichen, lebten sorglos im Einklang mit ihren Mitmenschen und sammelten ungezwungen sexuelle Erfahrungen. Weder hohe und vielfältige moralische Erwartungen müssten die Jugendlichen erfüllen, noch sähen sie sich mit einem Übermaß von Möglichkeiten konfrontiert. Gleichmaß, Zufriedenheit und Stabilität bestimmten ihr Leben: „Niemand wird vorwärts getrieben oder wegen langsamer Entwicklung bestraft. Im Gegenteil, Begabte, Frühentwickelte werden zurückgehalten, bis die Langsameren sie eingeholt haben."

Ihre Beobachtungen geben für Mead eine klare Antwort auf die Frage, die sie veranlasst hat, nach Samoa zu reisen: Das exzentrische Verhalten pubertierender Jugendlicher in den USA ist allein ein Produkt ihrer Erziehung.

Folglich scheint die Vorstellung vieler Wissenschaftler zu stimmen: Der Mensch kommt als Tabula rasa, als „unbeschriebene Tafel" zur Welt. Erst die Gesellschaft schreibt darauf sein Wesen fest. Seine biologische Veranlagung spielt, wenn überhaupt, nur eine untergeordnete Rolle.

Also scheint er in hohem Maße formbar. „Menschen werden gemacht, nicht geboren", könnte die Faustformel dieser Theorie heißen. Mead wird das wissenschaftliche Denken der Ethnologen jahrzehntelang prägen und wird zur Galionsfigur amerikanischer Liberaler. Denn sie verspricht: Ein anderes, zwangloseres Leben ist möglich. Das Leben der Samoaner ist in ihren Augen Beweis genug.

Ihr Leben lang versucht Margaret Mead, ihre Ansicht vom Einfluss der Kultur auf den Menschen mit weiteren Beweisen zu unterfüttern: Sie reist zum Volk der Manus auf den Admiralitätsinseln, zu den Omaha-Indianern in Nebraska, zu den Arapesh, Mundugumor und Tchambuli auf Neuguinea. Insgesamt erforscht sie acht verschiedene Ethnien, die nur recht wenig von dem westlichen Kulturkreis beeinflusst sind – so viele wie kein anderer amerikanischer Ethnologe bis heute. Mead versucht etwa, Eigenschaften der Geschlechter oder von Kindern zu bestimmen. Dabei nutzt sie neue Methoden, verwendet als eine der ersten Ethnologen Fotografie- und Filmtechnik und zeigt die Vorteile der Teamarbeit in der Fremde auf.

Und immerzu will Mead auf der Grundlage ihrer Untersuchungen ihre eigene Welt ein wenig besser machen. Als Professorin der Columbia University und Konservatorin des berühmten American Museum of Natural History tritt sie für liberale Reformen der Erziehung, für die Gleichstellung von Mann und Frau, für einen offenen und freudvollen Umgang mit Sexualität ein.

Im Radio und im Fernsehen, in Magazinen, Zeitungen und Dutzenden von Publikationen äußert sie sich. 1943 wählt die „Washington Post" sie zu einer von acht „herausragenden Frauen der modernen Welt". Die „New York Times" nennt sie gar eine „Prophetin für nahezu alles, was das menschliche Befinden betrifft".

Sie erhält Ehrendoktortitel von Universitäten und wird als herausragende Wissenschaftlerin gewürdigt. 1978 stirbt die Grande Dame der Ethnologie. US-Präsident Jimmy Carter zeichnet sie nach ihrem Tod mit der Friedensmedaille aus, einer der höchsten zivilen Ehren der USA.

Doch vier Jahre danach stellt ein Buch ihr wissenschaftliches Ansehen infrage.

Darin erklärt Derek Freeman, ein emeritierter Ethnologe der Australian National University in Canberra, Meads Samoa-Schilderungen für blanke Illusion. Freeman ist 1940 erstmals nach Samoa gereist, um sich ein eigenes Bild von Meads pazifischem Elysium zu machen.

Insgesamt sechs Jahre verbrachte er dort; lernte die Sprache der Einheimischen perfekt und lebte mit ihnen in einem Dorf. 40 Jahre lang studierte er die vorliegenden Forschungsberichte über die polynesische Welt und ihre Geschichte. Bemühte sich sogar, Einblick in die Gerichtsakten von Amerikanisch-Samoa zu erhalten, um zu erfassen, wie gewaltbereit die Menschen dort sind.

Und er erkennt: Die Wirklichkeit ist ganz anders, als Mead sie dargestellt hat. Die Samoaner sind keineswegs eines der „am wenigsten streitsüchtigen und eines der friedfertigsten Völker der Welt", wie sie behauptet hat. Freeman hatte versucht, Mead mit seinen Entdeckungen zu konfrontieren. Doch die wollte davon nichts hören.

Auf Samoa, so Freeman, gebe es sehr wohl hohe Raten von Körperverletzungen und Morden. Eifersucht und Konkurrenzdenken sind weit verbreitet und psychische Erkrankungen bei den Bewohnern häufiger, als Mead vermutet hatte. Und mehr noch: Ihr Umgang mit Sexualität ist alles andere als freizügig. Sie praktizieren „einen Kult um die Jungfräulichkeit, der extremer ist als in jeder anderen bekannten Ethnie", schreibt Freeman. Wie Mead untersucht er Mädchen im Alter von 14 bis 19 Jahren, allerdings auf einer benachbarten Insel. Er erkennt: 73 Prozent von ihnen sind jungfräulich – weitaus mehr, als die Forscherin behauptet hatte. Überdies seien auch auf Samoa pubertierende Mädchen äußerst anfällig für außergewöhnliche Gefühlsschwankungen, für Stress und Exzess.

Aber wie konnte Margaret Mead sich so sehr irren? Freeman erklärt, sie habe schon zu Beginn an die Existenz eines Ortes „himmlischer Zufriedenheit und sinnlicher Wonnen" geglaubt – und ihn deshalb auch gefunden.

Die Ethnologin ist ein typisches Beispiel dafür, wie ein Vorurteil selbst den kritischen Blick eines ausgebildeten Wissenschaftlers trübt. Von Anfang an hat sie den Einfluss

Junge Samoanerin: Mit ihren Schilderungen bestärkt Margaret Mead das Bild des »edlen Wilden«

Bedrohte Völker

Der Preis der **Begegnung**

Vielen urtümlich lebenden Ethnien schadet der Einfluss fremder Kulturen

Weltweit gibt es heute noch 80 bis 100 Ureinwohnervölker, schätzen Forscher, die weitgehend unbeeinflusst von anderen Kulturen geblieben sind; die meisten von ihnen im Amazonas-Gebiet und in der südostasiatischen Inselwelt. Über ihre Lebensweise, Sprache und Geschichte ist nur wenig bekannt: Im Laufe von Jahrzehnten werden sie nur selten gesichtet.

Auf den 572 Inseln der Andamanen und Nikobaren etwa, rund 1200 Kilometer vor dem indischen Subkontinent gelegen, sind Groß-Andamaner, Sentinelesen, Onge und Jarawa beheimatet. Diese Waldnomadenvölker leben zum Teil wie die Menschen der Steinzeit, weit urtümlicher als die Samoaner, die Margaret Mead studierte: Wie vor Jahrtausenden erlegen die Jäger Wildschweine und Fische noch heute mit Bögen und Speeren, sammeln Beeren, Knollen und wilden Honig.

Um die Ureinwohner auf den Andamanen, vor Seuchen zu schützen, ist Fremden der Kontakt zu ihnen verboten

Vor allem Nichtregierungsorganisationen wie „Survival International" oder die „Gesellschaft für bedrohte Völker" setzen sich dafür ein, dass solche „unkontaktierten" Ethnien vor dem Einfluss fremder Kulturen geschützt werden. Denn der Kontakt mit Ethnologen, Siedlern und Missionaren, mit Wilderern und Rohstofffirmen bedeutet für die ursprünglichsten Menschen der Welt nicht nur Veränderung – vielfach bringt er ihnen den Tod.

Vor allem Krankheiten wie Grippe oder Masern, die Fremde in ihren Lebensraum einschleppen, können Völker auslöschen. Etwa die Hälfte der peruanischen Murunahua starb, als Mahagoni-Holzfäller 1996 illegal in deren Waldgebiete eindrangen. Ein Reservat, das niemand ohne Genehmigung betreten darf, soll die Ureinwohner dort seither schützen – zumindest offiziell.

Auch der persönliche Kontakt mit der indigenen Bevölkerung der Andamanen und Nikobaren ist verboten. Selbst als ein Tsunami am 26. Dezember 2004 die Küsten des Indischen Ozeans verwüstete und dabei auch die Reservate der Ureinwohner überspülte, mussten sich die Helfer mit Helikoptern einen Überblick verschaffen. Und sie entdeckten: Viele der kleinwüchsigen Menschen hatten sich vor den Wassermassen retten können. Vielleicht verstanden sie die Natur zu deuten, bevor die Katastrophe über sie hereinbrach. In gewisser Weise war die Flut für sie sogar ein Segen. Ihr in Teilen zerstörtes Reich hat seither für unerwünschte Einwanderer an Reiz verloren. *Bertram Weiß*

der Kultur auf den Menschen höher geschätzt als sein unveränderliches biologisches Erbe – und gerade deshalb alle Gegenbeweise, ob bewusst oder unbewusst, ignoriert.

Naiv und unvorbereitet hat sie sich auf die Reise begeben. Und ist dort ihrer eigenen Fantasie erlegen. Mit romantischen Bildern stützte sie anschließend den seit der Aufklärung verbreiteten Wunschtraum vom „edlen Wilden", der dem zivilisierten Menschen in Charakter und Lebensweisheit weit überlegen sei. In ihren Memoiren gesteht Mead 1972: „Die Wahrheit war, dass ich keine Ahnung hatte, ob ich die richtigen Methoden anwandte."

Ihr Mentor Franz Boas hatte sich vor der Reise gerade einmal eine halbe Stunde mit ihr unterhalten. Selbst eine wichtige ethnologische Studie über die Bewohner der Südseeregion kannte sie nur vom Hörensagen.

Der renommierte Forscher Bronislaw Malinowski forderte darin, der gewissenhafte Feldforscher müsse „das Skelett abstrakter Konstruktionen" mit dem „Fleisch und Blut des tatsächlichen Eingeborenenlebens" umrahmen. Wer überzeugend forschen wolle, müsse sich vollständig in den Alltag der fremden Bevölkerung integrieren, ihre Sprache erlernen, jeden Kontakt zu Angehörigen seiner eigenen Kultur abbrechen und die Annehmlichkeiten des Gewohnten vollständig hinter sich lassen.

Sie wollte die Wahrheit nicht sehen: Bis zum Schluss hing Mead ihren **Vorurteilen** an

Margaret Mead gab stattdessen nach nur wenigen Wochen auf, Samoanisch zu lernen. Sie zog es vor, das Leben auf Ta'u aus der Distanz zu beobachten, beständig Briefe in die Heimat zu schreiben und die Insel schon nach recht kurzer Zeit wieder zu verlassen. Sie verstieß gegen alle Grundregeln der Feldforschung.

Trotzdem erreichte sie ihr heimliches Lebensziel, das eine Freundin so formulierte: Margaret Mead wollte nicht die beste Ethnologin werden, sondern die berühmteste.

Tatsächlich hat ihr Lebenswerk die Erforschung der Völker maßgeblich geformt: Sie brachte neue Methoden und neue Themen ein, prägte die Arbeit mehrerer Forschergenerationen und verschaffte ihrer Disziplin wie kaum ein anderer Wissenschaftler öffentliches Ansehen.

Denn „die Kenntnis über andere Kulturen", schrieb Mead schon bald nach ihrer Rückkehr von Samoa, „sollte uns darin bestärken, unsere eigene häufiger zu hinterfragen und inniglicher zu lieben". □

Literaturtipps: Paul Shankman, „The Trashing of Margaret Mead", The University of Wisconsin Press: umfassende und aktuelle Analyse der wissenschaftlichen Kontroverse um Meads Samoa-Forschung. Nancy Lutkehaus, „Margaret Mead – The Making of an American Idol", Princeton University Press: Biografie, die sich detailreich auf Mead als Persönlichkeit der amerikanischen Öffentlichkeit konzentriert.

Experimentelle Archäologie

Das Abenteuer der »Kon-Tiki«

Mit einem einfachen Holzfloß will der norwegische Naturkundler Thor Heyerdahl eines der großen Geheimnisse der Völkerwanderungen lösen: Wie haben Menschen einst die abgelegenen Archipele Polynesiens besiedelt? Im April 1947 wagt sich der 32-Jährige gemeinsam mit fünf Gefährten auf dem fragilen Gefährt von Peru aus auf den offenen Ozean. Damit beginnt eine gefahrvolle Reise ins Ungewisse. Denn zwischen dem Forscher und seinem Ziel erstreckt sich eine 7000 Kilometer weite Wasserwelt

Ein Floß, gebaut nach uralter südamerikanischer Tradition: Heyerdahl hat als Vorlagen für die »Kon-Tiki« (benannt nach einem indianischen Sonnengott) Zeichnungen früher europäischer Entdecker verwendet

Text: Dirk Liesemer

Es dauert nur Minuten, dann hat sich der Stille Ozean rund um die „Kon-Tiki" in einen stürmischen verwandelt. Dunkle Wolken ziehen am Horizont heran. Böen rauen die See auf. Mit dem Ruder richtet der Steuermann das Gefährt so aus, dass sich das fünf Meter breite, rechteckige Segel von achtern füllt und das Floß voranschiebt. Doch kaum zeigt das Heck in den Wind, schlingert die „Kon-Tiki". Dann jagen Böen jäh von der Seite oder von vorn, und das Segeltuch schlägt gegen den Mast.

Auf den ersten großen Wogen bilden sich Schaumköpfe. Gischt spritzt auf. Ständig nimmt der Wind nun an Stärke zu. Immer mächtigere Wellen rollen heran, heben die „Kon-Tiki" um fünf, sechs Meter empor. Und drücken sie dann in tiefe, blauschwarze Täler. Die Holzstämme, aus denen das Floß gebaut worden ist, bewegen sich knirschend gegeneinander, die Seile dehnen sich im Takt der Wellen.

Thor Heyerdahl, der 32-jährige norwegische Chef der Expedition, klammert sich vorn am Bug an einem Seil der Takelage fest. Er weiß, dass die nächsten Küsten unerreichbar sind.

Plötzlich ist im Windgetöse ein Hilferuf zu hören. Neben dem Floß, schon einen Meter entfernt, tauchen Kopf und Arme aus dem Meer auf. Einer der Männer aus der Crew muss abgerutscht sein. Niemand hat den Sturz bemerkt.

Der Schiffbrüchige versucht sich am Ruderblatt am Heck festzuhalten; vergebens. Eine Rettungsleine soll geworfen werden, doch sie hakt in der Bambustrommel. Heyderdahl brüllt Kommandos, aber niemand hört ihn im Tosen der Wellen. Einer schleudert die Schwimmweste ins Meer, der Wind wirft sie zurück auf das Deck. Heyerdahl löst das an Bord festgezurrte Schlauchboot.

Doch nun drückt eine Böe in das Segel der „Kon-Tiki" und schiebt das Floß noch schneller voran. Der Schiffbrüchige ist zwischen den Wogen kaum noch zu erkennen. Wenden kann die Besatzung das Gefährt nicht; zudem kann sie nicht gegen den Wind kreuzen.

Da springt ein Mann der Crew kopfüber ins Meer. Krault einarmig durch die Wellen, mit dem anderen Arm drückt er eine Schwimmweste an den Oberkörper, die über eine Leine mit dem Floß vertäut ist. Die Wellen türmen sich meterhoch, mal verschwindet der eine, mal der andere Schwimmer unter einer Woge. Schließlich treffen sie sich etwa 20 Meter vom Floß entfernt, klammern sich an die Weste und winken. Die Mannschaft zieht sie mit der Leine zurück an Bord. Hastig, denn sie fürchten, ein Hai könnte die beiden angreifen.

Nachdem die Männer erschöpft an Deck geklettert sind, wirft die Crew die angeleinte Weste wieder ins Meer: Sollte erneut einer von Bord stürzen, kann er sie hoffentlich ergreifen, ehe das Floß unerreichbar davongesegelt ist.

Am Abend nimmt der Wind an Kraft zu. Die Männer spannen ein Segeltuch über Rückwand und Backbordseite ihrer Bambushütte, um die Funkstation vor Spritzwasser zu schützen. Sie vertäuen die losen Kisten, damit Wind und Wellen sie nicht von Bord reißen.

Sieben Meter hohe Wogen wälzen sich jetzt unter der „Kon-Tiki" hindurch. Sie heben deren Heck steil empor, rollen unter der Floßmitte durch und wuchten dann den Bug hoch, während achtern die Stämme ins Meer ragen.

Oft steht der Steuermann am Heck bis zum Bauch im Wasser. Für einen Moment scheint das Floß auf der Stelle zu verharren, doch sofort rinnt das Salzwasser zwischen den Stämmen ab. Stets schnellt die „Kon-Tiki" wie ein Korken wieder aus den Wellen und wird ein Stück weiter vorangetragen.

An Deck tasten sich die Männer im Unwetter vorwärts, krallen sich ins Holz. Gehen in die Knie, um die Bewegungen des Floßes auszugleichen. Und am Steuerposten befestigen sie ein Brett, damit der Steuermann sicher stehen kann. Denn längst ist das Deck mit glitschigen Algen überzogen. Im Sturm lockern sich die Taue, die sich in tiefen Kerben um die neun Balsastämme ziehen und so das Floß zusammenhalten sollen.

Schließlich knickt das Steuerruder ab, und eine Böe zerfetzt das Segel.

Es ist der 21. Juli 1947. Seit sieben Wochen segelt die Crew über den Pazifik. Auf einem Floß, gebaut nach uralter südamerikanischer Tradition, wollen Thor Heyerdahl und fünf weitere Besatzungsmitglieder den etwa 7000 Kilometer langen Seeweg von Peru zum polynesischen Tuamotu-Archipel bewältigen; doch wo genau sie landen werden, wissen die Männer nicht. Die Reise soll eines der großen Geheimnisse der Völkerwanderungen lösen: Woher stammen die Polynesier?

Kein Inselreich liegt so weit von allen Kontinenten entfernt wie die polynesischen Eilande: weit über 1000 Landsplitter, verstreut in einer Wasserwelt, die viermal so groß ist wie Europa.

Seit Jahrtausenden leben Menschen auf den weit abgelegenen Inseln. Die meisten Gelehrten vermuten um 1940, dass sie aus Asien stammen. Aber niemand vermag zu erklären, wie sie nach Polynesien gelangt sein könnten.

Heyerdahl hingegen glaubt, dass Ureinwohner aus Südamerika um 500 n. Chr. das ferne Inselreich erobert haben – mit Flößen, gefertigt aus dem leichten Balsaholz. Seine These ist so gewagt, dass keiner sie unterstützt: Niemals, so die einhellige Meinung der Forscher, habe

Kein einziger **ausgebildeter Seefahrer** kommt mit an Bord der »Kon-Tiki«

Die Crew teilt sich die Wache am Steuer in Zwei-Stunden-Schichten. Fünf Männer begleiten Heyerdahl (rechts): ein Ingenieur, zwei Funker, ein Kunstmaler und ein Ethnologe

ein Floß von Südamerika aus eine Südseeküste erreicht.

Doch für Heyerdahl klingt diese Erklärung so einleuchtend, dass er sie beweisen will. Niemand hat der Crew zugetraut, dass sie es mit der „Kon-Tiki" (benannt nach einem indianischen Sonnengott) überhaupt bis aufs offene Meer schaffen würde. Denn deren Plattform besteht aus gerade mal neun Balsaholzstämmen, miteinander vertäut durch Sisalleinen und Querbalken. Keine Bordwand schützt die Besatzung vor dem Seegang; Schutz vor den Elementen bietet einzig eine Hütte aus Bambusrohren.

Erfahrene Seeleute haben Heyerdahl zudem gewarnt: Das Holz werde sich allmählich mit Wasser vollsaugen.

Und dann werde das Floß versinken.

Oft umkreisen Haie das Floß, vor dem die Raubfische keinerlei Scheu zeigen. Sie lassen sich fast mühelos fangen und an der Schwanzflosse an Bord ziehen

DIE GESCHICHTE der „Kon-Tiki" beginnt zehn Jahre zuvor auf der polynesischen Insel Fatu Hiva: mit einer sonderbaren Entdeckung. Der junge Zoologe und Geograph Thor Heyerdahl soll im Auftrag der Universität Oslo von dem zerklüfteten Eiland aus erforschen, wie sich Tiere mit dem Wind und den Strömungen von Insel zu Insel ausgebreitet haben. Ungezählte Käfer und Fische fängt der Norweger ein, bestimmt Arten und

studiert ihre Bestände. Heyerdahl ist ein präziser Beobachter, der akkurat seine Notizen festhält.

Als Kind schon hat er die Berichte des Polarforschers Roald Amundsen gelesen, träumte von Expeditionen nach Brasilien und Afrika. Zog als Jugendlicher mit Freunden, Schlitten, Zelt und Proviant wochenlang durch die norwegische Wildnis. Bestieg Gletscher, schlief in Iglus und verfasste für Zeitungen Reisereportagen.

Im Regenwald der Nachbarinsel von Fatu Hiva stößt der Forscher eines Tages auf klobige Steinskulpturen: Wesen mit fratzenhaften Gesichtern und überdimensional großen Augen. Sie ähneln den Motiven auf peruanischen Reliefs, die er bei früheren geographischen Exkursionen in Südamerika gesehen hat, und wirken auf ihn wie die Tausende Jahre alten Göttersymbole früherer Indianervölker. Hat es möglicherweise einen kulturellen Austausch, einen Export von Peru nach Polynesien gegeben?

Wenig später trifft Heyerdahl – 1,82 Meter groß, schlank, blonder Bart – einen Einheimischen, der ihm von einer alten Sage erzählt. „Einst lebten wir in einem großen Land weit hinter dem Meer“, berichtet Tei Tetua, der letzte Nachfahre eines Stammes, der über Generationen die Ostküste Fatu Hivas beherrschte.

Der Alte zeigt erklärend gen Osten, nach Südamerika. Es sei Tiki – der Sohn der Sonne – gewesen, der die Vorväter zu den Inseln geführt habe.

Heyerdahl ist irritiert: Wie soll es möglich gewesen sein, dass die Ureinwohner des heutigen Peru oder Ecuador die Inseln erreichten? Dann beobachtet er am Strand, wie die Wellen immerzu mit dem Passatwind von Osten heranrollen. Seit jeher, notiert er in seinem Tagebuch, sind Wind und Wolken aus Richtung Südamerika über die pazifischen Inseln gezogen: ein Phänomen, das auch die Besiedelung durch Tiere und Pflanzen auf den Eilanden bestimmt – Vögel, Insekten oder Pflanzensamen etwa treibt der Wind gen Westen. Das Leben, schließt Heyerdahl, habe sich von Osten her auf den Inseln ausgebreitet.

Als er 1938 nach Norwegen zurückkehrt, beginnt er systematisch nach Indizien zu suchen, die einen frühen Kontakt der Völker Südamerikas und Polynesiens belegen. In der Osloer Kroepelien-Bibliothek, die eines der größten Archive über polynesische Kultur besitzt, liest er die Forschungsberichte von Archäologen und Ethnographen.

Heyerdahl studiert Werke über die Geschichte südamerikanischer Urvölker, die einst vornehmlich in den Küstenregionen lebten. Nach und nach stößt er darin auf verblüffende Gemeinsamkeiten: Einige dieser Völker benutzten wie auch die Polynesier ähnlich gebaute Schleudern als Kriegswaffen.

Und nur in diesen zwei Kulturen wurde ein Sud der Kawa-Pflanze zeremoniell zubereitet – das einzige berauschende Getränk, das die Ureinwohner kannten. Sie kauten zunächst die geschälten Kawa-Wurzeln, spuckten den breiigen Saft in eine Holzschale mit warmem Wasser. Siebten die Fasern dann aus und leerten die Schale, während sie dabei die Ahnen und Götter anriefen.

Zudem hätten nur diese Zivilisationen, so Heyerdahl, Süßkartoffeln kultiviert, Flaschenkürbisse gezogen und ihre Speisen mit Chili-Pfeffer gewürzt.

Schließlich stößt er auf eine Spur jenes polynesischen Sonnensohnes „Tiki“, von dem ihm der Einheimische auf Fatu Hiva erzählt hat. Virakocha, der Sonnengott der Inka, so heißt es in einem Werk über südamerikanische Mythologie, wurde ursprünglich vermutlich „Kon-Tiki“ genannt, „Sonnen-Tiki“. Einer Sage zufolge segelte er einst übers Meer gen Westen, in Richtung Polynesien also.

Heyerdahl wagt einen ungewöhnlichen Weg der wissenschaftlichen **Beweisführung**

Sind „Tiki“ und „Kon-Tiki“ möglicherweise identisch? Haben Urahnen der Inka vom heutigen Peru oder Ecuador aus die Inseln erreicht?

Heyerdahl studiert alte Seewege, untersucht auf Seekarten die Winde und Meeresströmungen im Pazifik zwischen Polynesien und Südamerika. Und formuliert in freien Stunden seine Thesen. 1946 beendet er sein Manuskript: Die Urbewohner Perus, behauptet er darin, seien einst mit Humboldtstrom und Passatwinden nach Polynesien gesegelt.

Er weiß, dass viele Völker Südamerikas ihre Flöße früher aus Balsaholzstämmen gefertigt haben, die sie in den küstennahen Regenwäldern im heutigen Ecuador schlugen. Ihre Segel- und Manövrierkünste schätzt der Norweger als hoch ein. Die Besiedelung Polynesiens

Ein quadratisches, fünf mal fünf Meter messendes Leinentuch dient als Segel. Es fängt die kräftigen Passatwinde ein und treibt die »Kon-Tiki« gen Westen

datiert er auf etwa 500 n. Chr.: Zu dieser Zeit, so belegen es Funde von Archäologen, verfügten die Küstenvölker Perus und Ecuadors über solide Flöße.

Doch kaum jemand interessiert sich für seine Thesen. Kein Verlag will sein Werk veröffentlichen. Wissenschaftler weisen ihn ab. Die Urvölker Südamerikas, heißt es, kannten keine hochseegängigen Schiffe. Sie hätten Polynesien niemals erreichen können. Ein Gelehrter schlägt Heyerdahl süffisant vor: „Sie können ja versuchen, mit einem Balsafloß von Peru aus zu den Südsee-Inseln zu reisen."

EINE FLOSSFAHRT mit jahrtausendealter Technik: Das wäre ein unkalkulierbares Wagnis. Aber zugleich ein neuer Weg der wissenschaftlichen Logik. Noch nie hat ein Archäologe auf so spektakuläre Art eine These an deren praktischer Durchführbarkeit gemessen. Heyerdahl muss das Experiment wagen, wenn seine Ideen beachtet werden sollen.

Im Sommer 1946 trifft er im New Yorker „Explorers Club", einem Privatklub, gegründet von weltweit führenden Forschern, den norwegischen Ingenieur Hermann Watzinger: Der will spontan mitreisen. Ein Finanzier bietet sogar an, die Reise zu unterstützen. Die Teilnehmer müssen sich nur zu Artikeln und Vortragsreisen verpflichten.

Monatelang plant Heyerdahl, studiert alte Überlieferungen und die detaillierten Zeichnungen europäischer Entdecker in Südamerika. Bis ins 19. Jahrhundert sollen die dortigen Einheimischen mit Flößen zu den Galápagos-Inseln gesegelt sein, knapp 1000 Kilometer vor der Küste Ecuadors.

Heyerdahl stellt eine Mannschaft zusammen. Auf erfahrene Seeleute verzichtet er: Niemand soll ihm später vorwerfen können, dass seine Männer besser segeln und navigieren können als die frühen indianischen Segler.

Außerdem, so meint er, verstünden Seeleute auch nicht mehr von der Floßschifferei als unerfahrene Forscher. Stattdessen lädt er norwegische Freunde ein: neben Watzinger den Kunstmaler Erik Hesselberg sowie die ausgebildeten Funker Knut Haugland und Torstein Raaby, die auf See Wetterberichte an meteorologische Stationen in Lima funken und im Notfall SOS senden sollen. Später stößt noch der schwedische Ethnologe Bengt Danielsson hinzu.

Heyerdahl sammelt Empfehlungsschreiben bei Militärattachés und UN-Diplomaten. Das verhilft ihm zu einer Audienz beim peruanischen Präsidenten. Er spricht bei der US-Armee vor, um seine Fahrt als Härtetest für neuartige Ausrüstung anzupreisen. Beim Generalquartiermeister des Pentagon erhält er wasserdichte Schlafsäcke, Zündhölzer, die auch dann brennen, wenn sie feucht sind, neueste Kocher und Sonnencreme, eine spezielle Kraftnahrung in handlichen Packungen, Gummisäcke, Spezialschuhe und 684 Büchsen mit Ananas.

Die Crew **schlitzt Fische** auf und trinkt Sekrete aus deren Lymphdrüse

Ein britischer Sanitätsoffizier spendiert ihm ein „Haipulver": Wenn man einige Krümel ins Meer streut, sollen die Räuber angeblich verschwinden.

Dann reist er mit einem der Gefährten nach Ecuador, wo die Balsabäume in den Wäldern der Küstenregion wachsen. Im Urwald fällen sie zwölf große Bäume. Deren Stämme binden sie mit Lianen zu zwei Flößen zusammen und lassen sich auf einem Fluss stromabwärts zum Pazifik treiben. Von dort zieht sie ein Schiff an der Küste entlang nach Peru.

Im Frühjahr 1947 machen sie sich nahe der Hauptstadt Lima an den Bau der „Kon-Tiki". Die Männer behauen gemeinsam mit 20 Marinesoldaten die Balsastämme und schlagen tiefe Kerben für die Taue hinein. Den größten, 14 Meter langen Stamm platzieren sie in der Mitte. Zu beiden Seiten legen sie symmetrisch immer kürzere Bohlen, sodass der Bug wie ein stumpfer Pflug geformt ist. Schließlich ziehen sie in den Kerben 300 Taue aus Sisal fest und verknoten so die Stämme miteinander.

Sie orientieren sich bei ihren Arbeiten an Konstruktionsskizzen alter Wasserfahrzeuge, die einst europäische Entdecker nachzeichneten. Aber auch an den Funden von Archäologen, die in 1500 Jahre alten südamerikanischen Wüstengräbern winzige Miniaturflöße gefunden hatten: Deren kleine Stämme sind mit Hanftauen oder Robbenhautstreifen verknotet. An den Modellen lässt sich erkennen, wie die Stämme an Bug und Heck geformt waren, um den Wasserwiderstand zu mindern. An einem Mast hängt noch ein rechteckiges Schilfsegel – genau so eines lässt Heyerdahl aus Leinentuch für sein Floß anfertigen.

Zwischen die Stämme der „Kon-Tiki" stecken die Männer fünf solide Kiefernbretter von je zwei Meter Länge: Die sollen als Kiele dienen und verhindern, dass das Floß mit dem Wind quer zur Strömung treibt. Im rechten Winkel zu den Stämmen befestigen sie neun rund 30 Zentimeter dicke Balken in einem Abstand von ungefähr einem Meter.

Darüber legen sie ein stabiles Gitter aus Bambusstangen, das ihnen als Deck dient. Dieses Gitter bedecken sie schließlich mit Matten aus geflochtenem Bambusstroh, auf denen sie schlafen, laufen und liegen werden. In den darunter entstandenen Hohlräumen verstauen die Norweger später ihre Proviantkisten.

Auf dem Deck errichten sie eine Hütte aus Bambusstäben, die 2,5 mal vier Meter misst. In deren Schutz wollen sie ihre Funkstation aufbauen und nachts schlafen. Das Dach dichten sie mit Bananenblättern ab. Vor der Hütte verankert die Mannschaft einen Mast aus hartem Mangrovenholz. Er besteht aus zwei miteinander vertäuten Stangen und trägt eine Querstrebe, eine Rah.

Darüber schieben sie das viereckige, fünf mal fünf Meter große Segel. An der Spitze des gut neun Meter hohen Mastes bringen sie ein Brett an, das ihnen als Ausguck dienen soll. Zudem lässt sich dort ein zweites, kleines Segel aufriggen.

So genau sie sich auch an die Überlieferungen halten – nicht alle Fragen sind vor der Fahrt zu klären: Haben die Indianer ihre Flöße imprägniert, etwa mit Lösungen aus Harz, Wachs oder Kautschuk? Wie oft wurden die Stämme wieder gelöst und an Land gebracht, damit sie in der Sonne austrocknen?

In einer Hütte aus Bambusstäben, gut zweieinhalb mal vier Meter groß, findet die Crew Schutz vor Wind, Regen und der sengenden Tropensonne

Die Expedition ist lebensgefährlich, dessen wird sich Heyerdahl immer mehr bewusst: Das Funkgerät könnte aussetzen; das Beiboot ist weder hochseetauglich, noch kann es alle sechs Männer aufnehmen. Und ob im Notfall ein Schiff die Besatzung rettet, weiß niemand.

Doch Heyerdahl redet sich die Zweifel aus. Wenn sie sich genau an die alten Baupläne gehalten haben, werden sie es schon schaffen. „Gnade dir", sagt einer seiner Begleiter, „wenn die Strömung nicht so läuft, wie du gesagt hast."

AM 27. APRIL 1947 wird das Floß nach dem Sonnenkönig getauft, dessen Abkömmling möglicherweise bis nach Polynesien gelangt ist. Am Tag darauf sticht das fragile Gefährt in See.

An den Kais hat sich eine Menschenmenge gebildet; ungläubig starren die Zuschauer auf die gerade mal 14 Meter lange, hölzerne Plattform, deren Deck kaum mehr als einen halben Meter über dem Wasser liegt.

Beladen ist sie mit 1041 Litern Quellwasser in 56 Kannen, mit Stauden voller Bananen, Süßkartoffeln, Flaschenkürbissen und 200 Kokosnüssen. Jeder Mann besitzt eine Privatkiste. Zwei Kisten bergen wissenschaftliche Instrumente wie Sextanten und Windmesser und eine 16-Millimeter-Kamera nebst Filmrollen.

In das Zwischendeck schieben die Männer Pappkartons, die sie zuvor mit einer klebrigen Schicht aus Teer und Sand wasserdicht versiegelt haben. Darin lagern Militärrationen für vier Monate:

Heyerdahl schätzt, dass sie mindestens 97 Tage bis zum Tuamotu-Archipel segeln müssen – aber nur, wenn der Wind sie beständig antreibt.

Gegen 16.30 Uhr zieht ein Schlepper die „Kon-Tiki" 90 Kilometer weit hinaus, damit die Reise jenseits der Schiffsrouten beginnen kann. Als die Zugleine gekappt wird, richtet der Steuermann das Floß nach der Strömung aus. Die Männer hissen das Segel mit dem Emblem des Sonnengottes. Noch wissen sie kaum etwas von der Segelkunst der Indianer, die ihnen niemand mehr hat beibringen können. Sie manövrieren mit einem sechs Meter langen Steuerruder, an dessen Ende ein Ruderblatt ins Meer taucht.

Bald weht der Passat kräftig und wölbt verlässlich das Segel. Alle zwei Stunden wechselt die Wache am Steuerruder. Um die Geschwindigkeit zu messen, werfen sie am Bug einen Holzspan ins Meer und bestimmen die Zeit, bis er am Heck des Floßes vorbeigleitet. Daraus berechnen sie das Tempo: Oft schaffen sie mehr als 70 Kilometer an einem Tag.

Heyerdahl hält den Funker Knut Haugland an den Beinen, damit der die fest verzurrten Taue unter dem Floß kontrollieren und notfalls ausbessern kann

Wie Treibholz gleiten sie dahin. Unter ihnen sammeln sich farbenprächtige Tropenfische. Im Schlaf fühlen sich die Männer wie auf dem Rücken eines großen, atmenden Tieres, dessen hölzernes Skelett auf den Wellen knirscht und kreischt, knackt und schreit, notiert Heyerdahl. Trotz all der Reibung der Stämme scheuern die Taue nicht durch: Das Meer hat die äußeren Schichten des Balsaholzes aufquellen lassen, und so liegen die Seile wie in weichem Kork gebettet.

Eine Reise im Takt der Wellen. Das Deck ragt so wenig aus dem Wasser empor, dass ein Krake – so groß wie eine Katze – nachts an Bord klettert und einmal eine Woge einen seltsamen Fisch in einen der Schlafsäcke spült: *Gemphylus serpens*, eine von Forschern nie zuvor lebend beobachtete Schlangenmakrele.

„Vielleicht muss man auf einem Floß segeln", notiert Heyerdahl, „um solch sonderbare Fische zu entdecken."

Mit Angeln fischen sie Goldmakrelen und Gelbflossen-Tune, braten das Fischfleisch auf ihrer Kochstelle neben der Hütte. Forscher haben bis dahin angenommen, dass Meerestiere vornehmlich in küstennahen Strömungen vorkommen, und folgerten, dass die frühen Segler auf dem offenen Meer verhungert sein müssten. Doch den Norwegern fällt es leicht, den Nachschub zu sichern. Oft kreisen Haie ums Floß. Die Männer fangen sie mit einem Haken, ziehen sie an der Schwanzflosse aufs Deck.

Um Flüssigkeit zu sammeln, spannen sie Segeltücher fürs Regenwasser auf. Die Crew schlitzt zudem Fische auf und probiert die Sekrete ihrer Lymphdrüse. Die riechen muffig, haben aber einen geringen Salzgehalt – und sind trinkbar.

Wochenlang treibt die „Kon-Tiki" mit dem Humboldtstrom und dem Passatwind gen Westen. Immer wieder versuchen die Männer, die Stellung des Segels zu verändern, um so die Manövrierfähigkeit des Floßes zu erproben.

Nach sechs Wochen auf See entdecken sie schließlich, mit welch simpler Technik die Indianer navigiert haben müssen: durch das Heben oder Senken der 1,80 Meter langen und 60 Zentimeter breiten Schwertbretter.

Zum ersten Mal erlangen sie so Kontrolle über ihr Gefährt und können die grobe Richtung bestimmen. Mit dem Sextanten ermitteln sie ihre Position: 6° 42′ südliche Breite und 99° 42′ westliche Länge, rund 4000 Kilometer von der nächsten polynesischen Insel entfernt.

Die Tage vergehen gleichmäßig. In ruhigen Momenten binden die Männer das Ruder fest. Die Funker löten in der Bambushütte Bleche an die Trockenbatterien, die sie vor Sprühregen schützen müssen. Sie spleißen Taue und flicken Segel.

Heyerdahl sammelt Plankton, führt das Logbuch oder filmt mit seiner Kamera vom angeleinten Schlauchboot aus die Expedition.

Dann, am 21. Juli, dem 85. Tag ihrer Reise: der Sturm. Der Mann über Bord. Die Rettung im letzten Moment.

Fünf Tage lang tobt das Unwetter, zerren Wind und Wellen am Floß. Die Männer überleben nur aus einem Grund: weil sie sich beim Floßbau strikt an die jahrtausendealten Baupläne gehalten haben.

Stahlseile hätten das Floß im Sturm zersägt – die Taue aus Sisal aber liegen immer noch sicher in den Kerben. Und hätten sie beim Bau getrocknetes Balsaholz verwendet, wären die Bohlen nun mit Meerwasser vollgesogen und würden untergehen. Der Saft jedoch, der in den frisch geschlagenen Stämmen steckt, wirkt offenbar imprägnierend.

Neun Tage später, am 30. Juli, umkreisen morgens plötzlich Seevögel das Floß. Im ersten Licht zeichnet sich am Horizont ein dünner blauer Schatten im Südosten ab. Pukapuka! Ein Außenposten des Tuamotu-Archipels im äußeren Osten Polynesiens, wie sie aus ihren Seekarten und Messungen schließen.

Doch Wind und Strömung tragen das Floß an der Insel vorbei.

Wenige Tage später sehen sie zum zweiten Mal Land: Fangatau, eine Insel unter französischer Kolonialherrschaft – 6853 Kilometer von Peru entfernt. Sie entdecken eine Lagune, palmenbedeckte Hütten und Auslegerkanus mit Männern, die eilig heranpaddeln. Aber Fangatau ist von einem unüberwindbaren Korallenriff umschlossen.

Am 7. August erreichen sie das Raroia-Atoll, das zum Tuamotu-Archipel gehört. Und diesmal treiben sie direkt auf die Insel zu. Schon aus mehreren Hundert Metern Entfernung sehen sie mächtige

Der Humboldtstrom treibt die »Kon-Tiki« nach Westen. Nach 101 Tagen und 7010 Kilometern erreichen sie das Raroia-Atoll im Osten Polynesiens

Brandungswellen im Riff. Der Koch lässt sich dennoch nicht abhalten, in aller Ruhe eine Mahlzeit zu servieren. „Die letzte vor dem großen Turnier", wie Heyerdahl noch schnell notiert.

Dann verstaut er sein kostbares Logbuch. Um 9.50 Uhr schickt einer der Funker eine letzte Nachricht an einen Radioamateur auf der weiter westlich gelegenen Insel Rarotonga, mit dem er seit dem Vortag in Kontakt ist: Sollte sich die Crew binnen 36 Stunden nicht wieder melden, möge man die norwegische Gesandtschaft in Washington verständigen. Schließlich sagt er: „Okay, noch 45 Meter. Los geht's. Goodbye."

Als sich das Floß dem Riff nähert, klammern sich die Männer an die Taue der Takelage. Wellen drücken das Gefährt empor. Deren Kämme brechen über ihnen zusammen. „Schaut euch das Floß an, es hält! Es hält!", brüllt einer. Doch dann rollt eine acht Meter hohe Woge heran und begräbt die „Kon-Tiki" unter sich.

Die Wucht der Woge knickt den Mast, zerschlägt das Steuer. Querbalken brechen. Das Deck reißt auf, die Hütte wird zusammengedrückt. Die Mannschaft liegt zwischen Tauwerk und den Trümmern des Bambusdecks; nur die neun dicken Balsastämme haben die Kollision ausgehalten und sind noch immer vertäut.

Wenig später prallt das Wrack gegen eine Stufe im Riff. Wellen schieben es auf das steinerne Dach des Korallengartens. Aber selbst dessen scharfe Kanten beschädigen den Rumpf kaum: Obwohl die Korallen an manchen Stellen sechs, sieben Zentimeter von den mächtigen Stämmen abgehobelt haben, zerschneiden sie nur vier der 300 Taue. Die anderen Sisalbänder ruhen sicher in den Holzkerben.

Von ihrem Wrack aus springen die sechs in die Lagune und waten zu einer kleinen Insel inmitten des Atolls. Nach 7010 Kilometern und 101 Tagen auf See betreten sie wieder Land. Heyerdahl drückt seine Finger in den Sand.

Niemand von ihnen ist ernsthaft verletzt. Allenfalls Schrammen und kleinere Stichverletzungen haben sie sich zugezogen. Auch das Funkgerät funktioniert noch. Die Männer versenden eine Nachricht über ihre Landung. Und pflanzen dann eine Kokosnuss aus Peru.

Sechs Tage leben sie auf der unbewohnten Insel. Sie bergen ihre Kisten von der „Kon-Tiki", deren Hütte sie wieder aufbauen, und ernähren sich von Krebsen, Kokosnüssen und Fischen. Dann taucht eines Morgens das weiße Dreieckssegel eines Auslegerkanus am Horizont auf. Die Norweger winken am Strand mit einer Flagge, bis zwei Einheimische mit ihrem Kanu am Strand anlegen.

„Ja ora na", ruft Heyerdahl ihnen zur Begrüßung zu, „Guten Tag". „Ja ora na", antworten die. Ein zweites Kanu legt an.

Trotz der **gelungenen Expedition** bleiben die meisten Kollegen Heyerdahls skeptisch

Einer der Einheimischen spricht etwas Französisch und erzählt, dass sie schon vor Nächten den Schein eines Feuers gesehen hatten. Sie laden die Besucher in ihr Dorf ein, das auf einer der Inseln jenseits der Lagune liegt.

Dort empfängt sie der Häuptling. Auch er spricht Französisch und nennt die „Kon-Tiki" ein *pae-pae*, das polynesische Wort für Floß. Während die Polynesier die Balsastämme bewundern, erzählt der Stammesführer, dass seine Vorfahren einst auf *pae-paes* segelten.

Nur über das Sisal-Tauwerk der „Kon-Tiki" grinsen die Polynesier amüsiert. Die Taue hielten Meerwasser und Sonne nicht allzu lange stand, meinen sie und präsentieren stolz ihre Seile aus Kokoshanf. Die seien für fünf Jahre gemacht.

Fast eine Woche sitzen die Männer auf dem Raroia-Atoll fest, nachdem ihr Floß beim Anlanden havariert ist. Dann werden sie von Einheimischen entdeckt

Die Nachricht von der Landung geht da bereits um die Welt: von Rarotonga nach Washington, nach Paris. Ein Schoner wird beordert, um die Mannschaft und ihr Floß nach Tahiti zu bringen. Dort werden die Männer gefeiert und getauft: auf tahitische Häuptlingsnamen.

Mit der „Kon-Tiki" etabliert Thor Heyerdahl die Experimentelle Archäologie. Er widerlegt mithilfe der neuen Methode scheinbar seine Kritiker und beweist, dass die Urvölker Südamerikas auf Flößen die polynesischen Inseln erreicht haben könnten. Es ist das letzte Puzzlestück in seiner Besiedelungsthese.

Heyerdahl wird überall auf der Welt eingeladen; wird Ehrenmitglied in Dutzenden geographischen Gesellschaften und zu einem der bekanntesten Naturforscher der Nachkriegszeit. Für die Filmdokumentation der Abenteuerfahrt gewinnt er 1951 einen Oscar. Sein Reisebericht wird in 70 Sprachen übersetzt und fast 100 Millionen Mal verkauft. Etwa 40 Crews ahmen seine Segeltour auf einem indianischen Floß nach.

Dennoch bleiben viele Gelehrte skeptisch. Für sie ist Heyerdahl nicht mehr als ein „wagemutiger Wikinger" und die Floßreise „ein nettes Abenteuer".

Und immer neue Erkenntnisse schwächen Heyerdahls These. Mitte der 1950er Jahre beginnen Archäologen anhand von Funden zu beweisen, dass die Polynesier nicht aus Südamerika stammen können. Denn auf vielen Eilanden werden die Überbleibsel einer frühen Kultur entdeckt: mit Lochmustern verzierte Keramikscherben. Deren Hersteller aber kamen eindeutig aus Westen, aus Südchina, und erreichten vor mehr als 3000 Jahren Taiwan.

Von dort aus besiedelten sie – so viel ist inzwischen klar – die Philippinen, Indonesien, Neuguinea, stießen zu den Inseln im Westpazifik vor und landeten etwa ab 2000 v. Chr. auf den Archipelen Fidschi, Tonga und Samoa. Dort bildete sich in einem Zeitraum von 500 bis 1000 Jahren die polynesische Urbevölkerung heraus: mit Bauern, einer Adelsklasse und einem komplexen Götterkult.

Dann brachen einige der Siedler erneut auf, wohl um Hungersnöten und Vertreibungen auf den Inseln zu entfliehen. Um 300 n. Chr. erreichten sie die Archipele Tuamotu und Marquesas. Die Skulpturen, die Heyerdahl 1937 dort fand, stammen – so weiß man heute – nicht aus Südamerika, sondern stellen stilisierte Totenköpfe dar und sollten ein Bündnis mit den Verblichenen ermöglichen. Heyerdahl hatte sie ungenau vermessen und falsch gedeutet.

Von Ostpolynesien aus segelten die Siedler zwischen 500 bis 1500 n. Chr. zu besonders abgeschiedenen Eilanden weiter: zur Osterinsel, nach Hawaii und Neuseeland.

Dass die hellhäutigen, großgewachsenen Polynesier nicht aus der Neuen Welt stammen, sondern aus Asien, belegen auch genetische Tests. Sprachwissenschaftler ermitteln zudem, dass bei über 200 verschiedenen Sprachen im pazifischen Raum mehr als 5000 gemeinsame Urbegriffe in Gebrauch sind – die die Insulaner aber nicht mit den Südamerikanern teilen.

Heyerdahl hatte die nautischen Fertigkeiten der frühen Siedler aus Asien unterschätzt und es nicht für möglich gehalten, dass sie sogar gegen Wind und Wellen segeln konnten, also gegen die vorherrschende Strömung.

1973 beginnen Wissenschaftler auf Hawaii, jene traditionellen Boote nachzubauen, mit denen die Polynesier vor mehr als 1000 Jahren ihr Vielinselreich erkundeten. Mit einem Katamaran nach alter Bauart segeln sie auf langen Routen durch die Wasserwelt – auch gegen den Wind.

Klimaforscher beweisen zudem wenig später, dass schon damals ein Phänomen auftrat, das noch heute alle paar Jahre vorübergehend die Strömungsverhältnisse ändert: der Klimaeffekt El Niño. Dabei drehen sich die Meeresströmungen nahe dem Äquator quasi um, das Wasser flutet von Zentralasien über Polynesien bis nach Südamerika. Und so ließen sich wohl auch die Siedler von Asien aus zuweilen nach Osten treiben.

Thor Heyerdahl nimmt die Forschungsergebnisse gelassen hin. Er wendet sich immer neuen Weltregionen zu und erprobt, wie hochseetauglich die Boote anderer alter Hochkulturen waren; segelt auf einem Papyrusboot von Marokko zur Karibikinsel Barbados und mit einem Schilfboot den Tigris hinunter.

Im April 2002 stirbt er in Italien.

Das Floß überdauert seinen Erbauer. Es ist noch heute im Einsatz – und schwimmt in einem Wasserbecken des Kon-Tiki-Museums in Oslo. □

Dirk Liesemer, 33, Wissenschaftsjournalist in Münster, fühlte sich fast so, als sei er mit an Bord gewesen - angesichts der teils widersprüchlichen Angaben Heyerdahls musste er auf die kleinsten Details achten, um die Fahrt der „Kon-Tiki" korrekt zu rekonstruieren.
Fachberatung: Reidar Solsvik, Kon-Tiki-Museum, Oslo.

Literaturtipp: Thor Heyerdahl, „Kon-Tiki - Ein Floß treibt über den Pazifik", Ullstein: umfassender, spannend geschriebener, aber nicht durchweg präziser Expeditionsbericht.

Rekonstruktionen

Experiment **Vergangenheit**

Nachbauten helfen verstehen, wie Menschen früher reisten und jagten

2007 startete dieses Schilfboot des Archäologen Dominique Görlitz in New York und kam fast bis zu den Azoren: ein Beleg, dass sich so Ozeane befahren lassen

Mit der „Kon-Tiki"-Expedition verhalf Thor Heyerdahl einem Forschungszweig zum Durchbruch, der heute als Experimentelle Archäologie anerkannt ist. Bei dieser Disziplin versuchen Wissenschaftler, eine These durch einen Praxistest zu belegen.

Schon im 19. Jahrhundert rekonstruierten Gelehrte steinzeitliche Pfahlbauten, um so deren Funktion zu analysieren. Im Jahr 1893 segelten Norweger in einem nachgebauten Wikingerschiff nach New York, um zu beweisen, dass bereits ihre mittelalterlichen Vorfahren Amerika hatten erreichen können.

Inzwischen gibt es Experimente zu einer ganzen Reihe von Epochen der menschlichen Geschichte. So haben Wissenschaftler aus Niedersachsen 400 000 Jahre alte Speere nachbauen lassen. Ergebnis: Die Geschosse wiesen exzellente Flugeigenschaften auf. Der Schleswiger Archäotechniker Harm Paulsen goss das Kupferbeil des in den Ötztaler Alpen gefundenen Gletschermannes nach und bewies, dass es trotz der relativ weichen Klinge zum Baumfällen geeignet war.

Und der Chemnitzer Experimentalarchäologe Dominique Görlitz erprobt nach Heyerdahls Vorbild seit mehr als 20 Jahren, wie vorantike Seefahrer den Atlantik überquert haben könnten. Denn schon vor gut 3000 Jahren war in Ägypten Tabak bekannt - eine Pflanze, die nur in Mexiko wuchs. Zudem wiesen Archäologen nach, dass mittelamerikanische Indianer damals Flaschenkürbisse aus Nordafrika anbauten.

Görlitz fertigt seine Schilfboote nach den Plänen rund 6000 Jahre alter vorägyptischer Felszeichnungen. Erst konstruiert er maßstabsgetreue, gut 70 Zentimeter große Modelle. In einem Strömungskanal testet er dann die Prototypen: Sensoren erfassen etwa die Drehung des Bootes, die Belastung von Bug und Rumpf sowie die Manövrierfähigkeit. Sämtliche Daten werden anschließend auf die Originalgröße umgerechnet. So verbessert Görlitz seine Modelle immer weiter, bis sie auch stürmischer See standhalten.

Im Juli 2007 brachen der Chemnitzer und seine zehnköpfige Crew mit einem aus Schilf gebauten Boot von New York nach Spanien auf. Sie schafften zwar nur 4500 Kilometer - wegen eines Orkans vor den Azoren mussten sie das Unternehmen abbrechen. Aber sie hatten die Hochseetauglichkeit des Schilfbootes bewiesen. *Maria Rossbauer*

Donald Johanson legt im Afar-Dreieck einen Pferdeunterkiefer frei. Das Fossil zeigt, in welcher Umwelt die Menschenahnen vor mehr als drei Millionen Jahren lebten

Paläoanthropologie

Im November 1974 stößt der junge Urmenschenforscher Donald Johanson in der äthiopischen Wüste auf ein versteinertes Skelett, das die Sicht auf die menschliche Vorgeschichte revolutioniert: Schon vor mehr als drei Millionen Jahren, so beweist der »Lucy« getaufte Fund, liefen die affenähnlichen Vorfahren des *Homo sapiens* auf zwei Beinen durch die Savanne

Die Suche nach dem Anfang

Text: Henning Engeln
Fotos: David L. Brill

Ein Wesen, gut einen Meter hoch, einem Schimpansen nicht unähnlich, geht aufrecht durch das Gras am Ufer eines Sees im Nordosten Afrikas. Trotz seines äffischen Aussehens läuft es wie ein Mensch auf zwei Beinen. Und zwar so selbstverständlich, dass zu erkennen ist: Die Natur hat seine Anatomie in einem langen Evolutionsprozess für diese Art der Fortbewegung optimiert.

Doch etwas scheint mit dem Geschöpf nicht zu stimmen. Vielleicht ist sein Körper durch Hunger oder einen Infekt geschwächt. Vermutlich fällt es in einen See, Wasser dringt in die Lungen, umschließt den Körper. Bald darauf überdeckt Schlick den Kadaver, bewahrt seine Knochen vor zersetzendem Sauerstoff. Im Lauf der Zeit häufen sich immer weitere Erdschichten über das Skelett, chemische und physikalische Prozesse verändern das Knochengewebe allmählich; es wird schwer und hart wie Stein.

Über Jahrmillionen ruhen die Gebeine tief in der Erde – bis sie langsam in die Höhe gehievt werden, weil sich hier die tektonischen Platten der Erdkruste gegeneinander verschieben.

Wind und Regen nagen nun an dem Boden, tragen Schicht für Schicht ab. Bis etwa ein Frühlingssturm eines Tages die letzte Staubschicht wegbläst – und die versteinerten Knochen aus einem sandigen Hang herausragen.

Das Camp des Johanson-Teams am Ufer des Flusses Awash. Unter den Zeltdächern reinigen, untersuchen und archivieren die Forscher die in der Wüste gefundenen Knochen

24. November 1974, ein Zeltlager von Forschern in Äthiopien, rund 160 Kilometer nordöstlich von Addis Abeba. Gerade ist die Sonne über die Berge gestiegen und schickt erste Strahlen über das Expeditionscamp.

Donald Johanson liegt bereits wach auf seinem Lager. Mit 26 Grad Celsius sind die Temperaturen noch recht kühl; die herumliegenden Steine und Felsbrocken, die ihre Wärme nachts wie Speicheröfen abgeben, sind ausgeglüht.

In die reine Wüstenluft mischt sich Rauch, der von den Feuerstellen der Afar, einem Nomadenvolk, herüberweht. Die Einheimischen helfen den Forschern bei der Arbeit und haben etwa 100 Meter vom Hauptlager entfernt runde Hütten aus Grasmatten und Zweigen errichtet.

Der 31-jährige Amerikaner schlüpft aus dem Zelt. Johanson ist ein Paläoanthropologe, ein Urmenschenforscher, und dies ist bereits die zweite Expedition ins Afar-Dreieck, die er gemeinsam mit zwei französischen Kollegen leitet.

Er ist auf der Suche nach den Wurzeln der Menschheit und hofft, hier in der Wüste ein Fossil zu finden, das den Übergang vom Tier zum Homo belegt.

Seit Charles Darwin 1859 seine Theorie veröffentlicht hat, der Mensch stamme vom Affen ab, sind Forscher auf der Suche nach dem *missing link* – einem Wesen, das zwischen beiden Primaten steht. Zwar gibt es bereits Funde wie den Neandertaler und den Pekingmenschen, doch deren Skelette sind dem *Homo sapiens* schon recht ähnlich. Was fehlt, ist ein uraltes, viel primitiveres Bindeglied. Einen solchen Ahn möchte Johanson im Land der Afar finden.

So trostlos die karge Wüstenlandschaft wirken mag, für einen Vorgeschichtler ist sie ein Paradies. Auf den weiten Flächen liegen jahrmillionenalte Fossilien offen herum oder ragen aus dem Sand. Die Erosion hat sie aus den uralten Sedimentschichten gefräst.

Mindestens drei Millionen Jahre, so haben die Forscher ermittelt, sind die Gesteinsschichten alt. Sie eröffnen damit ein Fenster in eine Periode der menschlichen Vorgeschichte, die bislang unbekannt ist.

Rund 30 Techniker und Wissenschaftler aus den USA, Frankreich und Äthiopien haben hier seit Anfang Oktober 1974 ihr Lager aufgeschlagen, um die Gegend geologisch, paläontologisch und prähistorisch zu untersuchen. Doch wie bei einer Expedition im Jahr zuvor droht das Geld knapp zu werden.

Zudem ist die politische Lage unübersichtlich, denn in Addis Abeba hat eine Militärjunta die Macht an sich gerissen. Johanson und seine Kollegen wissen nicht, wie sich der Putsch auf Behörden und Ministerien und damit auf ihre Arbeit auswirkt. Der Expeditionsleiter steht unter großem Druck.

Sein Mitarbeiter Tom Gray gesellt sich zu ihm. Johanson fragt ihn, was er an diesem Morgen vorhabe. Er wolle neue Fundstellen von Fossilien in die Karte eintragen, antwortet Gray. Es gibt in dieser Gegend Hunderte solcher Fundstellen, zumeist von Tierrelikten; sie werden präzise verzeichnet.

Obwohl Johanson Berichte verfassen und sich um Korrespondenzen kümmern muss, beschließt er mitzukommen. Mit einem Landrover machen sich die beiden auf den Weg zum 6,5 Kilometer entfernten „Fundort 162“. Die vegetationslose Landschaft, durch die sie fahren, ist Boden und Uferbereich eines in Urzeiten ausgetrockneten Sees.

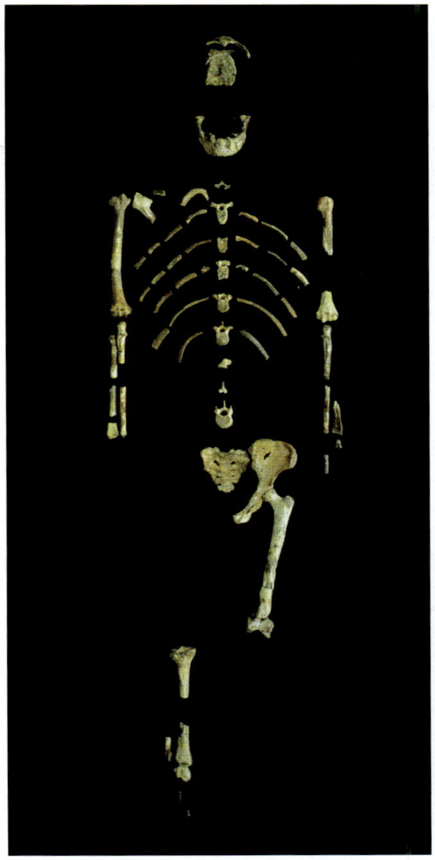

Lucys Skelett ist zu 40 Prozent erhalten: So viele Knochen eines vormenschlichen Individuums finden Forscher sehr selten

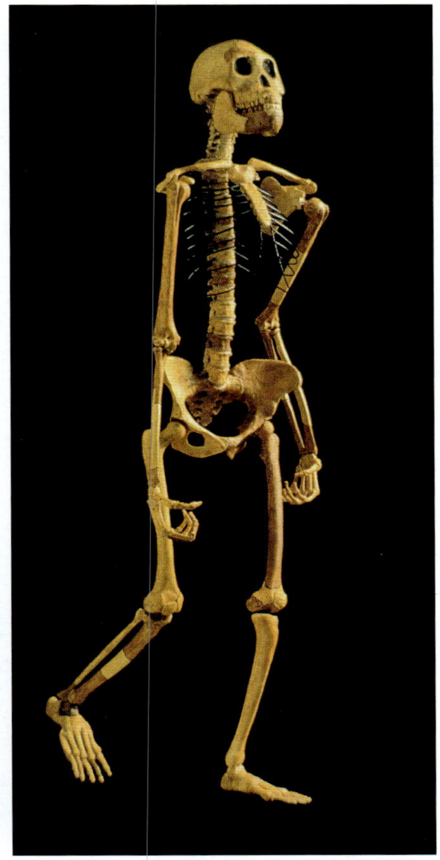

Die Rekonstruktion des Skeletts zeigt: Diese Vormenschenart ging aufrecht, hatte einen Affenkopf und lange Arme

An einem Hang stellen sie den Wagen ab, suchen zwei Stunden lang nach Versteinerungen. Die Ausbeute: einige Zähne eines kleinen ausgestorbenen Wildpferdes, Schädelstücke eines prähistorischen Schweins, Antilopenbackenzähne, das Bruchstück eines Affenkieferknochens – nichts Aufregendes.

Plötzlich wird Johanson klar, dass er einer Sensation auf der Spur ist

Es ist inzwischen 42 Grad heiß, und Tom Gray verliert die Lust. Doch Johanson will noch eine kleine Senke absuchen. Nichts. Als er sich umwendet, um zu gehen, sieht er auf halber Höhe am Hang der Senke ein längliches Objekt im Sand aufblitzen. Er erkennt sofort, dass es sich um das Fragment eines Armknochens handelt. Dieser ist zwar klein, doch er gehört eindeutig zu einem Hominiden*, also einem Vertreter aus der Menschenverwandtschaft.

Als er sich mit Gray in den Sand kniet, um den Fund zu untersuchen, sieht Johanson ein Schädelbruchstück im Boden liegen, daneben weitere Knochen. Dann am Hang zwei Rückenwirbel und das Bruchstück eines Beckenknochens. Ihm wird plötzlich klar, dass sie einer Sensation auf der Spur sind.

Wie sehr allerdings gerade dieser Tag das Bild der Vorgeschichte verändern wird, kann er nicht ahnen.

Schon als Kind weiß Donald Johanson, 1943 in Chicago geboren, dass er Anthropologe werden will. Sein Va-

* Heute bezeichnen die Biologen alle aufrecht gehenden Verwandten des Menschen als „Homininen“. Im historischen Zusammenhang wird hier jedoch der früher gebräuchliche Begriff „Hominiden“ verwendet.

ter stirbt früh, die Mutter kann ihm als Putzfrau nur das Nötigste bieten, doch Donald hat Glück: Direkt nebenan liegt das theologische Seminar, dort lehrt ein Anthropologe namens Paul Leser.

Eines Tages kommt Leser mit dem achtjährigen Donald ins Gespräch. Der kinderlose Professor befreundet sich mit dem naturbegeisterten Jungen, wird zu seinem Ersatzvater und Mentor. Neugierig verfolgt Donald dessen Schilderungen von Forschungsaufenthalten in Tansania und Malawi.

Johanson geht noch zur Oberschule, als er von einer sensationellen Entdeckung liest. Das Forscherpaar Louis und

An diesem versteinerten kindlichen Schädel studiert Johanson die Anatomie eines noch jungen Vormenschen

Überreste von mindestens 13 Lucy-ähnlichen Individuen entdeckt Johansons Team an diesem Hang. Jeder Quadratmeter wird abgesucht und nach Knochenresten durchsiebt

Mary Leakey hat im Juli 1959 in Tansania den versteinerten Schädel eines menschlichen Wesens entdeckt. Es besaß zwar nur ein dürftiges Gehirn, hatte gigantische Backenzähne und Riesenkaumuskeln wie ein Gorilla, aber es ging aufrecht, und die Zähne waren menschenähnlich. Louis Leakey glaubt, der Zinjanthropus – wie er das Wesen nennt – sei ein Urahn der Menschheit.

Als Johanson erfährt, wie berühmt die Leakeys durch ihren Fund werden, festigt sich sein Entschluss, Paläoanthropologe zu werden. Er studiert Anthropologie und spezialisiert sich auf die menschliche Urgeschichte.

Das Thema seiner Doktorarbeit ist das Gebiss des Schimpansen; dazu wertet er eine amerikanische Sammlung mit 300 Schädeln aus. Zudem will er zwei Sammlungen in Europa untersu-

Die Forscher verbringen viel Zeit damit, die gefundenen Fossilien von anhaftendem Sediment zu befreien

chen. Sein Doktorvater hilft ihm, dafür ein Reisestipendium zu beantragen.

Aber Johanson will mehr. Er schlägt seinem Betreuer vor, auch die Zähne der bislang bekannten Menschenvorfahren einzubeziehen und dafür einen Abstecher nach Afrika zu machen. Und wenn er schon einmal dort sei, könne er doch bei einer Grabung mitarbeiten.

Im Frühjahr 1970 trifft Johanson in Paris ein und beginnt damit, Schimpansenschädel zu vermessen. Anschließend fliegt er nach Nairobi, sieht dort die berühmten Fossilien des Zinjanthropus, lernt Mary Leakey kennen und nimmt erstmals an einer Grabung teil.

Im Sommer darauf trifft Johanson in Paris (wo er letzte Daten für seine Doktorarbeit sammelt) den französischen Geologen Maurice Taieb und erzählt ihm, dass er gerade in Afrika Fossilien gesucht habe.

„Ich selbst werde nach Äthiopien gehen", sagt Taieb: „Ins Afar-Dreieck. Ich untersuche für meine Doktorarbeit die geologische Evolution im Flusstal des Awash."

Dort, so erläutert der Geologe, stoßen drei tektonische Platten aneinander. Durch die Bewegungen dieser Platten werden Sedimentschichten, die sich vor Jahrmillionen abgelagert haben, hoch-

Lucy ging zwar aufrecht, doch der Rest ihres Körpers, etwa Kopf oder Greifzeh des Fußes, erinnert noch sehr an einen Affen

geschoben. Sie gelangen bis an die Erdoberfläche und verwittern allmählich.

Bei einem Besuch dort ist Taieb aufgefallen, dass die Sedimente – sie hatten sich einst im Gebiet eines von Sümpfen umgebenen Sees gebildet, wo sich Knochenrelikte besonders gut erhalten – eine große Zahl von Fossilien in sich bergen. Von der Erosion freigelegt, lagen sie dort offen herum.

„Sie sollten mich dorthin begleiten und sie untersuchen", schlägt Taieb vor.

Im Jahr darauf reist Johanson tatsächlich mit dem Franzosen zum Awash-Fluss. Als er die verstreuten Knochen von Antilopen, Pavianen, Elefanten und Schweinen erblickt, ist er überwältigt. So etwas hat er noch nicht gesehen.

Zusammen mit Taieb und dem französischen Anthropologen Yves

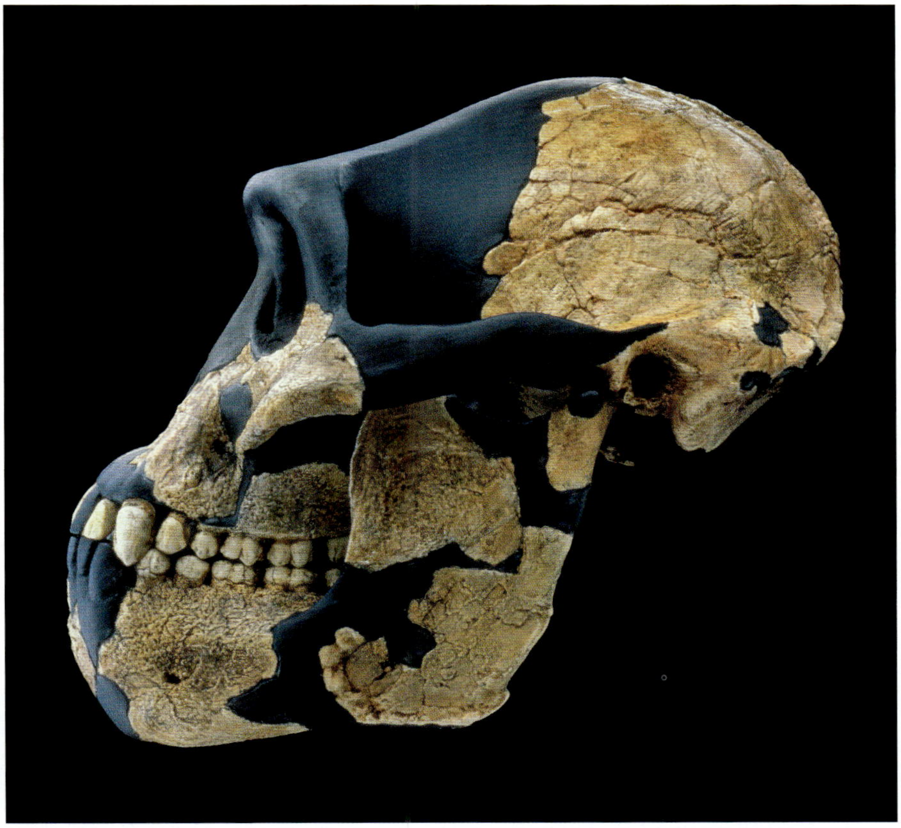

Spätere Funde ermöglichen es, einen Schädel der Lucy-Spezies zu rekonstruieren: Das Gehirn war noch klein, aber dolchförmige Eckzähne, wie bei Schimpansen, fehlten bereits

Coppens beschließt er, eine offizielle Expedition auszurüsten. Johanson kehrt in die USA zurück, schreibt seine 450-seitige Dissertation und formuliert einen Antrag auf finanzielle Unterstützung für die Grabungskampagne.

Im Herbst 1973 reist die französisch-amerikanische Expedition in das Afar-Dreieck bei Hadar – und sie endet mit einem Triumph: Johanson findet das Kniegelenk eines mindestens drei Mil-

> Am besten sind die Fossilien zu erkennen, wenn die Sonne schräg einfällt

lionen Jahre alten, bislang unbekannten Wesens, das aufrecht gegangen ist.

Zu welcher Spezies dieses Gelenk gehört, wird sich aber erst während der nächsten Grabung klären.

Das Kniegelenk hat Johansons Renommee erheblich gesteigert, und so bieten sich nun neben Geologen und Kartographen auch hochkarätige Spezialisten für Tierfossilien an, mit auf die zweite Grabung ins Afar-Dreieck zu kommen. Auf diese Weise ergibt sich nun die Chance, ein Gesamtbild der vergangenen Urzeitwelt und seiner Bewohner zu ermitteln.

Im September 1974 verlässt ein Konvoi von schwer beladenen Geländefahrzeugen mit Anhängern sowie einem Lkw die äthiopische Hauptstadt, transportiert Mitarbeiter, Zelte, Forschungsgeräte und Nahrungsmittel in das Afar-Gebiet. Anfang Oktober ist das Camp am Ufer des Flusses Awash errichtet.

Die Forscher beginnen zunächst mit der kartographischen Vermessung des Gebiets und tragen die Fundstellen ein, an denen bereits Fossilien entdeckt wurden. Die Wissenschaftler beschreiben jede Stelle exakt, machen eine Aufnahme mit einer Sofortbildkamera, tragen die Informationen auf einer Luftaufnahme und in eine topogra-

Eine kurze Geschichte der Menschheit

Der erste bekannte aufrecht gehende Primat lebte vor rund sieben Millionen Jahren: *Sahelanthropus tchadensis*. Der aufrechte Gang hat sich vermutlich erst kurz zuvor entwickelt, mit ihm beginnt die Geschichte der Menschheit. Über viele Millionen Jahre prägten diese Vormenschen die Evolution. Ob sie sich direkt auseinander oder in Nebenlinien entwickelten, lässt sich wegen der wenigen Funde nicht sagen. Von der Lucy-Art *Australopithecus afarensis* zweigten mehrere Linien ab, von denen eine zu den Nussknackermenschen (etwa *Paranthropus boisei*) führte, eine andere wahrscheinlich zum Homo. Der erste Mensch mit großem Gehirn, der in der Lage war, Werkzeuge herzustellen, entwickelte sich vor rund 2,5 Millionen Jahren: *Homo rudolfensis*.

Mehrfach spalteten sich Nebenlinien ab – etwa *Homo erectus* oder der Neandertaler –, und nur eine führte zum heute noch lebenden Menschen, dem *Homo sapiens*.

Der hier gezeigte Stammbaum gibt vor allem die Sicht Donald Johansons wieder – unter den Forschern gibt es jedoch unterschiedliche Auffassungen. Gestrichelt dargestellt sind ungesicherte Verwandtschaftsbeziehungen; durchgezogene Linien zeigen wahrscheinliche oder relativ sichere Abstammungen.

phische Übersichtskarte ein. Geologen und Stratigraphen ermitteln, welche Schichten besonders viele Fossilien versprechen und wie alt sie sind.

Die Tage während der Expedition laufen häufig ähnlich ab: Morgens treffen sich die Teilnehmer, um zu besprechen, wohin einzelne Teams gehen möchten, wer welche Arbeit übernehmen wird. Anschließend brechen die Forscher auf, vor allem zur Suche nach Fossilien. Sie gehen die Flächen ab und halten die Augen bei jedem Schritt aufmerksam auf den Boden gerichtet, um herauserodierte Versteinerungen zwischen zahllosen Geröllbrocken, Steinen und Kies zu entdecken.

Das gelingt am besten frühmorgens oder spätnachmittags, wenn die Sonnenstrahlen schräg einfallen und den Objekten im Sand Schatten und Konturen verleihen.

Trotz großer Erwartungen werden in den ersten Wochen keine menschlichen Fossilien gefunden. Die anfängliche Euphorie legt sich. Doch im Team ist Alemayeku Asfaw vom äthiopischen Kulturministerium, ein stiller Mann, den Johanson für seine ungewöhnlich gute Beobachtungsgabe schätzt.

Alemayeku Asfaw entdeckt eines Tages das Bruchstück eines hominiden Unterkieferknochens mit zwei Backenzähnen. Ein paar Tage später findet er zwei weitere Fragmente, die zusammen einen kompletten vormenschlichen Oberkiefer ergeben. Das ist mehr, als viele Paläoanthropologen in ihrem gesamten Forscherleben gefunden haben.

Aber der ehrgeizige Johanson gibt sich damit nicht zufrieden; er hofft auf den ganz großen Wurf und den Weltruhm. Die Situation in Äthiopien wird jedoch immer schwieriger. Die Piloten eines Flugzeugs, das sie mit Nachschub versorgt, überbringen Johanson besorgniserregende Nachrichten vom Putsch. Doch die neue Militärjunta macht der Expedition keine Schwierigkeiten.

Ein paar Tage später finden Johanson und Tom Gray jene Knochen, die alles verändern werden.

Die beiden wissen sofort, dass es ein Glückstreffer ist, als sie am Fundort 162 auf Armknochen, Schädelbruchstück, Rückenwirbel, Rippen und Beckenfragment blicken. Und dann kommt ihnen ein Verdacht: Könnte hier im Sand gar ein ganzes Skelett verborgen liegen?

Diese in Tansania entdeckten fossilen Fußspuren beweisen, dass Vormenschen vor 3,6 Millionen Jahren aufrecht liefen

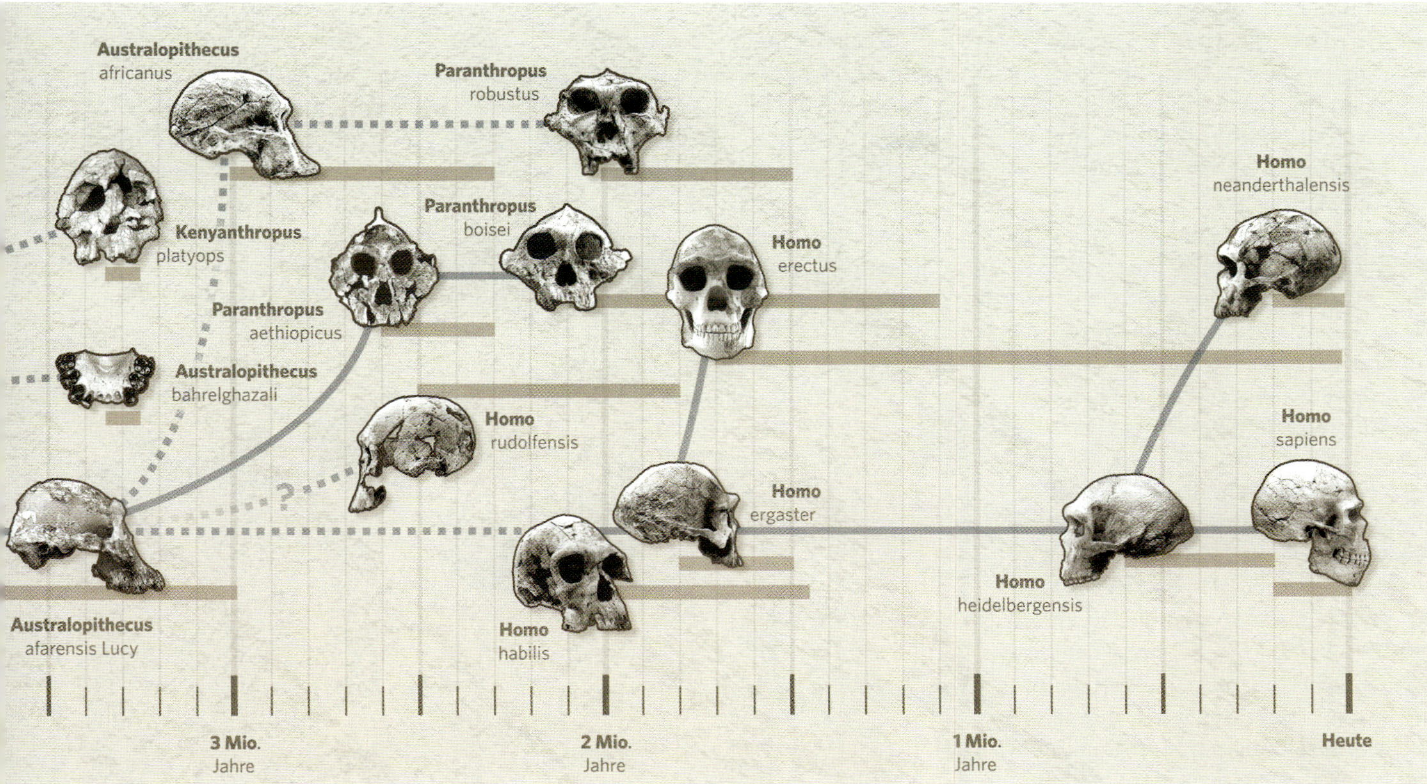

Das wäre eine Sensation, denn meist finden Paläoanthropologen nur vereinzelte fossile Bruchstücke – an unterschiedlichen Stellen. Die Knochen gehören dann zu verschiedenen Körpern.

In diesem Fall aber ist kein Knochen doppelt, stellen sie fest. Sehr wahrscheinlich handelt es sich um das Skelett eines einzigen Individuums.

Zudem sind die Fossilien menschenähnlich: Becken- und Beinkochen lassen erkennen, dass das Wesen aufrecht ging. Doch dürfte es kaum größer als ein Meter gewesen sein, wie die Länge der Knochen zeigt. Und die relativ langen Armknochen weisen auf eine Verwandtschaft zu den Affen hin.

Es könnte das Missing Link sein.

Außerdem sind die Knochen mindestens drei Millionen Jahre alt. Das wissen die Forscher unter anderem deshalb, weil sie in der gleichen Gesteinsschicht bereits Fossilien von Säugetierarten gefunden haben, die nur in jener Zeit existierten.

Ein Fund aus einer Periode also, aus der bislang noch kein Menschenvorfahr bekannt ist. Hier muss etwas ganz Besonderes liegen.

Die Forscher markieren die Fundstelle, nehmen zwei Fragmente eines Kieferknochens mit, steigen in den glühend heißen Landrover und kehren zurück zum Camp. Schon 400 Meter vor der Ankunft kann Tom Gray nicht mehr an sich halten und brüllt hinaus: „Wir haben es gefunden. Wir haben das verdammte ganze Ding gefunden!"

Schon am Nachmittag fahren sämtliche Mitglieder des Teams zur Fundstelle. Sie teilen sie in Sektoren ein und beschließen, das Fossil möglichst vorsichtig und sorgfältig zu bergen. Doch für diesen Tag ist es bereits zu spät, und so fahren sie ins Camp zurück.

> Am Flughafen von Addis Abeba fürchtet Johanson, verhaftet zu werden

Die Stimmung ist gelöst, die Forscher sind so aufgeregt, dass sie die Nacht hindurch debattieren und Bier trinken. Musik vom Tonbandgerät läuft dazu. Ein Song der Beatles ist dabei immer wieder zu hören: „Lucy in the Sky with Diamonds".

Und irgendwann im Verlauf der Wüstennacht – so jedenfalls erzählen es später die Beteiligten – erhält das noch gar nicht geborgene Skelett den Namen „Lucy" (Johanson nimmt wegen der geringen Größe an, dass es sich um ein weibliches Individuum handelt).

Lucy wird schon bald zur berühmtesten Vormenschendame der Welt.

Drei Wochen dauert die Bergung der Fossilien. Die Forscher tragen die gesamte obere Bodenschicht an der Fundstelle ab und transportieren die Erdmassen ans Ufer des Awash. Dort breiten sie jede Fuhre auf Tüchern aus und durchsuchen sie sorgfältig auch nach kleinsten Splittern. Mehrere Hundert Knochenstücke kommen zusammen, die – wie sich schließlich herausstellt – insgesamt rund 40 Prozent von Lucys Skelett repräsentieren (wenn man die fragilen, nur selten erhaltenen Hand- und Fußknochen nicht mitzählt).

Kaum weniger kompliziert als die Bergung ist es, das Fossil aus Äthiopien herauszubekommen. Maurice Taieb hatte mit dem Kulturministerium vereinbart, dass alle Fossilien zunächst nummeriert, beschrieben, im Museum registriert und dort eingelagert werden müssen. Anschließend ist ein Antrag auf Herausgabe an die Abteilung für Altertümer zu richten.

Wegen eines Streits zwischen Museum und Ministerium dauert es fünf Tage, bis der Museumsdirektor bereit ist, die Fossilien von Donald Johanson anzunehmen. Eine weitere Woche lang wird der Paläoanthropologe täglich in der Abteilung für Altertümer vorstellig, um ein Schreiben zu erhalten, das ihm das Verfügungsrecht über die Fossilien gibt. Nur dann kann er sie wieder ausgehändigt bekommen.

Doch weil nach dem Putsch das Militär die Macht hat, wagen die leitenden Beamten keine Entscheidung. Schließlich gelingt es Johanson, ein Treffen mit mehreren Direktoren zu arrangieren und eine Genehmigung zu erhalten. Und endlich, nach weiteren Komplikationen, werden ihm die Päckchen mit den eingewickelten Fossilien ausgehändigt.

Am nächsten Morgen rechnet der Forscher am Flughafen damit, nochmals aufgehalten, womöglich verhaftet zu werden. Doch zu seiner Erleichterung wird er durchgewinkt. Als ein Zollbeamter bei einer Zwischenlandung in Paris von ihm wissen möchte, was er denn da bei sich habe, antwortet Johanson, es seien Fossilien aus Äthiopien.

„Sie meinen Lucy?", fragt der Beamte. Die Entdeckung hat sich bereits bis nach Frankreich herumgesprochen, und der Mann möchte sie sehen – auch aus privatem Interesse. Sofort versammeln sich weitere Menschen um die Knochen.

Da weiß Johanson, dass er es geschafft hat.

Bis der Fund wissenschaftlich beschrieben und seine Stellung im Stammbaum der Menschheitsgeschichte klar wird, vergehen jedoch noch mehrere Jahre. Trotz der politisch brisanten Lage – es droht ein Krieg mit Eritrea – organisiert Johanson 1975 eine weitere Expedition ins Afar-Gebiet.

Und wieder haben die Forscher unglaubliches Glück: Sie finden in einem Hang die Überreste von mindestens 13 Individuen, die offenbar derselben Art angehören wie Lucy.

1976 gelangt Johansons Team nochmals in das Hadar-Gebiet und entdeckt einen weiteren Unterkiefer-Knochen. Doch danach geht in Äthiopien wegen der politischen Lage nichts mehr.

In all den Jahren hat Johanson seine gesamte Kraft darauf verwendet, Anträge auszufüllen, Geld zu beschaffen, Kollegen zur Teilnahme an den Expeditionen zu überreden, die Grabungen zu organisieren und seinen Lehrverpflichtungen in Cleveland nachzukommen. An eine gründliche Analyse seiner Funde war gar nicht zu denken.

Erst im Sommer 1977 hat er dafür endlich Zeit. Er gewinnt Tim White, einen jungen amerikanischen Kollegen, für die wissenschaftliche Untersuchung der Fossilien. Wochenlang vermessen sie die versteinerten Knochen bis ins kleinste Detail. Denn jeder Höcker etwa eines einzelnen Zahnes kann etwas über die Ernährungs- und Lebensweise seines Trägers aussagen.

Die Forscher vergleichen dann die Merkmale ihrer Fossilien mit denen anderer Vormenschenfunde, mit denen von Schimpansen sowie mit denen des heutigen Menschen. Und gewinnen so allmählich ein Bild davon, was für ein Wesen das Team um Johanson da eigentlich entdeckt hat.

Lucy und ihre Verwandten gingen aufrecht, das zeigen Beckenknochen und Kniegelenke. Die Arme waren im Vergleich zu den Beinen länger als beim Menschen – erinnern also an die Abstammung von einem baumbewohnenden Affen. Das Gehirn war noch klein, kaum größer als das eines Schimpansen. Die Ausformung des Gebissbogens, die Gestalt der Backenzähne und die Größe der Eckzähne lagen zwischen den Merkmalen eines Schimpansen und eines heutigen Menschen.

All das spricht für ein Wesen zwischen Affe und *Homo sapiens*.

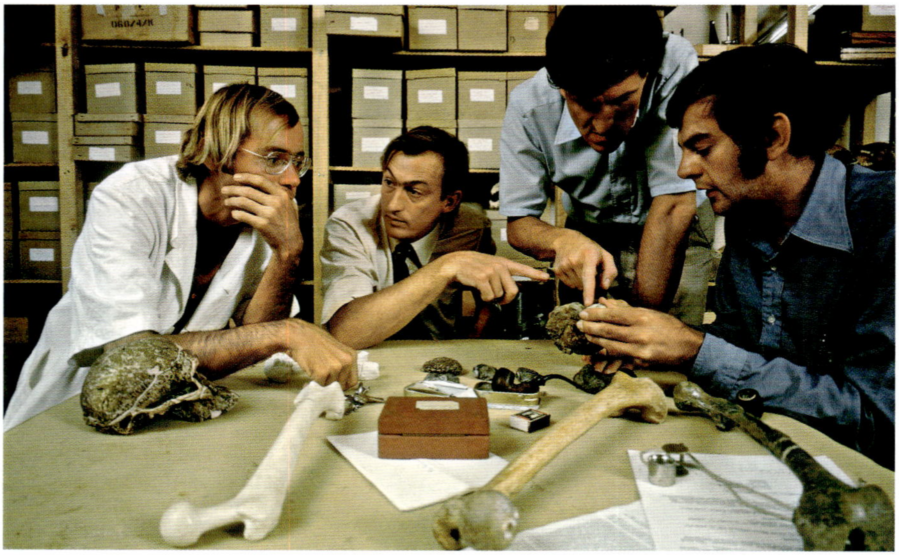

1976 präsentiert Johanson (r.) in Nairobi seinen Kollegen Tim White, Richard Leakey und Bernard Wood (v. l.) die von seinem Team gefundenen Australopithecus-Fossilien

Doch nicht nur der Homo erwuchs nach Meinung der Paläoanthropologen aus Lucys Art, sondern es zweigte eine zweite Linie ab, die letztlich zu dem von den Leakeys gefundenen Nussknackermenschen Zinjanthropus führte (heute *Paranthropus boisei* genannt).

Er lebte vor rund 2,1 bis 1,1 Millionen Jahren als reiner Pflanzenfresser neben den ersten Menschen, die sich auch von Aas ernährten.

Lucys Art hatte sich also – so glauben Johanson und White – in zwei Arten aufgespalten, die unterschiedliche ökologische Nischen besetzten: Die Nachfahren der einen entwickelten ein vergrößertes Gehirn und die Fähigkeit, Werkzeuge herzustellen; sie wurden zu Menschen, zum Homo.

Die Nachfahren der anderen blieben primitiver, behielten ihre kleinen Gehirne und prägten stattdessen gewaltige Kauapparate aus – sie wurden zu den

Nussknackermenschen. Lucy war die Urmutter beider Kreaturen gewesen.

Die beiden Forscher geben der Art, zu der Lucy gehört, den Namen *Australopithecus afarensis* (lat. *australis* = südlich; griech. *pithecus* = Affe; *afarensis* = Afar-Region).

Johansons wichtigste Erkenntnis: Der aufrechte Gang war der erste Schritt zum Menschen, er geschah vor mehr als drei, vielleicht vier Millionen Jahren. Das Wesen *Australopithecus afarensis* war so primitiv, dass man es fast einen aufrecht gehenden Affen nennen kann.

Das große Gehirn aber sowie die Fähigkeit, abstrakt zu denken, und der Gebrauch von Werkzeugen – jene Merkmale, die aus einem solchen Vormenschen erst einen Homo machen – kamen erst später hinzu (vor 2,5 Millionen Jahren, wie Forscher heute wissen).

Johansons grosse Zeit als Ausgräber ist jedoch vorbei. Er macht noch mehrere Entdeckungen in Afrika, konzentriert sich dann aber auf seine Arbeit als Leiter des Institute of Human Origins, einer von Johanson 1981 gegründeten Forschungseinrichtung.

Und ab 1994 muss er erleben, wie Lucy als Missing Link zwischen Affen und Homo von noch älteren, primitiveren Vormenschen abgelöst wird und Forscher herausfinden, dass der aufrechte Gang bereits vor sieben Millionen Jahren erfunden wurde, lange vor Lucy (siehe Kasten rechts).

Der 24. November 1974 bleibt der Höhepunkt seiner Karriere. In einem Interview erzählt er später, dass ihm Lucy inzwischen wie eine gute Bekannte vorkomme: „Wenn ich jemals in der Zeit zurückreisen könnte und nur einen Ort zur Auswahl hätte, dann wäre die Wahl eindeutig: Ich würde gern von einem Hügel auf jenen Ort herabblicken, an dem Lucy und die Ihren lebten – in jener Zeit, als sie in den See fiel und starb. Ich würde gern wissen, wie sie ausgesehen hat. Aber ich würde ihr besser nicht zu nahe kommen.“ □

Dr. Henning Engeln, 55, ist GEOkompakt-Redakteur.

Literaturtipps: Donald Johanson & Maitland Edey „Lucy – Die Anfänge der Menschheit“, Piper: ausführlicher, authentischer Bericht der Entdeckung. Donald Johanson & Blake Edgar, „Lucy und ihre Kinder“, Spektrum: sehr gut bebilderter Abriss der gesamten Menschheitsevolution.

Vormenschen

Lucys **Vorgänger**

Die ältesten Hominiden lebten schon vor sieben Millionen Jahren

Rund 20 Jahre lang blieb Lucy (*Australopithecus afarensis*) das älteste bekannte Missing Link zwischen Mensch und Affe. Doch Donald Johanson war schon 1974 klar gewesen: Es musste weitere Vormenschen gegeben haben, die noch früher lebten und noch primitiver waren. Und tatsächlich wurden nicht nur Zeitgenossen von Lucy entdeckt, sondern auch immer ältere Urahnen der Menschheit:

***Ardipithecus ramidus* existierte eine Million Jahre vor Lucy und war wohl ihr Ahn**

- Ein Lucy recht ähnliches Geschöpf hatte ebenfalls vor etwa 3,3 Millionen Jahren gut 2500 Kilometer weiter westlich im Gebiet des heutigen Tschad gelebt. Doch *Australopithecus bahrelghazali* gehörte eindeutig, das zeigte der Unterkiefer, zu einer anderen Art als Lucy (siehe Seite 118).
- Ebenfalls vor rund 3,3 Millionen Jahren existierte *Kenyanthropus platyops*, dessen Schädelknochen in Kenia entdeckt wurde. Er hatte ein flacheres Gesicht und kleinere Backenzähne als Lucy – Hinweis auf eine etwas andere Ernährungsweise.

Offenbar hatte es in Lucys Epoche also mehrere Vormenschenarten gegeben, die alle aufrecht gingen, sich jedoch an unterschiedliche Nahrungsquellen und an spezielle Lebensräume wie Savanne, Waldrand oder Feuchtbiotope angepasst hatten. Unklar jedoch ist, ob alle von einem gemeinsamen Urahn abstammen.

Doch die Forscher haben auch wesentlich ältere Vormenschen aufgespürt:

- Vor 3,9 bis 4,2 Millionen Jahren lebte in der Savanne am Turkanasee im heutigen Kenia *Australopithecus anamensis* – wohl ein direkter Vorfahr von Lucy.
- Vor 4,4 Millionen Jahren existierte in Äthiopien, nur 75 Kilometer von Lucy entfernt, *Ardipithecus ramidus*. Dieser Vormensch, der mehr einem Affen als einem Menschen ähnelte, lebte noch überwiegend in Waldgebieten und konnte hervorragend klettern. Dabei half ihm der wie ein Daumen abspreizbare große Zeh. Wie die Bein- und Beckenknochen zeigen, konnte Ardipithecus auch schon kurze Strecken aufrecht laufen.
- Vor etwa 5,5 Millionen Jahren streifte *Ardipithecus kadabba* durch Äthiopien, vermutlich der Vorfahr von *Ardipithecus ramidus*.
- Vor sechs Millionen Jahren lebte *Orrorin tugenensis* im Gebiet des heutigen Kenia. Ein dort gefundener Oberschenkelknochen belegt, dass bereits dieser Vormensch aufrecht gegangen sein muss.
- Und schließlich wurde ein noch früherer menschlicher Ahn im Norden des Tschad entdeckt. *Sahelanthropus tchadensis* bevölkerte vor sieben Millionen Jahren eine savannenähnliche Landschaft in der Nähe eines Sees. Die Analyse seines fossilen Schädels ergab: Die Hinterhauptsöffnung, durch die die Nerven vom Gehirn ins Rückenmark verlaufen, liegt nicht so weit hinten am Schädel wie beim Schimpansen (der sich überwiegend vierfüßig bewegt und dabei Kopf und Rücken in einer waagerechten Linie hält). Stattdessen ist sie ein Stück in Richtung Schädelbasis verlagert (beim *Homo sapiens* liegt sie ganz dort unten in der Schädelmitte – eine Anpassung an die aufrechte Haltung, damit der Schädel waagerecht auf der senkrechten Wirbelsäule ruhen kann). Die Lage des Hinterhauptsloches weist also darauf hin, dass Sahelanthropus aufrecht ging – und daher das bislang älteste Mitglied der menschlichen Familie ist.

Nur kurz zuvor, so ergaben genetische Analysen, muss der letzte gemeinsame Vorfahr von Schimpanse und Mensch gelebt haben: ein Wesen, das noch nicht in der Lage war, aufrecht zu gehen. Damit ist mehr oder minder belegt, dass sich der aufrechte Gang – der entscheidende Unterschied zwischen Affe und Mensch – etwa zu jener Zeit vor etwas mehr als sieben Millionen Jahren entwickelt haben muss.

Henning Engeln

Kaum ein Erreger ist so gefährlich wie das tödliche, in Schwarzafrika verbreitete Marburg-Virus, das Betroffene oft innerhalb weniger Tage umbringt. Doch nach jedem Ausbruch verschwindet seine Spur. Drei Jahrzehnte lang versucht der südafrikanische Forscher

VIRE

Bob Swanepoel, das Wirtstier des Virus zu finden. Dann glaubt er sich am Ziel: Im August 2007 wagt er sich im westlichen Uganda in eine Höhle voller Fledertiere. Und riskiert dabei sein Leben

Text: Martin Paetsch

Lange bevor Bob Swanepoel das dunkle Loch im Dschungel sieht, kann er es schon riechen. Bereits am Fuß des Hanges, wo der Forscher seinen Geländewagen abgestellt hat, ist der Gestank von Ammoniak wahrzunehmen, zusammen mit einem schrillen Geschnatter in der Ferne.

Der Geruch umgibt Swanepoel und ein paar seiner Kollegen, während sie ihre blauen Schutzanzüge überstreifen, die Gummistiefel, ein Paar Handschuhe aus Latex und darüber feste aus Leder. Sie hören das ferne Tierstimmengewirr, während sie den transparenten Gesichtsschild anlegen, die Kopflampe und schließlich die Atemmaske mit den Spezialfiltern.

Jetzt, nachdem Swanepoel den Hang emporgeklettert ist, steht der grauhaarige Südafrikaner endlich vor der Quelle des Gestanks: einem schwarzen Loch von etwa zehn Meter Breite und drei Meter Höhe, halb verborgen im Dämmerlicht des ugandi-

N

In der Öffnung dieser Höhle in Uganda haben Forscher – darunter Bob Swanepoel – Netze und Auffangkörbe aufgestellt, um Fledertiere abzufangen. Sie wollen herausfinden, ob sie die für Menschen oft tödlichen Marburg-Viren in sich tragen

schen Regenwaldes. Ein heißer Luftzug weht aus der Öffnung und lässt die an ihrem Rand wachsenden Pflanzen erzittern. Das Dunkel dahinter ist in ständiger Bewegung: Tausende Fledermäuse und Flughunde flattern auf. Der Boden ist mit den Fäkalien der Tiere bedeckt.

Vor der Gold- und Bleimine von Kitaka im westlichen Uganda versammeln sich an diesem Tag im August 2007 einige der führenden Virenjäger der Welt. Pierre Formenty ist aus Genf gekommen, ein Experte der Weltgesundheitsorganisation. Auch die US-Gesundheitsbehörde CDC hat ein Einsatzteam entsandt, darunter den Ökologen Brian Amman und den Mikrobiologen Jonathan Towner.

Bob Swanepoel, 71, könnte längst im Ruhestand sein. Der Veteran unter den Virenforschern gehört zum Nationalen Institut für Infektionskrankheiten in Südafrika. Fast ein Vierteljahrhundert hat er dort die Abteilung für hochgefährliche Erreger geleitet, und noch immer ist er bei fast jedem Ausbruch tropischer Fieber dabei.

Riskante Situationen hat Swanepoel noch nie gescheut. Vor seinem Studium schuftete der Südafrikaner unter Tage, in einer Mine 600 Meter unter dem Meeresspiegel. Als Forscher reiste er von Epidemie zu Epidemie, immer an jene Orte, von denen andere in Panik flohen.

Dabei hatte er hautnah mit Krankheiten zu tun, deren bloße Beschreibung bei vielen Menschen Übelkeit verursacht. Hat mikroskopisch kleine Keime erforscht, die ihre Opfer auf grauenhafte Weise umbrachten. Jetzt ist Swanepoel nach Uganda gereist, weil er in der dunklen Höhle einen der tödlichsten Erreger der Welt vermutet: das Marburg-Virus.

Denn immer wieder ist es in dieser Gegend zu rätselhaften Todesfällen gekommen. Die Bewohner der umliegenden Dörfer erzählen von Bergleuten, die Blut erbrachen und dann starben, ehe die Grube vorübergehend geschlossen wurde. Vor Kurzem hat die Mine ihren Betrieb wieder aufgenommen – und erneut sind Arbeiter erkrankt. Als in einer Blutprobe Marburg-Viren gefunden wurden, sind Swanepoel und Formenty so schnell wie möglich nach Uganda aufgebrochen.

Der Südafrikaner folgt der Spur des Erregers bereits seit einem halben Menschenleben. Doch wo immer das Virus in den vergangenen Jahrzehnten auch auftauchte: Nie hat Swanepoel mit Sicherheit bestimmen können, woher es gekommen war. Immer wieder hatte es sich in ein unbekanntes Versteck zurückgezogen.

Diesmal aber, so glaubt der Forscher fest, ist er rechtzeitig an den richtigen Ort gereist. In dieser Höhle wird er den Erreger finden. Er schaltet seine Kopflampe ein und betritt die Höhle.

Innen schlägt ihm schwüle Hitze entgegen. Das schwarze Gestein glänzt feucht. Fledermäuse schrecken auf, fliehen mit spitzen Schreien in die Tiefe der Mine. Swanepoel weiß: Das Virus, das er sucht, kann außerhalb eines Tieres nicht lange überdauern, weil es sonst schnell von Hitze, Strahlung und Säuren zerstört wird. Es muss sich in einem der Höhlenbewohner verborgen halten.

Mindestens zwei Arten von Fledertieren leben in der Mine: eine kleinere Spezies, die sich von Insekten ernährt, sowie die größeren Nilflughunde. Diese Tiere mit den hundeähnlichen Schnauzen, von denen sich wohl mehr als 100 000 in den Schächten drängen, sind in weiten Teilen Afrikas verbreitet und schwärmen nachts aus, um in den Bäumen Früchte zu fressen.

Auch Nagetiere, Insekten, Zecken und eine meterlange Kobra bewohnen die Höhlengänge. Fast alle könnten das Virus in sich tragen. Unter den Fledermäusen zirkulieren wahrscheinlich bereits die Tollwut und andere Krankheiten. Ratten und Mäuse sind bekannt als Überträger einiger der bedrohlichsten Viren überhaupt, darunter das Lassa-Virus, das wie der Marburg-Erreger zur höchsten Gefahrenstufe gerechnet wird: hochansteckend, oft tödlich, Impfstoff bisher unbekannt.

Die Bergleute haben davon berichtet, dass sie bei der Arbeit immer wieder von Zecken gebissen worden sind und dass einige der Männer danach Fieber bekamen. Die Parasiten sind Sammelbecken für Krankheitskeime. Einige Forscher machen sich deshalb jetzt in der Höhle daran, die Risse in den Minenwänden nach Zecken abzusuchen. Mit Pinzetten greifen sie die winzigen Tiere und sammeln sie in Plastikröhrchen.

Bob Swanepoel dringt jedoch weiter in die Tiefe vor: Er will den Platz in der Mine sehen, an dem einer der an Marburg-Fieber erkrankten Bergmänner gearbeitet hat. Von einem Arbeiter, der wie er in einem Schutzanzug steckt, lässt er sich den Weg zeigen. Im Schein seiner Kopflampe tastet sich der Südafrikaner tiefer in die Mine vor. Immer wieder stolpert er über den Schotter auf dem Grund, kommt nur langsam voran. Nischen und Nebengänge öffnen sich, in denen, von der Lampe angestrahlt, Hunderte von Augenpaaren aufleuchten – Kolonien von Fledermäusen und Flughunden.

Nach gut 100 Metern erreicht Swanepoel einen schmalen Querspalt, an dem die Höhlendecke fast den Boden berührt. Auf dem Bauch liegend, zwängt er sich hindurch, dann ist er dort angelangt, wo der infizierte Minenarbeiter geschuftet hat: in einem engen Tunnel.

Der Boden ist übersät mit halb verwesten Kadavern. Haben die Minenarbeiter versucht, die Flughunde auszurotten? Doch auch hier hängen die Tiere dicht gedrängt von der Decke; der Schutt ist gesprenkelt von Fäkalien.

Am Ende des Ganges hatte der Bergmann das glitzernde Erz aus den Wänden geschlagen. Sechs, manchmal acht Stunden am Tag. Vermutlich trug er nur kurze Hosen und Sandalen. Hier ist das Virus wahrscheinlich in seinen Körper gelangt und hat ihn später fast umgebracht. Sich erbrechend, von Fieber und für die Ärzte unerklärlichen Anfällen heimgesucht, war der Bergmann von einem Krankenhaus zum nächsten gebracht worden. Dass er überlebte, erscheint fast wie ein Wunder.

Denn sein Bruder, der ihm während seiner Krankheit beigestanden hatte und ebenfalls in der Mine arbeitete, lag Tage danach selbst in der Klinik, geistig verwirrt und aus den Eingeweiden blutend, während der Erreger aus der Kitaka-Mine unaufhaltsam seinen Körper zerstörte. Neun Tage nach dem Auftreten der ersten Symptome war der Mann tot.

All dies hat seinen Anfang in diesem finsteren Schacht voller toter und lebender Flughunde genommen, vermutet Swanepoel. Aber wie?

Hat ein aufgeschrecktes Tier den Bergmann gebissen? Hat er versehentlich in Kot gefasst, sich später unwillkürlich mit den Fingern über Mund oder Augen gerieben? Oder hat sich ein Parasit in sein Bein gebohrt?

VIELE TIERE – ETWA RATTEN, MÄUSE UND FLUGHUNDE – KÖNNEN KRANKHEITSKEIME ÜBERTRAGEN

Nilflughunde, die sich von Früchten ernähren, sowie insektenfressende Fledermäuse bevölkern die Höhle von Kitaka. Arbeiter, die hier Blei und Gold abbauen, leiden immer wieder unter rätselhaftem Blutfieber

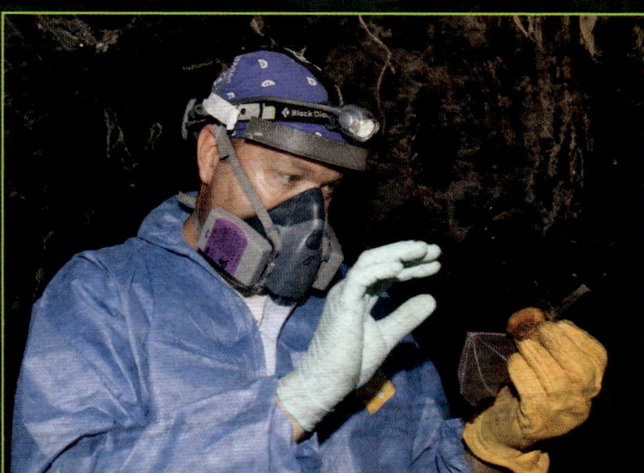

Ein Kollege von Bob Swanepoel untersucht eine Fledermaus - an manchen Stellen ist der Boden der Höhle übersät mit Kadavern. Zum Schutz vor den extrem gefährlichen Erregern trägt der Forscher Handschuhe und Atemmaske

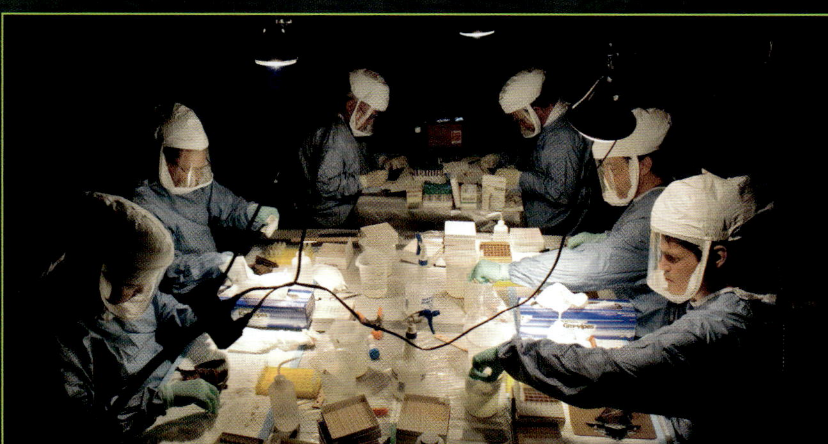

In einem eigens errichteten Krankenhauslabor in Uganda entnehmen die Forscher - geschützt durch Sicherheitskleidung - den gefangenen Fledertieren Blut und Organproben, um mögliche Marburg-Viren nachzuweisen

Bob Swanepoel weiß genau: Nicht einmal seine Montur bietet hundertprozentigen Schutz. Während ihm unter dem Plastikanzug der Schweiß herunterrinnt, plagt ihn die Vorstellung, eine infizierte Zecke könnte einen Weg unter die Lagen seiner Kleidung finden.

Die feuchtheiße Luft verstopft inzwischen die Atemfilter, Swanepoel bekommt kaum noch Luft. Schließlich kehrt er um, kriecht zurück durch den Spalt.

Der Südafrikaner ist sich sicher, dass er das Versteck des Virus gefunden hat. Jetzt gilt es nur noch darauf zu warten, dass der Erreger mit seinem Träger das dunkle Loch verlässt.

AUF DEN MONAT genau 40 Jahre zuvor ist das Virus erstmals bekannt geworden. Mitten in Europa, in der deutschen Stadt Marburg, brach damals eine seltsame Epidemie aus.

Am 15. August 1967 wurde ein 27-jähriger Mann in die dortige Universitätsklinik aufgenommen. Er hatte plötzlich hohes Fieber und starke Durchfälle bekommen, zudem breiteten sich rote Pusteln über seinen Körper aus.

Die Ärzte verabreichten ihm verschiedene Antibiotika, versuchten den Flüssigkeitsverlust durch Infusionen auszugleichen. Trotz aller Bemühungen verschlechterte sich der Zustand des Patienten rapide.

Nach sieben Tagen wurde der Mann unruhig, redete wirr, verlor schließlich das Bewusstsein. Sein Gesicht lief blaurot an, er blutete aus der Nase sowie aus den Einstichstellen der Spritzen und Infusionsnadeln. Als er kurz darauf starb, litten bereits weitere Patienten an der rätselhaften Krankheit.

Innerhalb weniger Wochen wurden in Marburg und Frankfurt am Main insgesamt 28 Patienten in die Kliniken eingeliefert. Bei allen war es zu anfangs hohem Fieber gekommen, zu Kopfschmerzen und Hautausschlägen. Sechs weitere Menschen starben in diesen Wochen auf den Isolierstationen, teils nach schweren Blutungen aus Mund, Blase und Darm. Andere überlebten stark geschwächt.

Alle Todesopfer hatten eines gemein: Sie hatten als Tierpfleger, Veterinäre oder Laboranten bei den Behringwerken in Marburg gearbeitet, einem Pharmaunternehmen, sowie für das Frankfurter Paul-Ehrlich-Institut, eine Behörde des Gesundheitsministeriums.

An beiden Orten wurden Grüne Meerkatzen getötet, um aus den Zellkulturen dieser afrikanischen Affen Impfstoffe gegen Masern und Polio zu entwickeln. Der Patient Nummer eins hatte den Tieren den Schädel geöffnet und die Hirne entfernt. Auch die anderen Verstorbenen waren mit Blut oder Gewebe der Affen in Berührung gekommen.

Schnell erkannten die Ärzte: Sie hatten es mit einer noch nie beschriebenen Krankheit zu tun, die offenbar von den Meerkatzen übertragen worden war und die trotz bestmöglicher medizinischer Versorgung eine ungeahnte Zerstörungskraft im menschlichen Körper entfaltete.

In den Laboren begann die hektische Suche nach dem Erreger. Drei Monate später, nach vielen Fehlschlägen, hielten Forscher am Hamburger Bernhard-Nocht-Institut für Tropenmedizin eine elektronenmikroskopische Aufnahme in den Händen. Darauf war etwas ihnen völlig Unbekanntes zu sehen: winzige Fäden, ein Tausendstelmillimeter lang, die keinem damals bekannten Virus ähnelten. Die Fäden waren zu Formen verbogen, die an Hufeisen erinnerten oder an Spazierstöcke.

Bei den bizarren Gebilden handelte es sich um eine neue Virenspezies.

Aber wie waren diese sonderbaren Erreger nach Deutschland gekommen? Die Meerkatzen entstammten einer Lieferung aus 100 in Uganda gefangenen Tieren. Doch eines machte die Wissenschaftler stutzig: Auch die Meerkatzen starben an dem Virus. Offenbar hatten sich die Affen die Krankheit von einer anderen, gegen den Erreger unempfindlichen Tierart zugezogen.

In Marburg und Frankfurt war die Epidemie inzwischen abgeklungen. Sie hatte mit dem Töten von Affen begonnen, einer ebenso blutigen wie nicht alltäglichen Tätigkeit. Der Ausbruch schien daher eine grausige Ausnahme zu sein, verursacht durch außergewöhnliche Umstände. Und tatsächlich wurden ähnliche Erkrankungen jahrelang nicht mehr gemeldet.

Doch 1976 brach eine mysteriöse Seuche in Afrika aus, fast gleichzeitig

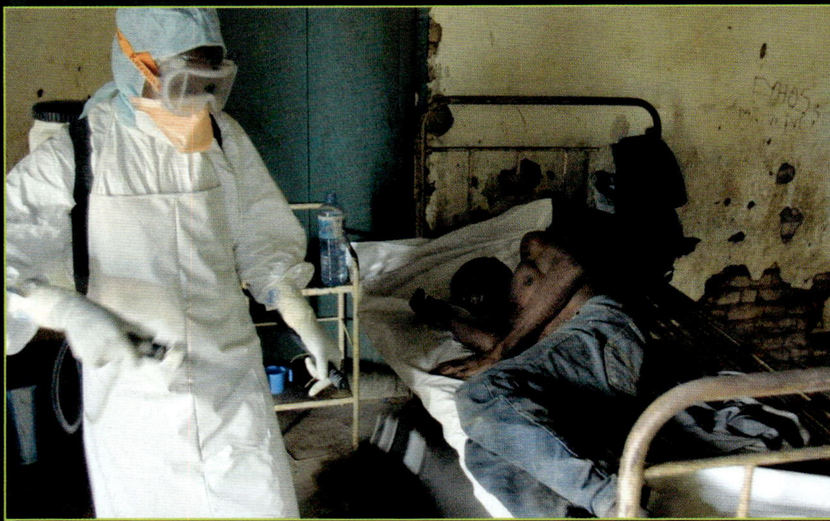

Immer wieder gibt es in Afrika auch Ausbrüche des mit dem Marburg-Virus verwandten Ebola-Erregers. 2003 fordert er in der Republik Kongo mehr als 120 Opfer – hier ein Betroffener, dessen Krankenhausbett desinfiziert wird

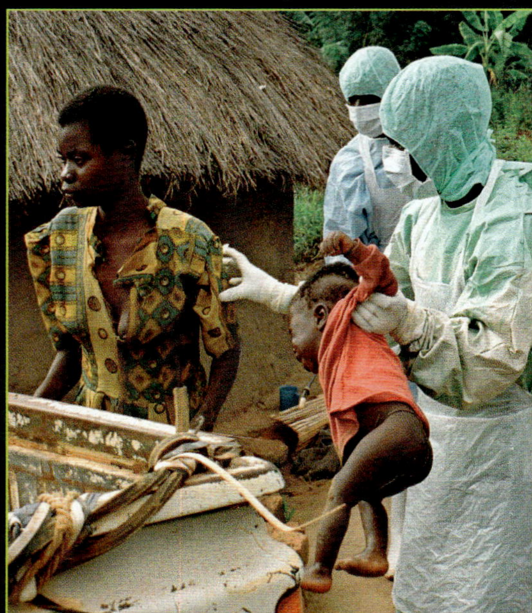

Uganda am 1. Dezember 2000. Eine Mutter und ihr Kind zeigen Symptome einer Ebola-Infektion. Sie werden von Helfern in Schutzkleidung mit einem Pick-up ins Hospital gebracht. Ihre Überlebenschancen liegen bei nicht einmal 50 Prozent

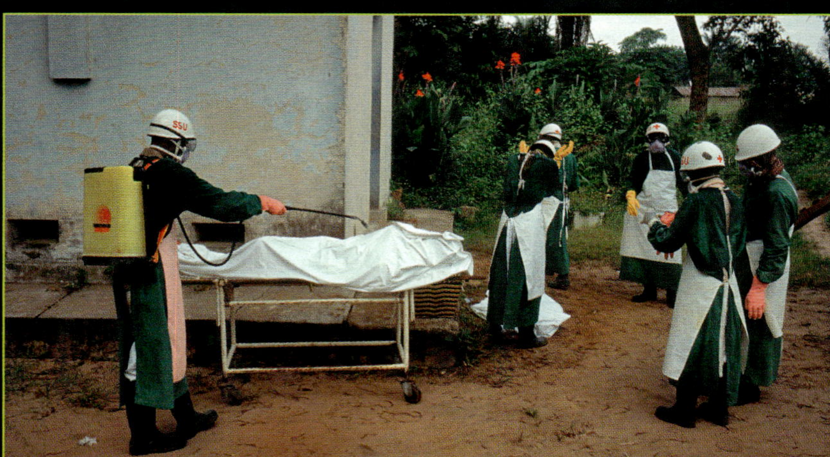

In Zaire – der heutigen Demokratischen Republik Kongo – bricht 1995 eine Ebola-Epidemie aus. Mehr als drei Viertel der 315 Erkrankten sterben. Wegen des hohen Infektionsrisikos müssen die Leichen penibel desinfiziert werden

im Sudan und in Zaire, der heutigen Demokratischen Republik Kongo. Die Symptome ähnelten jenen von Marburg: hohes Fieber, Kopfschmerzen, später oft schwarzer Stuhl und Erbrechen von Blut.

Doch diese Epidemie war noch verheerender. Neun Jahre zuvor hatten in Deutschland immerhin drei von vier Patienten die Infektion überstanden. Von den 318 Menschen, die nun in Zaire erkrankten, überlebten gerade einmal 38.

Zunächst hatten Experten das Marburg-Virus im Verdacht. Unter dem Elektronenmikroskop zeigten sich zwar tatsächlich fadenförmige Partikel, aber sie reagierten in Laborversuchen deutlich anders.

Der Erreger von Marburg hatte also offenbar einen Furcht einflößenden Verwandten, den die Forscher nach einem Fluss in der Nähe des Ausbruchsherdes tauften: Ebola.

DIE ENTDECKUNG der beiden Filoviren (von lat. *filum* = Faden) traf die Wissenschaft wie ein Schock. Sie verursachten blutige Ausbrüche zu einem Zeitpunkt, da sich die moderne Medizin schon fast als Sieger in der Seuchenbekämpfung wähnte. Hatten Antibiotika nicht alten Menschheitsplagen wie Typhus, Syphilis oder Tuberkulose ihren Schrecken genommen? Hatten Impfkampagnen nicht sogar die Pocken fast ausgerottet?

Gegen die fadenförmigen Viren hingegen gab es kein Heilmittel. Sie waren hochansteckend und töteten bis zu 90 Prozent der Infizierten.

Dabei waren die Erreger, denen die Ärzte so hilflos gegenüberstanden, keine raffinierten Organismen. Ähnlich wie andere Viren sind Ebola- und Marburg-Partikel denkbar einfach aufgebaut: Sie bestehen aus einem einzelnen Strang Erbmaterial, umgeben von einer Schutzhülle (siehe Seite 131). Sie atmen nicht, bewegen sich nicht fort. Sie sind streng genommen nicht einmal richtige Lebewesen. Denn sie benötigen keine Nahrung, teilen sich nicht, haben keinen Stoffwechsel. Erst in Zellen eines fremden Körpers erwachen sie, indem sie ihr Programm abspulen; sie sind wie ein Bauplan, der nur durch das Zutun von Handwerkern umgesetzt wird.

Dieser Bauplan hat einen einzigen Zweck: Aus ihm sollen immer neue Baupläne entstehen. Deshalb funktioniert er den befallenen Organismus zu einer Maschinerie um, die allein seiner Vervielfältigung dient. So vermehren sich die Viren mit ungeheurer Effizienz, sobald sie in die Zellen eines Menschen eindringen. In Nieren, Leber, dem Blut oder der Haut stellen sie immer neue Erreger her. Sie zerstören die inneren Organe, es kommt zu inneren und äußeren Blutungen. Und während etwa ein Tropfen Blut drei Tage nach der Infektion noch weniger als 200 Virenpartikel enthält, sind es am achten Tag bereits fünf Millionen.

Im Endstadium, wenn das Opfer im Sterben liegt, scheinen sich die Viren einen Weg ins Freie bahnen zu wollen – nicht nur das Blut ist voll von ihnen. Sie stecken nun auch in Stuhl und Urin, im Erbrochenen, in Speichel und Tränen, sogar im Schweiß, der den fiebernden Körper überzieht. Zur Ansteckung genügt es mitunter, von einem Tropfen, den der Kranke beim Husten ausstößt, ins Auge getroffen zu werden. Oder ein Todesopfer bei der Leichenwäsche oder beim Begräbnis anzufassen.

Dabei sind Menschen – genau wie Affen – für das Virus nichts weiter als eine Zwischenstation: Viel zu schnell folgen sie der Bauanleitung, viel zu schnell sterben sie an der Krankheit.

Die Erreger, so folgerten die Forscher, müssen also einen Wirtsorganismus haben, der nicht an ihnen erkrankt.

In diesem Organismus vermehren sie sich, ohne ihren Wirt zu töten, werden so von Generation zu Generation weitergegeben und können sich genetisch weiterentwickeln. An solch einem Zufluchtsort haben sie wohl jahrzehnte-, vielleicht jahrhundertelang überlebt.

Irgendwann im Verlauf der Evolution müssen sie sich verändert haben, sodass sich die beiden Varianten gebildet haben: Ebola und Marburg.

IN WELCHEM TIER sich die Erreger nach den Ausbrüchen verborgen hielten, blieb jedoch ein Rätsel. Gemeinsam mit anderen Forschern rekonstruierte Bob Swanepoel schon 1975 die Route eines australischen Rucksacktouristen, der nach einer Wandertour durch Simbabwe an dem Marburg-Fieber gestorben war – doch nirgendwo entlang seiner Fährte entdeckten sie das Virus.

Fünf Jahre später suchte Swanepoel den Erreger in Proben von Nagetieren und Insekten aus Kenia: Dort war das Virus aufgetreten und hatte einen Franzosen getötet. Wieder war die Detektivarbeit vergebens.

Auch Swanepoels Kollegen hatten keinen Erfolg. Selbst das US-Militär beteiligte sich schließlich an der Virenfahndung und organisierte 1988 eine Expedition zur Kitum-Höhle in Kenia.

In dem bei Touristen beliebten Felsschlund war jener Franzose herumgeklettert, dessen Fall Swanepoel beschäftigt hatte. Und: Auf der Suche nach Bergkristallen war 1987 ein 15-jähriger Junge aus Dänemark ebenfalls in das dunkle Loch gestiegen. Wie der Franzose starb auch er einige Tage später, blutend und vom Fieber geschüttelt, an der Marburg-Krankheit.

Nun also drangen die in Schutzanzüge gehüllten Forscher in die Höhle vor, lockten blutsaugende Insekten mit Lichtfallen an, köderten Nagetiere mit Erdnussbutter, stellten Vögeln und Fledermäusen mit Netzen nach. Mitten im Dschungel bauten sie in mehreren Zelten ein provisorisches Hochsicherheitslabor auf, das nur durch eine Schleuse betreten werden konnte.

DIE VIREN VERMEHREN SICH **IN DEN ZELLEN** EINES MENSCHEN MIT UNGEHEURER EFFIZIENZ

In dem Labor sezierten die Forscher Hunderte von Tieren. Doch keine Spur des Marburg-Virus. Auch Affen und Meerschweinchen, die in Käfigen in der Höhle ausgesetzt wurden, zeigten keinerlei Anzeichen einer Erkrankung. Der Versuch, den Erreger in seiner natürlichen Umgebung aufzuspüren, war gescheitert.

Noch immer wusste niemand, woher das Marburg-Virus kam, weshalb es so plötzlich über die Menschen hereinbrach und wohin es sich danach wieder zurückzog. Auch vom Ebola-Virus fehlte in Afrika lange jede Spur.

Bis es Mitte der 1990er Jahre plötzlich wieder auftauchte.

Aus dem Kongo drangen im Mai 1995 beunruhigende Nachrichten von einem Fieber, das mit starken Blutungen verbunden war und das kaum ein Kranker überlebte: Ebola. Die Seuchenexperten waren alarmiert. Denn diesmal lag der Ausbruchsherd nicht tief in der Provinz, sondern mitten in Kikwit, einer Stadt mit 400 000 Einwohnern.

Von dort aus konnte das tödliche Fieber jederzeit auf andere Landesteile, ja sogar aufs Ausland übergreifen – ein Flüchtling aus Kikwit, der die Krankheit in sich trug, musste sich nur in die 400 Kilometer entfernte Landeshauptstadt Kinshasa durchschlagen und dort einen der regelmäßigen Flüge nach Brüssel, Paris oder Rom nehmen.

Und der Ausbruch von Kikwit war dramatisch: Tag für Tag fuhr ein orangefarbener Lastwagen durch die Straßen, der Fieberkranke oder in Plastiksäcke gehüllte Leichen abholte. Vermummte Rote-Kreuz-Helfer verscharrten die hochinfektiösen Ebola-Toten in Massengräbern am Rande der Stadt.

In einem heruntergekommenen Krankenhaus richtete Swanepoel sein Labor ein. Trotz 38 Grad Hitze zwängte er sich in einen Schutzanzug mit Plastikvisier und Atemgerät, der ihn aussehen ließ wie einen Raumfahrer.

In dieser Rüstung beugte er sich täglich über neue Blutproben, um sie auf Ebola zu testen. Gemeinsam mit den anderen Forschern suchte er nach einem Hinweis darauf, wie die Epidemie begonnen hatte. Dazu mussten sie den „Indexpatienten" finden: den allerersten Kranken, bei dem der Ausbruch seinen Ursprung genommen hatte.

Bald wurde klar, dass der Anfang der Seuche schon mehr als vier Monate zurücklag. Ein Einwohner von Kikwit hatte den Wissenschaftlern erzählt, dass sein Bruder der Krankheit bereits Mitte Januar erlegen war, früher als alle anderen Opfer. Der Indexpatient hatte damit einen Namen: Es war Gaspard Menga, ein 43-jähriger Vater von fünf Kindern. Eines Tages hatte er plötzlich Fieber und schwarzen Durchfall bekommen, hatte schließlich Blut erbrochen.

Am Ende hatte das Virus mehr als die Hälfte aller Familienmitglieder ausgelöscht. Viele waren im baufälligen Krankenhaus von Kikwit gestorben, wo es selbst an Seife und sauberem Wasser mangelte und wo der Erreger schnell neue Opfer fand.

Swanepoel und die anderen Forscher erfuhren auch, dass Gaspard Menga, bevor er krank geworden war, mehrere Tage im Wald außerhalb von Kikwit verbracht hatte, um Holz zu schlagen. Ameisen, Mücken und Zecken mussten ihn dabei geplagt haben.

Er hatte sich von dem ernährt, was der hier seltsam stille Dschungel zu bieten hatte. Affen und Vögel, deren Geschrei normalerweise den afrikanischen Regenwald erfüllte, waren hier beinahe ausgerottet, und so stellte er Nagern und anderen kleinen Tieren nach. Vielleicht aß er auch Flughunde. Denn das taten hier auch andere.

Swanepoel beobachtete, wie die Menschen auf Bambusleitern in die Blätterkronen kletterten, um die nachtaktiven Säuger mit Netzen zu fangen. Die größte Art wog bis zu einem halben Kilogramm: Als „bushmeat" verkauften die Jäger diese Hammerkopf-Flughunde auf dem Markt von Kikwit.

Schon bei früheren Recherchen hatte Swanepoel immer wieder vage Hinweise auf die Fledertiere gefunden. Waren die Affen, die 1967 das Marburg-Virus

DAS ERSTE OPFER DER EPIDEMIE HATTE AUF DEM MARKT »BUSHMEAT« GEKAUFT

Unter den Forschern, die kurz darauf in Kikwit eintrafen, war auch Bob Swanepoel. Er kannte Ebola bis dahin nur als klare, rosafarbene Flüssigkeit, mit der er im Labor hantierte. Er hatte damit in dem Wissen gearbeitet, dass der Erreger gleichzeitig irgendwo im Herzen Afrikas existierte, unauffindbar in einer von Millionen Tierarten des tropischen Regenwaldes.

Jahrelang hatte der Südafrikaner deshalb auf einen großen Ausbruch gewartet: Nur so bestand die Chance, den Zufluchtsort des Virus zu finden.

Sein Tod fiel in Kikwit, wo immer wieder schwere Darminfektionen grassierten, nicht weiter auf. Sein Bruder erzählte davon, wie sich die ganze Familie an Gaspard Mengas offenem Sarg versammelt hatte, wie die Verwandten den gewaschenen und liebevoll hergerichteten Toten ein letztes Mal berührt hatten. Und wie dann einer nach dem anderen qualvoll gestorben war: erst ein weiterer Bruder, dann Mengas Frau und ihre zwei jüngsten Söhne. Dann die Schwägerin mit ihren Kindern, die Tante, die Eltern.

nach Deutschland einschleppten, nicht in einer von Flughunden besiedelten Gegend gefangen worden? Hatte der australische Rucksackreisende, der 1975 an dem Fieber starb, nicht in einer Hütte geschlafen, deren Dachstuhl von Fledermäusen bewohnt war?

Gab es also eine Verbindung zwischen den Flugtieren und den fadenförmigen Viren? Mit Hilfe der Einheimischen gelang es dem Wissenschaftler, gut 20 der Geschöpfe mit dem hammerförmigen Schädel einzufangen – nicht genug für eine aussagekräftige Studie.

Ehe er jedoch die Jagd fortsetzen konnte, begann Swanepoel zu fiebern. Er verbrachte eine Nacht in der Angst, er habe sich mit Ebola infiziert. Weil das Fieber nicht nachließ, flog man ihn schließlich in die Hauptstadt Kinshasa aus. Dort stellte ein Arzt fest, dass sein Blut voller Malaria-Parasiten war.

In Kikwit ging die Fahndung ohne ihn weiter. Am Ende hatten seine Kollegen fast 35000 Insekten und Spinnentiere gesammelt – ohne in ihnen das Virus isolieren zu können. Auch die Analyse der Proben, die Swanepoel den Flughunden entnommen hatte, verlief enttäuschend.

Doch die Suche nach dem Wirtsorganismus ließ den Südafrikaner nicht mehr los: Im Labor impfte er verschiedenen Spezies das Ebola-Virus ein. In manchen Fledertieren begann es sich zu vermehren, offenbar ohne dass diese krank wurden. Der Versuch bestärkte Swanepoel in seinem Verdacht. Aber um ganz sicher zu sein, musste der Forscher die Tiere direkt am Ausbruchsort untersuchen.

Ein Plakat zeigt, wie sich Menschen vor Viren schützen können: kein Kontakt mit Körperflüssigkeiten, nicht die Toten waschen, Spritzen sterilisieren, Kleidung auskochen

Und diesmal brauchte er nicht lange zu warten. 1999 erfuhr er von einer Epidemie im Kongo: Dort war es zum bislang größten und tödlichsten Ausbruch des Marburg-Fiebers gekommen. 128 Menschen starben, nicht einmal 30 überlebten die Krankheit.

Viele der Opfer waren Bergarbeiter; sie hatten in einer unterirdischen Mine nach Gold geschürft, inmitten großer Flughundkolonien. Als Swanepoel und seine Kollegen einige in der Mine gefangene Tiere sezierten, stießen sie in deren Blut auf Reste von Marburg-Erregern.

Vollständige, aktive Viren, wie sie im Wirtsorganismus auftreten sollten, konnten sie jedoch nicht nachweisen. Vielleicht hatten sie nicht genügend Flughunde untersucht.

Oder die Träger der Erreger waren längst weitergezogen.

IN KITAKA, rund 350 Kilometer vom damaligen Ausbruchsort entfernt, will Swanepoel dies nun im August 2007 nachholen.

Gemeinsam mit den anderen Forschern bezieht er nach dem Besuch in der Mine vor deren Eingang Stellung. Er wartet darauf, dass die Höhlenbewohner mit der Dämmerung ihre Zuflucht verlassen – und mit ihnen das Marburg-Virus.

Direkt vor der Höhle bauen die Männer ihre Falle auf: einen Metallrahmen, über den Saiten gespannt sind.

Bald bemerken die Forscher eine zunehmende Unruhe in der Mine. Dann kommen die ersten Tiere herausgeflogen: Es sind kleine Fledermäuse, die nach Insekten jagen. Eine nach der anderen prallt gegen die Saiten der Falle, fällt herab in einen darunter angebrachten Auffangbehälter.

Vorsichtig greifen die Wissenschaftler die Tiere und verstauen sie in Kopfkissenbezügen.

Später kommen auch die großen Nilflughunde aus der Höhle. Weil die Falle zu klein ist, müssen die Forscher nun große Netze einsetzen; und während sie die Tiere aus den Maschen lösen, sind die Wissenschaftler ständig in Gefahr, gebissen zu werden.

Stundenlang stehen Swanepoel und seine Kollegen in ihren Schutzanzügen, während sich immer mehr Stoffbeutel mit den Fledertieren füllen. Erst tief in der Nacht ist die Fangaktion beendet.

Mit ihrer Beute klettern die Wissenschaftler hinab zu den geparkten Wagen. Unten sprühen sie sich gegenseitig Desinfektionsmittel auf die Schutzanzüge, um alle Viren abzutöten, die daraufgelangt sein könnten. Dann machen sie sich auf die mühselige Fahrt durch den nächtlichen Regenwald, zurück zu ihrem Hotel in der knapp 20 Kilometer entfernten Provinzstadt Ibanda.

Den nächsten Vormittag verbringen die Forscher damit, die Tiere zu sezieren. In einem abgetrennten Flügel des Krankenhauses von Ibanda haben sie dazu einen Raum zu einem Sicherheitslabor umgewandelt. Denn sollte eines der Tiere das Marburg-Virus in sich tragen, könnte schon der geringste Kontakt mit dem Blut tödlich sein.

Die Wissenschaftler tragen deshalb neben OP-Schürzen und Handschuhen weiße Schutzhauben, in die ein transparenter Gesichtsschild integriert ist. Ein am Gürtel befestigter, batteriebetriebener Filter leitet über einen Schlauch gereinigte Luft unter die Haube. Der dadurch entstandene Überdruck verhindert, dass Virenpartikel von außen unter die Haube dringen können.

Rund um einen Tisch gruppiert, machen sich die vermummten Forscher an ihr blutiges Werk. Einer von ihnen trägt Lederhandschuhe: Ihm fällt es zu, jeweils ein Höhlenwesen aus den Stoffbeuteln zu greifen und mit einem Narkosemittel zu betäuben.

Der nächste Wissenschaftler in der Reihe entnimmt eine Blutprobe direkt aus dem Herzen des Tieres. Noch muss es leben, damit das Blut so frisch wie möglich ist. Oft übernimmt der erfahrene Swanepoel die heikle Aufgabe. Seine Finger zittern nicht: Er hat schon Tausenden von Fledermäusen und Flughunden ins Herz gestochen.

Danach schläfert ein weiterer Forscher das Tier ein und schneidet kleine Gewebestücke aus dem Körper, die später Aufschluss über den Gesundheitszustand geben sollen.

Jeder der Anwesenden weiß, was in einem Moment der Unachtsamkeit passieren könnte: Ein schlecht gezielter, etwas zu kräftiger Stich, und die mit Blut benetzte Kanüle dringt durch das Tier in den eigenen Finger. Auch ein unkontrollierter Schnitt mit dem Skalpell könnte das Virus durch die Handschuhe hindurch in die eigene Blutbahn befördern.

Zu Unfällen ist es schon häufiger gekommen. In einem Hochsicherheitslabor in Sibirien stach sich 1988 ein russischer Forscher durch zwei Lagen Handschuhe, als er Meerschweinchen mit dem Marburg-Erreger infizierte; anschließend führte er rund zwei Wochen lang Protokoll darüber, wie das Virus nach und nach sein Körpergewebe zerstörte, bis er schließlich starb.

NACH ZWEI WOCHEN WAR DER MIT DEM **VIRUS** INFIZIERTE FORSCHER TOT

Nachdem die Forscher in Ibanda die Autopsie beendet haben, fahren sie erneut zur Mine. Abend für Abend fangen sie dort nun Fledertiere und sezieren sie am nächsten Tag. Am Ende der Mission haben sie mehr als 800 Fledermäusen und Flughunden Proben entnommen. Tiefgefroren und als biologische Gefahrensendung gekennzeichnet, werden sie nach Atlanta geschickt und dort im Labor der CDC analysiert.

EINIGE WOCHEN SPÄTER erhält Swanepoel einen Anruf von seinen amerikanischen Kollegen. Es ist der wohl größte Moment seiner wissenschaftlichen Karriere: Die Tests von vier der Flughund-Proben sind positiv ausgefallen.

Und diesmal haben Swanepoel und die anderen Forscher nicht bloß Reste oder Spuren des Erregers nachgewiesen: Sie haben rege, aktive Marburg-Viren gefunden. Viren, die jeden von ihnen hätten töten können, sei es durch den kaum merkbaren Biss eines Flughundes in der Mine oder einen Kontakt mit dem Blut beim Sezieren der Tiere.

Zum ersten Mal haben Wissenschaftler das Marburg-Virus nicht im Blut todgeweihter Menschen gefunden, sondern in freier Natur, in einem gesunden Tier: Das ist das Ziel, auf das die Virenjäger vier Jahrzehnte lang hingearbeitet haben, seit dem ersten Auftreten des Erregers.

Damit ist nun sehr wahrscheinlich, dass die Flederwesen jene Wirtsorganismen sind, in denen das tödliche Virus überdauert und von denen aus es immer wieder auf den Menschen überspringt.

Doch an den betroffenen Tieren waren keine Anzeichen einer Erkrankung zu erkennen gewesen – allerdings ist nicht völlig auszuschließen, dass auch die Flughunde erkranken können; dass auch sie sich die Infektion von einem anderen Organismus zuziehen.

Damit steht fest: Das Virus zirkuliert in der Flughundkolonie und gedeiht in etwa jedem 20sten Tier; es ist aktiv, es vermehrt und verändert sich genetisch, aber es schädigt seinen Wirt nicht.

Nun können die Behörden die Bevölkerung vor dem Kontakt mit Flughunden warnen.

Doch noch immer bleiben viele Fragen offen: Wie wird das Virus in den Flughundpopulationen von Tier zu Tier übertragen? Wie gelangt der Erreger dann von den Flügeltieren in den Körper der Bergleute? Und wie kommt es, dass manche Marburg-Erreger weniger tödlich sind, andere dagegen fast jeden infizierten Menschen das Leben kosten? Auf welche Weise gelangen die Mikroben schließlich von einem Ausbruchsherd zum nächsten?

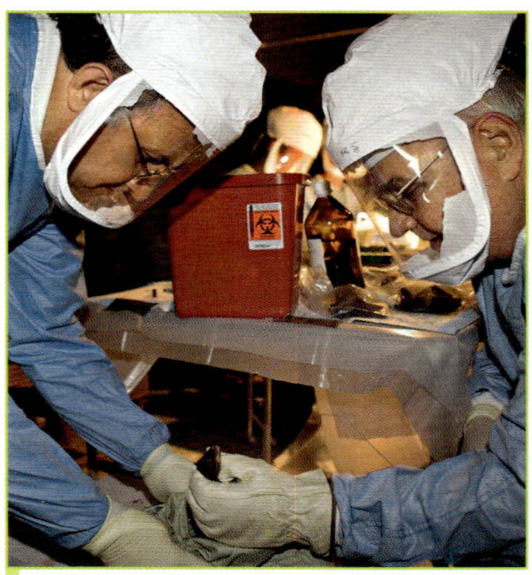

30 Jahre lang sucht Bob Swanepoel (r.) nach dem Marburg-Erreger. Dann endlich entdeckt er das Virus in Uganda im Blut eines Fledertiers

Und noch ein weiteres Problem treibt die Virologen um: In welchem Tier überdauert das Ebola-Virus, der nahe Verwandte des Marburg-Erregers?

NOCH WÄHREND DIE FORSCHER um Swanepoel die Kitaka-Mine untersuchen, grassiert im August 2007 jenseits der Grenze zum Kongo bereits eine neue Epidemie. Ohne dass zunächst etwas davon nach außen dringt, verbreitet sich ein Blutfieber in den Dörfern am abgelegenen Lulua-Fluss: Ebola.

Als Monate später Wissenschaftler eintreffen und die Überlebenden befragen, können sie den Ausbruch rekonstruieren: Das Virus hat zunächst einen Familienvater befallen, und der hat seine vierjährige Tochter angesteckt.

Das kleine Mädchen starb, kurz nachdem es Fieber und Durchfälle bekommen hatte. Wie es Sitte war, half eine Freundin der Familie dabei, den Leichnam für die Bestattung zu waschen.

Die Frau infizierte sich, und eine Woche später begann sie zu fiebern. Acht Tage lang kämpfte sie mit dem Tod. Währenddessen vermehrten sich die fadenförmigen Erreger in ihrem Körper, drangen mit jedem Durchfall, jedem Erbrechen und jeder Blutung millionenfach nach außen. Unter den Verwandten und Freunden, die der Frau während ihres Todeskampfes beistanden, forderte das Virus elf neue Opfer.

Am Ende waren 186 Menschen gestorben. Der allererste Infizierte, der Vater des kleinen Mädchens, hatte dagegen nur leichte Symptome gezeigt. Er konnte den Forschern berichten, wie er einige Tage vor dem Tod seiner Tochter mit ihr auf dem Markt gewesen war.

Dort hatte er frisches, noch blutendes Bushmeat für seine Familie gekauft: große Flughunde, von denen kurz zuvor ein gewaltiger Schwarm den Fluss heraufgezogen war. □

Martin Paetsch, 39, lebt als Wissenschaftsautor in Hongkong.

Der unsichtbare **Tod**

In Hochsicherheitslaboren untersuchen Mediziner die gefährlichen Verwandten der Ebola- und Marburg-Viren

Neben den Marburg- und Ebola-Viren existieren wahrscheinlich noch viele weitere hochgefährliche Virusarten – die genaue Zahl ist unbekannt. Virologen der US-Seuchenbehörde CDC („Center for Disease Control and Prevention") rechnen damit, dass in den nächsten Jahren vor allem in Südamerika neuartige Krankheitserreger der besonders gefährlichen Risikogruppe 4 auftreten werden: Viren, die tödlich sind, sich in der Bevölkerung verbreiten können (etwa über Tröpfcheninfektion) und für die weder Impfstoff noch Gegenmittel zur Verfügung stehen. Die meisten lösen Fieber mit inneren Blutungen, Gehirnentzündungen oder Lungenversagen aus.

Sorgen bereiten den Wissenschaftlern besonders die bisher kaum erforschten Arena-Viren. Spezies aus dieser Familie (zu der das ähnlich wie Ebola wirkende Lassa-Virus gehört) verändern sich rapide; etwa alle ein bis drei Jahre wird eine neue Art der Arena-Viren entdeckt.

Aber auch bei bereits bekannten Viren der höchsten Gefahrenklasse gibt es viele Varianten, von denen noch nicht alle gefunden wurden. Oder die Erreger dringen plötzlich in neue Gebiete vor. So tritt das Krim-Kongo-Virus (benannt nach den ursprünglichen Ausbruchsorten) seit acht Jahren verstärkt in der Türkei auf.

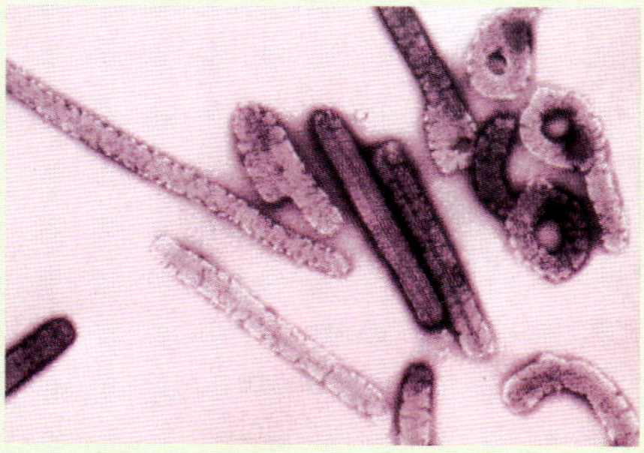

Wie alle Viren kann sich auch der Marburg-Erreger nicht allein vermehren, sondern muss dazu eine Zelle infizieren

In den 1990er Jahren gelangte eine Variante des Ebola-Virus über aus den Philippinen importierte Affen in die USA, doch war sie für den Menschen ungefährlich. Weltweit verbreitet sind auch Hanta-Viren, die Blutungen oder schwere Lungenödeme auslösen.

Damit Wissenschaftler und Umwelt geschützt sind, darf mit Risikogruppe-4-Viren nur in speziellen Hochsicherheitslaboren gearbeitet werden. Die Labore müssen komplett von der Außenwelt abgeschirmt sein; Luft gelangt nur gefiltert nach außen, Viren in Abwasser oder Abfällen werden vollständig inaktiviert. Arbeiten die Virologen nicht in Ganzkörper-Schutzanzügen, betreuen sie ihre Versuche zumindest in hermetisch verschlossenen Kästen mit fest integrierten Greifhandschuhen.

Dass auch diese Ausrüstung nicht vor Unfällen schützt, wurde etwa im Mai 2004 deutlich, als eine russische Wissenschaftlerin an Ebola-Fieber starb, nachdem sie sich versehentlich an einer verseuchten Nadel gestochen hatte.

Wo überall sich Forscher weltweit mit welchen Viren beschäftigen, ist bekannt, denn ihre Ergebnisse werden veröffentlicht. Aber der Terroranschlag vom 11. September 2001 und die Sorge vor künstlich veränderten Erregern haben zu verschärften Sicherheitsregeln sowie zu einem unübersichtlichen Boom beim Laborbau geführt. Gab es in den 1990er Jahren weltweit nur etwa zehn Laboratorien, die für Viren der Klasse 4 gerüstet waren, hat sich ihre Zahl bis heute mindestens verdoppelt.

Wissenschaftler analysieren darin vor allem Lebenszyklus, Übertragung und krank machende Eigenschaften der Erreger. Außerdem verbessern sie ihre Diagnoseverfahren, um bei Epidemien in den Ursprungsgebieten – etwa Schwarzafrika oder Südamerika –, aber auch bei importierten Erkrankungsfällen schneller Infektionen nachweisen und die Opfer isolieren und behandeln zu können.

Medikamente oder Impfstoffe werden für die Viren der höchsten Stufe jedoch selten entwickelt, trotz vieler Ansätze aus der Forschung. Denn angesichts weniger Fälle pro Jahr zahlt sich der Aufwand, so makaber es klingt, für Firmen kaum aus – etwa bei Marburg oder Ebola. Dagegen lohnt sich die Suche nach Gegenmitteln bei Erregern wie dem HI-Virus (2007 weltweit rund zwei Millionen Tote) oder der Grippe, die jedes Jahr Hunderttausende Opfer fordert.

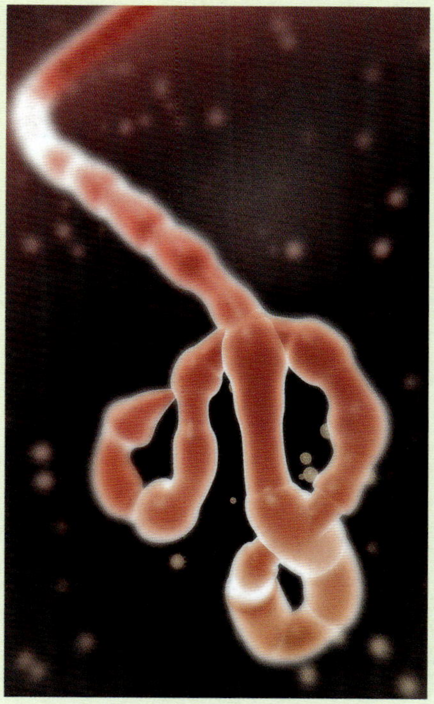

Ebola-Virus: ein Stück Erbgut von nur 19 000 Buchstaben Länge, umgeben von einer Zellmembran

Am gefährlichsten unter den Viren der Stufe 4 sind die Pocken: Wie bei einer Grippe verbreiten sie sich per Tröpfcheninfektion ohne direkten Körperkontakt; gleichzeitig geben Infizierte die Keime bereits weiter, noch ehe sie selbst eindeutige Symptome zeigen. Einmal ausgebrochen, wäre eine Epidemie schwer aufzuhalten.

Daher wird in einigen Laboren an Medikamenten gegen Pocken gearbeitet, obwohl die Seuche seit 1980 offiziell ausgerottet ist. *Marlene Weiß*

Weltraumforschung

Das Labor im All

Die Internationale Raumstation kreist seit dem Jahr 1998 in rund 400 Kilometer Höhe um die Erde. Das von 16 Nationen betriebene Projekt ist die aufwendigste Wissenschaftsexpedition, die Menschen je unternommen haben

109 Meter lang, 80 Meter breit und 450 Tonnen an Masse: Mehr als 80 Transportflüge waren nötig, um die gut 100 Bauteile der Station ins All zu befördern

Text: Jürgen Bischoff

Vor rund 100 Jahren bescherte der Russe Konstantin Ziolkowski der Welt eine Vision: „Die Erde ist die Wiege der Menschheit. Aber der Mensch kann nicht ewig in der Wiege bleiben." Mehrstufige Raketen, prophezeite der Raumfahrttheoretiker, würden den *Homo sapiens* in ferner Zukunft ins Weltall tragen, wo er sich bewohnbare Habitate bauen werde, mit denen er die Erde umkreise wie ein Mond. Und all das sagte Ziolkowski zu einer Zeit, als jedes Flugzeug am Himmel noch eine Attraktion war.

Seine Vision wurde zum Menschheitstraum. Und bis zu ihrer Vollendung verging nicht einmal ein Jahrhundert: Am 20. November 1998 startete vom Weltraumbahnhof Baikonur in Kasachstan eine Proton-Schwerlastrakete, um eine 20 Tonnen schwere Aluminiumröhre in eine 390 Kilometer hohe Erdumlaufbahn zu bringen.

Die Röhre mit Namen „Sarja", Morgenröte, war das erste Bauteil für die abenteuerlichste, teuerste und komplizierteste Expedition, die Menschen je unternommen haben: die Errichtung der Internationalen Raumstation ISS, eines ständig bewohnten Großlabors für zivile wissenschaftliche Forschung in der Schwerelosigkeit des Alls.

Heute, fast zwölf Jahre später, ist die Station auf die Größe eines Fußballfeldes angewachsen, durchgängig besetzt von jeweils sechs Wissenschaftsastronauten. Europa, die USA und Japan haben Labormodule angekoppelt, ein russisches soll folgen. Und so ermöglicht die ISS Experimente, wie sie so auf der Erde nie stattfinden könnten.

Außeneinsätze sind nicht nur wegen der hohen Strahlenbelastung ein Risiko für Astronauten: Sollte sich die Verankerung der Füße am Roboterarm lösen, würde der Raumfahrer ins All hinaustreiben und wäre verloren

Physiologen erforschen die Auswirkungen der Schwerkraft auf das Nervensystem, den Gleichgewichtssinn und das Knochengerüst, um herauszufinden, wie sich etwa Muskelschwund oder Osteoporose bekämpfen lassen.

Biologen dringen tief in die Geheimnisse des Pflanzenwachstums ein und spüren den Ursprüngen des Lebens nach. Physiker erkunden jenen Moment, in dem aus einer Flüssigkeit ein Gas wird, untersuchen die solare und die kosmische Strahlung sowie ihre Auswirkungen auf Mensch und Erde.

Geophysiker simulieren am Modell die Strömungsbewegungen im Erdinneren, Mediziner ergründen, welche Folgen lange Aufenthalte im Weltraum für den Organismus haben, und Materialwissenschaftler suchen nach neuen Stoffen für die industrielle Produktion.

Täglich beschert die ISS neue Erkenntnisse. Sie ist der bisher größte Schritt der Menschen aus ihrer Wiege ins All.

ISS, 4. Oktober 2009. Wie jeden Morgen kontrolliert der Kosmonaut Maksim Surajew um sechs Uhr Koordinierter Weltzeit, gleich nach dem Wecken, die Aerosol-Filter im Sauerstoff-Generator, der die Station mit Atemluft versorgt. Im japanischen Forschungsmodul beginnt der NASA-Astronaut Jeffrey Williams mit den Vorbereitungen für einen Versuch, den japanische Wissenschaftler gleich per Funksteuerung vom Boden aus in Betrieb nehmen wollen. Es geht um das Fließverhalten von Flüssigkeiten bei unterschiedlichen Temperaturen. Grundlagenforschung.

> Noch immer funktioniert die Anlage **zur Aufbereitung** von Urin zu Wasser nicht

Wenig später bereitet der gerade amtierende ISS-Kommandant Frank De Winne aus Belgien ein Messgerät vor, das er an den kommenden beiden Tagen am Körper tragen soll: ein bereits mehrfach wiederholtes Langzeitexperiment, mit dem die Auswirkungen der Schwerelosigkeit auf das Herz-Kreislauf-

MSS-1
HATCH
OVHD
STBD
DECK
TO NOD 1

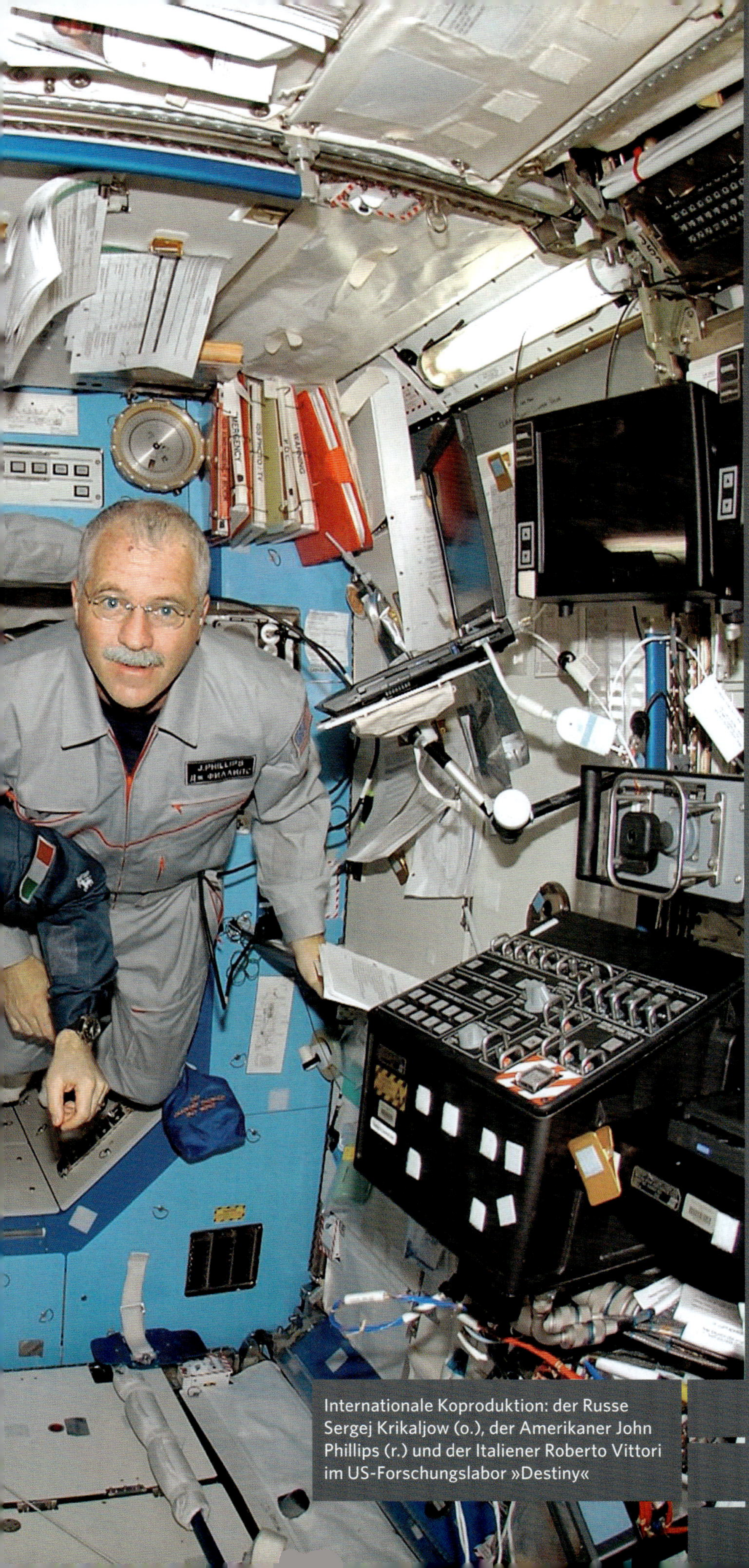

Internationale Koproduktion: der Russe Sergej Krikaljow (o.), der Amerikaner John Phillips (r.) und der Italiener Roberto Vittori im US-Forschungslabor »Destiny«

System untersucht werden. Und während eines 20-minütigen Kontaktes mit der russischen Bodenstation sendet Maksim Surajew Videoaufnahmen und einen Live-Bericht von der ISS für den Moskauer Sender „TV Zentr".

Die von den Amerikanern entwickelte Anlage, mit der aus Urin Brauchwasser gewonnen werden soll, funktioniert nach wie vor nicht richtig. Das könnte zum Problem werden – es fehlt an Behältnissen für die menschlichen Hinterlassenschaften. Und bei der NASA suchen Ingenieure nach dem Grund für den plötzlichen Stromausfall, der am Tag zuvor einen Zentralrechner zum Absturz gebracht und dadurch die Datenübertragung zur Erde für rund drei Stunden unterbrochen hat.

Expeditionsalltag auf der ISS.

Zur gleichen Zeit gut 340 Kilometer tiefer. Im „ISS Payload Operation Center" auf dem Gelände des Deutschen Zentrums für Luft- und Raumfahrt in Köln (DLR) herrscht routinierte Anspannung. Neun Männer und Frauen sitzen in dem Kontrollzentrum für wissenschaftliche Experimente vor drei Reihen mit Bildschirmen, Headsets auf dem Kopf (allein in Europa gibt es acht weitere solcher Kontrollzentren; von ihnen aus werden Versuche auf der Station gesteuert).

„Bloß keine Datenpanne heute", sagt Sonja Steinbach. Unter ihrer Leitung soll um 14 Uhr Ortszeit – entsprechend 13 Uhr Koordinierter Weltzeit (UTC), die überall gilt: auf der ISS, in Köln, in Houston – per Datenübertragung auf der Raumstation ein Schmelzofen angeworfen werden.

Der Ofen ist Teil des neuen „Materials Science Laboratory" (MSL), eines automatisch arbeitenden materialwissenschaftlichen Labors auf der ISS. Es ist im amerikanischen Teil der Station in ein etwa telefonzellengroßes Rack integriert – ein für alle Sektionen der ISS einheitlich konstruiertes Einbauelement zur Aufnahme von technischen und wissenschaftlichen Apparaturen. In dem Ofen steckt die knapp 25 Zentimeter lange Probe einer Aluminium-Silizium-Legierung.

„Die Metalle sollen bei Temperaturen zwischen 577 und 618 Grad Celsius abschnittsweise aufgeschmolzen werden und nach einigen Stunden wieder erstarren", erläutert Sonja Steinbach. „Uns interessieren die Kristallstrukturen, die sich in den einzelnen Abschnitten bei unterschiedlichen Schmelztemperaturen bilden." Und zwar ohne jede Störung durch Erschütterungen oder Erdanziehung. „Wir wollen verstehen, was genau in der Übergangsphase zwischen flüssig und fest die Entstehung dieser Strukturen beeinflusst."

Mehrere Institute sind an dem Experiment beteiligt, darunter Materialkundler der Rheinisch-Westfälischen Technischen Hochschule in Aachen. Außerdem zwei europäische Metallgießereien sowie ein Kompressorenbauer in Irland. Mithilfe der Erkenntnisse, so hoffen Institute wie Industrie, werden sie in Zukunft bessere Legierungen zu geringeren Kosten herstellen.

Es wäre ein weiterer Erfolg für diesen Außenposten in fast 400 Kilometer Höhe. Dabei hatte die Unternehmung anfangs nicht gerade nach einem Erfolgsmodell ausgesehen. Eher war Skepsis angebracht.

Als im Januar 1984 der damalige US-Präsident Ronald Reagan die Welt mit der Ankündigung überraschte, sein Land plane eine „permanent bemannte" Station im All, reagierten die Experten verblüfft. Denn die NASA verfügte nur über wenig Erfahrung mit Raumstationen. Anders als die Konkurrenz aus der UdSSR, die damals die Station „Saljut 7" im Orbit hatte und zwei Jahre später die „Mir" folgen ließ.

Die Amerikaner luden deshalb befreundete Nationen zum Mitmachen ein. Europas Weltraumorganisation ESA, Kanada und Japan nahmen begeistert an. Doch über Pläne und Berechnungen kam das vollmundig angekündigte Projekt lange Zeit nicht hinaus.

Das änderte sich erst 1993, als nach dem Untergang der Sowjetunion auch die Russen einstiegen. Die hatten zwar kein Geld, dafür aber reichlich Erfahrung mit bis dahin acht in den Raum geschossenen Orbitalstationen – und fertige, aber nicht realisierte Pläne für eine neunte.

Die Amerikaner wiederum hatten Geld und mit ihren Spaceshuttles auch ein Transportmittel, um solch ein Vorhaben verwirklichen zu können.

Erstes Resultat der neuen Partnerschaft war das Sarja-Modul: von den Russen gebaut, aber offiziell Eigentum der NASA. Denn die hatte dafür 190 Millionen Dollar bezahlt.

Andererseits geriet man sich schon bei der Namensgebung der künftigen Raumstation in die Haare. „Freedom", den von Reagan im Kalten Krieg vorgeschlagenen Kampfnamen, wollten die Russen nicht. „Alpha" wollten sie auch nicht – schließlich war ihre Mir schon längst im All und damit die erste größere Langzeitmission überhaupt.

Gegen „Atlant" wiederum erhoben die Amerikaner Einspruch. Klang zu sehr nach dem untergegangenen Atlantis. „Camelia" schlugen die Japaner vor, als Kompromiss. Leider in Deutschland der Name einer Slipeinlage. Also einigte man sich am Ende auf das Faktische: International Space Station.

Die Kosten für die Station betrugen schon bis 1999 rund 30 Milliarden Dollar. Inzwischen liegen die Schätzungen offiziell bei 100 Milliarden Dollar, einschließlich Unterhalt, Bau und Betrieb von Bodenstationen und neuen Transportsystemen. Inoffiziell werden sogar weit höhere Ausgaben einkalkuliert. Noch nie war eine Wissenschaftsexpedition so teuer.

Auf der digitalen Zeitanzeige an der Stirnwand des DLR-Kontrollraumes im Kölner Nutzerzentrum für Weltraumexperimente fehlen nur noch Minuten bis zur Premiere. Über einen riesigen Bildschirm flimmern tonlose Livebilder aus dem Kontrollzentrum des Marshall Space Flight Center in Huntsville, Alabama, das alle wissenschaftlichen Experimente auf der Station überwacht. Auch die Metallschmelze, die gleich beginnen soll.

Zehn Jahre Vorbereitung waren nötig, bis das Experiment zur ISS starten konnte – finanziert zu je einem Drittel von der ESA, von den Projektbeteiligten und aus Steuermitteln. Sieben Legierungsproben sind in den Monaten zuvor mit Frachtraumschiffen zur ISS gebracht worden. Sie sollen jetzt nach und nach aufgeschmolzen werden. Mit diesem ersten Versuch wollen die Wissen-

Ein Raumfahrer macht sich in der Luftschleuse bereit, die Station zu einem Weltraumspaziergang in der Leere des Alls zu verlassen

schaftler unter anderem kontrollieren, ob die programmierten Parameter stimmen. Denn selbst Erwärmung vollzieht sich im Weltall anders als auf der Erde.

Vor zwei Tagen hat der ESA-Astronaut Frank De Winne die Kartusche mit der ersten Probe in den Ofen geschoben und die Anlage für den Start präpariert.

Das Leuchtdisplay an der Wand zeigt 13 Uhr UTC. Sonja Steinbach sieht kurz zu ihrem Kollegen hinüber. Der holt sich von Huntsville die Erlaubnis für

Der US-Astronaut Edward Fincke hantiert mit Lötkolben und -zinn, um herauszufinden, wie sich Metalle in der Schwerelosigkeit verbinden lassen

das Startkommando. Aus dem Kopfhörer quakt es. Huntsville bestätigt und informiert Houston, die ISS-Bodenkontrolle. Jetzt quakt es aus Houston: bestätigt. Es kann losgehen.

Das digitale Startsignal aus Köln erreicht über das Huntsville Operations Support Center direkt die Automatik des Laborofens auf der Raumstation.

In 340 Kilometer Entfernung beginnt in den sieben Heizzonen des Ofens die Temperatur zu steigen.

Zwei Wochen nachdem das Sarja-Modul 1998 im Erdorbit ausgesetzt worden war, hob in Cape Canaveral, Florida, eine NASA-Raumfähre ab. An Bord des Shuttles waren fünf Amerikaner, ein Russe sowie das erste US-Bauteil: ein Verbindungsstück namens „Unity", das an Sarja gekoppelt werden sollte.

Während die Sarja-Sektion Platz, Treibstoff, Energie und Kommunikationstechnik für die Bautrupps bot, barg Unity, ein sogenannter Verbindungsknoten, unter anderem eine Luftschleuse für die Raumfähren. Neun Kilometer Kabel hatten die Amerikaner in dem Zwölf-Tonnen-Knotenstück verbaut.

Es dauerte nur zehn Minuten, bis das Shuttle den Orbit erreichte. Doch das Zusammenfügen der beiden Module brauchte zwei Tage. Mit 28 000 km/h raste das Ensemble aus Spaceshuttle und ISS-Sektionen um die Erde. Unten drehten sich die Vereinigten Staaten vorbei, Nordafrika, der Indische Ozean, und in fast 400 Kilometer Höhe verbanden zwei Astronauten Kabel und befestigten Handläufe und Antennen.

Es war eine schweißtreibende und gefährliche Arbeit. Der Montagetrupp benötigte für die Kopplung der Module drei Ausstiege in den Weltraum, die bis zu siebeneinhalb Stunden dauerten.

> Außerhalb der Station nimmt die **kosmische Strahlung** um das Hundertfache zu

Bei Arbeiten im Orbit können Astronauten einer 100-fach stärkeren kosmischen Teilchenstrahlung ausgesetzt sein als zum Beispiel in Deutschland. Der Partikelbeschuss von der Sonne und aus den Tiefen des Alls kann die Zellen und das Erbgut schädigen. Je länger ein Ausstieg dauert, umso größer das Risiko. Bei schweren Sonnenstürmen infolge von starken Eruptionen auf der Sonne darf die Station gar nicht verlassen werden.

Und dann sind da die Raumanzüge, die vor den extremen Temperaturen schützen: zwischen 100 Grad Celsius in der Sonne und minus 120 Grad im Schatten.

Der Innendruck der US-Anzüge beträgt 0,3 Atmosphären, in den russischen liegt er noch höher. „Das fühlt sich an wie ein aufgeblasener Fahrradreifen", erinnert sich der Deutsche Thomas Reiter, der 2006 ein halbes Jahr auf der ISS und Jahre zuvor eine ähnlich lange Zeit auf der Mir verbracht hat. Um etwa den Arm zu beugen oder mit dem Handschuh etwas zu greifen, brauche man einige Kraft.

Der Druck im Anzug aber ist lebenswichtig. Denn das Vakuum des Weltalls erzeugt einen Unterdruck, der aus jedem Material alle flüchtigen Stoffe entweichen lässt. Es bilden sich Gasblasen. Hielte man die Astronauten bei den Arbeiten an der ISS nicht unter Überdruck, würde ihr Blut buchstäblich zu kochen anfangen – sie stürben binnen Minuten.

14 Uhr UTC. Im Team von Sonja Steinbach in Köln sinkt die Aktivitätskurve. Der Datenfluss von der Station läuft störungsfrei, das Labor arbeitet wie erwartet. Sieht alles nach einer gelungenen Premiere aus.

In der ersten Reihe im DLR-Kontrollraum sitzt Patrick Hambloch vor seinem Bildschirm, der ihm eine Grafik des Experiments zeigt: den Ofen, die sieben Heizzonen, die erreichten Temperaturen. Jetzt, nach einer guten Stunde, stehen die Anzeigen zwischen 216 und 250 Grad Celsius.

Hambloch ist „MSL-Operator": Falls nötig, kann er über seine Tastatur in den Schmelzprozess eingreifen. Zwar steuere ein Programm den Vorgang, sagt Hambloch, doch müsse ständig kontrolliert werden, ob der automatische Ablauf auch den Vorgaben entspricht.

Um 15 Uhr UTC schlüpft Sonja Steinbach in ihren Mantel. Ihr Job ist für heute beendet. Andere müssen bleiben, darunter Patrick Hambloch und Gerhard Zimmermann, Wissenschaftler vom Aachener Materialforschungszentrum ACCESS. Er hat als Projektleiter das Experiment mit entworfen.

Die Legierung wird jetzt langsam aufgeschmolzen – erstarren soll sie aber erst ab 5.30 Uhr am kommenden Morgen, wenn garantiert keine störenden Einflüsse auf der Station mehr zu erwarten sind.

„Tagsüber", so Sonja Steinbach, „wäre das Experiment nicht möglich: Direkt vor dem Rack mit dem Ofen steht das Fahrrad, auf dem die Astronauten jeden Tag ihr Muskeltraining machen müssen."

Denn im All haben die Muskeln zu wenig zu tun – anders als auf der Erde, wo ein Mensch gehen, Treppen steigen und sich beständig gegen die Schwerkraft stemmen muss. Auf der Station gibt es deshalb neben dem Fahrrad auch ein Laufband. Und Frank De Winne hat kürzlich ein neu entwickeltes Hightech-Gerät für den Muskelaufbau getestet.

Dabei ist eigentlich nicht viel Platz an Bord. Zwar sind die Module bis zu 13 Meter lang und haben einen Durchmesser von bis zu vier Metern – die gesamte Station bietet damit so viel Bewegungsraum wie zwei Jumbojets, alles in allem knapp 100 Meter. Doch ein Großteil der Fläche ist mit Elektronik belegt, mit Kabeln, Computern, Schläuchen und Racks. Vor allem in den Labormodulen bewegen sich die Astronauten deshalb wie in offenen Schaltschränken.

Inzwischen ist die Aluminium-Konstruktion im Orbit auch fast vollständig: ein verzweigtes System aus Wohn- und Forschungsröhren, so groß, dass es vom Boden aus in der Dämmerung gut sichtbar ist. Es würde auf der Erde mehr als 450 Tonnen wiegen.

Für die nötige Energie sorgen gewaltige Solarpaneele: 110 Kilowatt Strom liefern die Photovoltaikzellen, 46 davon sind für wissenschaftliche Geräte reserviert.

Die Russen arbeiten in ihrem Labor mit 28 Volt, die Amerikaner mit 120 Volt

Mehr als 80 Transportflüge und über 160 Außeneinsätze waren nötig, um die gut 100 Bauteile der Station im All zu montieren. An Sarja wurde das Modul „Swesda", Stern, gekoppelt, das neben Andocksteuerung, einem Zentralrechner und Sauerstoffgeneratoren auch Schlafkabinen, Essplatz, Toilette und Dusche enthält. An Unity koppelten die Amerikaner ein Labor, das sie „Destiny" genannt haben: Schicksal.

2008 kam das europäische „Columbus"-Labor hinzu mit diversen Forschungsgeräten – darunter ein Biolab mit Mini-Zentrifugen, um für Versuche in der Schwerelosigkeit verschiedene Stufen der Gravitation zu simulieren.

Kurz darauf folgte das japanische „Kibo"-Labor, die größte Wissenschaftseinrichtung auf der ISS. Und im Februar 2010 schließlich ein in Italien gefertigtes, sieben Meter langes Versorgungsstück: mit einer Fensterkuppel für Erdbeobachtungen – und für Sichtkontrollen bei Außenarbeiten.

Fünf verschiedene Raumtransporter fliegen derzeit die Station an. Die Spaceshuttles und Sojus-Kapseln bringen Menschen und Material zur ISS; die kleineren Progress-Raumschiffe sowie zwei tonnenschwere Frachter aus Europa und Japan (genannt „ATV" und „HTV") sind dagegen unbemannte Einwegtransporter: Nach dem Andocken werden sie geleert, mit Müll beladen – und verglühen auf dem Rückweg in der Erdatmosphäre.

Nicht zuletzt diese Art der Müllverbrennung macht die ISS so teuer: Der erste ATV-Start mit 7,5 Tonnen Nutzlast kostete, Entwicklung inklusive, eine Milliarde Euro – für künftige Flüge sind je 150 Millionen angepeilt.

Die amerikanische Firma SpaceX baut deshalb gerade an einem weiteren, automatischen Raumschifftyp, dessen Kapsel an Fallschirmen zur Erde zurückkehren soll – und die sich dann auch zum Rücktransport für wissenschaftliche Lasten eignen würde.

Im März 2009 arbeiten Astronauten am Trägergerüst (r.) und installieren daran unter anderem weitere Sonnenkollektoren

Auch sonst herrscht Vielfalt auf der Station. Da sich insgesamt 16 Nationen zu dieser auf inzwischen 20 Jahre ausgelegten Weltraumexpedition aufgemacht haben, bleiben Ungereimtheiten nicht aus. So gibt es nicht nur zwei verschiedene Raumanzüge, einen amerikanischen und einen russischen, sondern auch zwei verschiedene Kühlsysteme, um die überschüssige Wärme aus den Sektionen ins All abzustrahlen: Die Amerikaner verwenden Ammoniak, die Russen ein Kühlmittel auf Kohlenwasserstoffbasis.

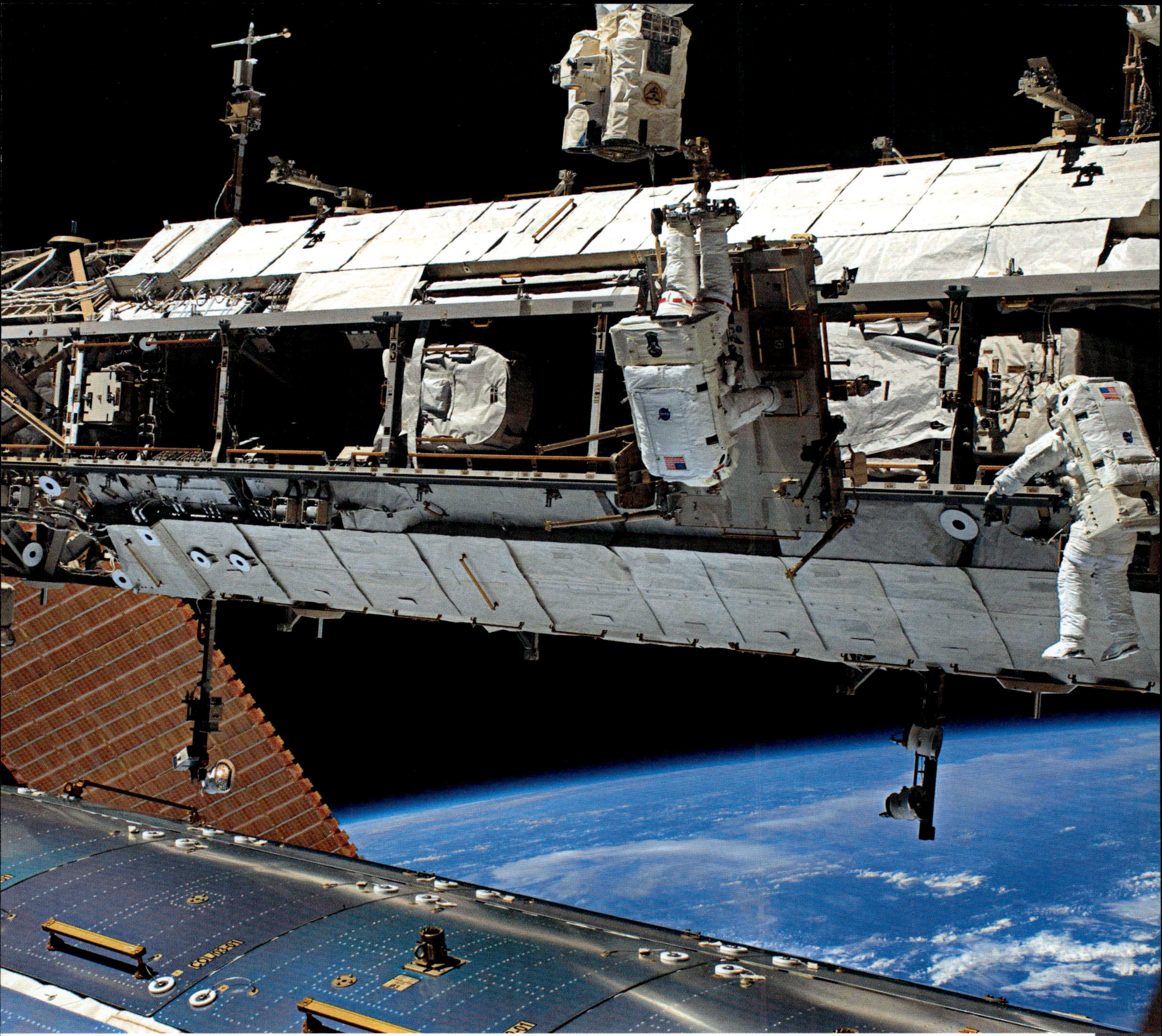

Doch zum echten Problem werden die nationalen Eigenarten bei der Elektrik: Während in den amerikanischen Segmenten der Strom bei 120 Volt Spannung fließt, sind es bei den Russen nur 28 Volt. Konverter müssen die Unterschiede ausgleichen. „Mit einem Gerät, das 120 Volt braucht, kann man aber nicht an eine 28-Volt-Steckdose gehen", sagt Thomas Reiter. Zumal auch die Steckdosen verschieden sind.

Für Astro- und Kosmonauten bedeutet das Arbeit unter erschwerten Bedingungen. Und zwar schon auf der Erde. „Während der Ausbildung pendelten wir ständig zwischen Amerika und Russland", erzählt Reiter. „Man muss ja alle Systeme genau kennen, um sie im Notfall reparieren zu können." In der Internationale der Raumfahrer, derzeit rund 150 Frauen und Männer, sind folglich außer wissenschaftlichen auch handwerkliche Kompetenzen gefragt. Strommessgerät, Schraubenzieher und Lötkolben sind auf dieser Expedition genauso nützlich wie in jedem anderen Labor der Welt.

DER WORTFLUSS in den Kopfhörern, der Wechselsprech zwischen Huntsville und Houston, zwischen Houston und Station, ist spärlicher geworden. Es ist 21 Uhr, und auf den Bildschirmen in Köln zeigen sich Unregelmäßigkeiten beim Schmelzexperiment, Abweichungen von der programmierten Temperatur.

Beim Kontrollversuch auf der Erde hatte sie sich absolut nach Plan entwickelt; unter den Bedingungen der Schwerelosigkeit – der „Mikrogravitation", wie es wissenschaftlich heißt – aber wird die Probe nun deutlich langsamer heiß. Gerhard Zimmermann lässt deshalb die Temperatur vom Operator nachregulieren, erst um 20 Grad Celsius, dann noch einmal um zehn Grad. Gegen 22 Uhr ist das Soll erreicht.

Das Metall in der Kartusche hat, während es langsam geschmolzen ist, sechsmal die Erde umrundet. Weitere fünf Erdumrundungen lang wird es jetzt flüssig bleiben, dann, gegen 5.30 Uhr, schrittweise wieder abgekühlt. Auf diese Weise wird ein ganz bestimmtes Metallgefüge erzeugt.

Kurz nach sechs Uhr morgens packt Projektleiter Zimmermann im Payload Operations Center seine Sachen zusammen, um nach Hause zu fahren.

Am 2. November 2000 öffneten die Raumfahrer Jurij Gidsenko, Sergej Krikaljow und William Shepherd das Druckschott zwischen der Sojus-Kapsel (mit der sie zwei Tage zuvor in Baikonur gestartet waren) und dem Swesda-Modul. Sie schalteten die Speisenwärmer ein, starteten die Wasseraufbereitung, nahmen das Kommunikationssystem in Betrieb und luden die Batterien auf.

„Expedition-1", die erste Langzeitbesatzung, bereitete die ISS für den Forschungsbetrieb vor.

Im Februar 2001 legte dann ein unbemanntes Versorgungsraumschiff an, mit einem kleinen Labor an Bord: das Experiment einer russisch-deutschen Wissenschaftlergruppe unter Beteiligung des Max-Planck-Institutes für extra-terrestrische Physik in Garching – das erste, das auf der Station gestartet wurde.

In dem Versuch sollte ein Plasma erzeugt werden – ein Gas mit freien elektrisch geladenen Teilchen, in dem die Forscher verfolgen wollten, wie sich darin eingeleitete Partikel zu dreidimensionalen Kristallen anordnen.

Solche komplexen Kristallisationsprozesse laufen zuhauf in den Weiten des Alls ab, wo sich aus ähnlichen Plasmen Sterne und Planeten formen. Doch nur in der Schwerelosigkeit lassen sich derartige Plasmakristalle künstlich her-

Mit 14 Tonnen Nutzlast - darunter Material für Experimente - dockt die Raumfähre »Atlantis« im November 2009 zu einem Besuch an

stellen und untersuchen – auf der Erde würden sich fast nur zweidimensionale Strukturen bilden.

Der Versuch wurde ein voller Erfolg.

Seither haben rund 200 Raumfahrer die Station besucht, etwa ein Viertel blieb länger als drei Monate. Und fast jeder dieser Missionen haben die Forscher des Garchinger Max-Planck-Institutes für extraterrestrische Physik neue Fragestellungen und neue Aufgaben mitgegeben.

Jüngstes Ergebnis der Versuchsreihe: eine Methode, bei der kaltes Plasma auf der Erde zur Wunddesinfektion eingesetzt wird und schon bald auch im Hausgebrauch Salben und Tinkturen ersetzen könnte.

Langzeitprojekte gibt es bei fast allen Disziplinen, die die Station für ihre Experimente nutzen. Physiologen der Freien Universität Berlin zum Beispiel erforschten mit Hilfe der Astronauten über Jahre das menschliche Gleichgewichtssystem.

Denn unter der Mikrogravitation ist jener Teil des Gleichgewichtsorgans ausgeschaltet, der auf die Erdanziehung reagiert. Deshalb lässt sich auf der ISS unter anderem die Bedeutung des Sehsinns für die räumliche Orientierung ganz isoliert untersuchen.

Dabei machten die Wissenschaftler eine Entdeckung: Sie stellten fest, dass nicht nur das menschliche Gleichgewichtssystem durch die Schwerkraft beeinflusst wird, sondern auch die Bewegung der Augen – und damit möglicherweise der Sehvorgang selbst.

Anders gesagt: Ohne Schwerkraft ist die direkte Verbindung zwischen Augenbewegung und Gleichgewichtssystem gestört. Was bedeutet, so die Berliner Forscher, dass die „Schwerkraft die maßgebliche Bezugsgröße für unsere räumliche Orientierung" ist.

Ein Nebenprodukt dieser Forschungen ist eine Variante des Geräts zur Messung der Augenbewegung, das die Wissenschaftler für ihre Tests entwickelt haben. Sie kommt inzwischen auf der Erde zum Einsatz: um etwa festzustellen, wann Lkw-Fahrer ermüden – und bei der Diagnostik von Gleichgewichtserkrankungen, etwa Schwindel.

Wenn die Crew schläft, überwachen Sensoren und Computer die Station

90 Minuten dauert eine Weltumrundung der ISS. In drei bis vier Minuten ist Europa überflogen, 16-mal am Tag sehen die Astronauten die Sonne aufgehen. Und 16-mal geht sie wieder unter.

Körper, die gewichtslos sind. Muskeln, die keine Arbeit mehr haben. Es gibt kein Oben und kein Unten mehr, wer stehen, sitzen oder liegen will, benötigt Halteschlaufen oder einen Gurt zum Fixieren. Das Leben auf der Station reizt die Magennerven und bringt den Biorhythmus aus dem Takt. Und kein Training auf der Erde kann die Menschen an jene Veränderungen heranführen, denen alltägliche Verrichtungen im All unterliegen.

Gegessen wird zwar nicht mehr wie noch in den Frühtagen der Raumfahrt: Tuben- und Trockennahrung. Gerichte werden stattdessen als Fertigkost geliefert, andere sind gefriergetrocknet.

Dennoch erfordert es Kunstfertigkeit, in der Schwerelosigkeit mit Messer und Gabel zu essen, ohne dass sich die Mahlzeit in der Station verteilt. Und getrunken wird aus geschlossenen Plastikbeuteln mit Saugstutzen – von allein rinnt da kein Tropfen die Kehle hinunter.

Auch auf dem Abort und nach dem Duschen kommen Sauger zum Einsatz, denn Flüssigkeit fließt unter Schwerelosigkeit nicht ab. Würde sie nicht abgesogen, würde sie als Tröpfchen durch den Raum treiben.

Nicht alle Astronauten stecken die Veränderungen einfach weg. Manche nehmen Medikamente, um während der gemeinsamen Ruhezeit schlafen zu können.

Fünf bis sechs Stunden Nachtruhe, mehr ist meistens nicht drin. Denn nur selten kommen die Expeditionsmitglieder vor Mitternacht ins Bett – besser: vor jener Uhrzeit, die nach Koordinierter Weltzeit als Mitternacht bestimmt ist. Der Dienstplan ist eng, und jede Verzögerung verlängert den Arbeitstag.

Zum Schlafen hat jedes Besatzungsmitglied eine kleine Kabine für sich, mit einem an der Wand befestigten Schlafsack. Manche heften dort Bilder an und E-Mails von der Familie.

Während der Ruhezeiten wird die Station automatisch überwacht. Geräte registrieren Luftdruck, Sauerstoffgehalt, Temperatur und Energieversorgung. „Wenn ein einziger Parameter über- oder unterschritten wird", sagt Thomas Reiter, „gibt es Alarm. Dann ist die Nacht vorbei."

Alarm hat es im All schon häufiger gegeben. Im September 2004 etwa fiel das russische Luftaufbereitungssystem aus. Daraufhin funkte die Mannschaft nach Houston, sie habe noch für 65 Tage Sauerstoff. Der Fehler konnte erst nach mehreren Tagen behoben werden.

Zwei Jahre später meldeten Sensoren Rauch auf der Station. Thomas Reiter, damals gerade an Bord, stülpte sich ebenso wie seine beiden Kollegen eine Atemschutzmaske über. Zum Glück gab es keinen Brand – sondern nur die Fehlfunktion eines Elektrolysesystems.

Im Juni 2007 fielen nach einem Kurzschluss alle drei Stationsrechner im russischen Swesda-Modul zugleich aus. Deren Software steuerte die Lageregelung der Station, das Einhalten der Umlaufbahn und die Lebenserhaltungssysteme. Auf der Erde diskutierte man eine Evakuierung der Crew, doch der gelang es, das System zu reparieren.

Und 2009 gab es gleich zweimal Alarm wegen Weltraumschrotts. Beim ersten Mal musste die Besatzung eilig in der angedockten Sojus-Rettungskapsel Schutz suchen, weil eine Kollision mit im All kreisenden Schrottteilen drohte. Beim zweiten Mal wurde sie mitten in der Nacht aus den Schlafsäcken geholt.

Weltraumschrott: Das sind ausgebrannte Raketenstufen, Reste von explodierten oder kollidierten Satelliten, sogar Werkzeuge, die Astronauten bei ihrer Arbeit draußen an der Station verloren haben. Mehr als 2200 Tonnen an größeren Teilen sind im erdnahen Orbit bekannt, über kleinere Stücke gibt es nur Schätzungen – die ESA geht von über 150 Millionen Objekten mit einer Größe von mindestens einem Millimeter aus.

Die orbitale Müllwolke ist eine ernste Gefahr für die Forscher im All. Denn die Teilchen umkreisen die Erde mit der vielfachen Geschwindigkeit einer Pistolenkugel, auf ganz unterschiedlichen Umlaufbahnen – ein Dauerfeuer aus allen Richtungen.

Kleinere Schrottstücke können gewaltige Löcher in die Sonnensegel reißen und die Energieversorgung stören. Größere könnten durchaus die Besatzung gefährden. Mehrfach schon mussten die Steuerungsraketen der ISS für Ausweichmanöver gezündet werden.

27. November 2009, 14.44 Uhr Koordinierter Weltzeit. Das Spaceshuttle „Atlantis" landet planmäßig auf dem Weltraumbahnhof Cape Canaveral in Florida, im Frachtraum eine Kartusche mit dem knapp 25 Zentimeter langen Stab einer geschmolzenen und dann wieder fest gewordenen Aluminium-Silizium-Legierung.

Die Kartusche wird nun weitergeschickt: erst zum Hersteller in Friedrichshafen, von dort zu ACCESS in Aachen. Proben werden auch an andere beteiligte Institute gesandt.

Die Fracht aus dem Weltall wird einer genauen Begutachtung unterzogen. Eine Computertomographie gibt Aufschluss, ob sich Blasen oder Einschlüsse gebildet haben.

„Und hinterher sehen wir uns insbesondere die Kristall- und Kornstrukturen im Metall an", sagt Projektleiter Gerhard Zimmermann.

Mit ersten Ergebnissen rechnet er im Frühjahr 2010. „Erst wenn wir diese Daten ausgewertet haben, wissen wir genau, mit welchen Parametern wir die weiteren Experimente fahren können."

Zehn Jahre Vorbereitung, eine gewaltige Raumstation, monatelange Analysen – ein schier unglaublicher Aufwand, um die Veränderungen in einem kleinen Stück Metall zu untersuchen.

Moderne Wissenschaft. Die aber Einblicke erlaubt, wie sie noch vor wenigen Jahrzehnten völlig unvorstellbar gewesen wären.

Wie auch bei der Versuchsanordnung „Expose-E", die im September 2008 zur Erde zurückkehrte. Anderthalb Jahre lang war dieses Experiment – zusammen mit acht anderen – auf einer Plattform an der Außenwand des Columbus-Moduls angebracht gewesen, schutzlos der harschen Strahlung, dem Vakuum, den Temperaturschwankungen des Weltraums ausgesetzt.

Elke Rabbow, Astrobiologin im Nutzerzentrum für Weltraumexperimente beim DLR in Köln, leitete die operationelle Durchführung des Projekts.

Expose-E ist ein – immer noch andauerndes – Experiment, das sich der grundlegendsten aller Fragen widmet: Wie ist das Leben entstanden? Und wie hat es sich verbreitet?

Ist es womöglich aus den Tiefen des Weltalls auf die Erde gekommen: die ersten Lebenssporen, eine unsichtbare Fracht auf Meteoriten?

Die Probanden dieses Langzeitversuches waren Mikroorganismen und Keime: Bakterien, Pilze aus der Antarktis, Pflanzensamen, Flechten aller Art, verteilt auf mehr als 400 Proben.

Einige dieser Organismen hatten die Wissenschaftler weitgehend ungeschützt der solaren und kosmischen Strahlung ausgesetzt. Andere lagen unter einem Spezialglas, das die sehr kurzen extraterrestrischen UV-Strahlen abschirmte. Wieder andere blieben völlig im Dunkeln. Und einigen hatte man Kohlendioxid mitgegeben, um eine Marsatmosphäre zu simulieren.

„Jetzt untersuchen wir, was sich an den Organismen verändert hat", erläutert Elke Rabbow, „und ob ihr Erbgut geschädigt wurde. Und natürlich, wie viele überhaupt überlebt haben."

Erste Resultate erwartet sie für den Sommer 2010.

Konstantin Ziolkowski, der Visionär aus Russland, hatte einst die Raumfahrt erdacht, weil er auf der Suche war: nach einer besseren Zukunft für die Menschheit, die sich außerhalb der Erde neue Welten gestalten sollte.

100 Jahre später setzt die moderne Wissenschaft andere Prioritäten. Auf der Suche nach der Zukunft hat sie sich die Raumstation gebaut, um den Planeten und seine Bewohner besser verstehen zu lernen. Um aus der Distanz seine Geheimnisse zu ergründen – und auf diese Weise zu seinem Schutz beizutragen.

Im Herbst 2009 erließ die Europäische Weltraumorganisation ESA einen Aufruf an die Wissenschaft, in den kommenden Jahren die ISS verstärkt als Plattform für das Studium des irdischen Klimasystems und die durch menschlichen Eingriff bedingten Veränderungen in der Umwelt zu nutzen. Mit dem Ziel, einen Beitrag zu leisten im Kampf gegen den Klimawandel. Man bitte um Vorschläge, hieß es.

Bis zum Januar 2010 waren 44 Anträge eingegangen. □

Jürgen Bischoff, 55, arbeitet als Wissenschaftsjournalist für GEOkompakt und GEO. Er verfolgt seit Jahren Raumfahrtaktivitäten insbesondere in Europa.

Literaturtipps: Peter Bond, „The Continuing Story of the International Space Station", Springer: gut erzählte, detailreiche Darstellung, die allerdings nur bis zum Jahr 2002 reicht. Giuseppe Reibaldi & Giovanni Caprara, „Space Base Europe", European Space Agency: knapp und spannend geschrieben, legt den Schwerpunkt auf alle Aspekte der europäischen Forschung.

Die **Erforschung** der Welt

Von 1768 bis heute: Wie Forscher den Vorstoß ins Ungewisse wagten, um im Dienst der Wissenschaft die Rätsel der Natur zu lösen

Text: Sebastian Witte

Seit Anbeginn erkundet der Mensch seine Welt. Schon unsere Urahnen wagen sich vor Jahrmillionen auf unbesiedelte Kontinente vor. Völker und Scharen von Entdeckern ziehen später aus, fremde Gebiete zu erobern oder mit kostbaren Gütern zu handeln. So jene Männer, die im Auftrag der Pharaonin Hatschepsut um 1482 v. Chr. von Ägypten aus nach „Punt" aufbrechen, einem sagenumwobenen Land, um eigene Produkte gegen edle Hölzer, Gold, Elfenbein und Weihrauch zu tauschen.

Die Vorstöße auf unbekanntes Terrain lehren die frühen Invasoren aber vor allem eines: dass die Erde weit größer sein muss, als die Gelehrten bis dahin angenommen haben. Um 330 v. Chr. befährt etwa der Grieche Pytheas von Massilia die Nordsee – und entdeckt Thule, das Land, in dem die Sonne im Sommer nur für kurze Zeit untergeht.

Die Truppen Alexanders des Großen von Makedonien dringen bald darauf bis nach Indien vor und mehren mit jedem Schritt das geographische Wissen über die Ausdehnung des Kontinents gen Osten. Im Westen erschließen die Römer große Teile Europas und Nordafrikas. Und bereits im Jahr 1001 findet der Wikinger Leif Eriksson einen Seeweg von Grönland nach Neufundland.

Im 15. Jahrhundert schließlich trauen sich die Küstensegler auch auf den offenen Ozean. Ihre Fahrten über den Atlantik erweitern den europäischen Horizont dramatisch: Bartolomeu Diaz erreicht auf dem östlichen Seeweg 1488 die bisher unbekannte Südspitze Afrikas, Kolumbus stößt 1492 im Westen auf Amerika.

Doch immer noch entspringen die großen Entdeckungen weniger der Suche nach Erkenntnisgewinn, sondern vielmehr wirtschaftlichen und politischen Interessen: Reisende wie Diaz, Kolumbus oder Vasco da Gama (der den Seeweg nach Indien erschließt) sollen im Auftrag ihrer Monarchen neue Handelswege erkunden und Stützpunkte in Übersee gründen.

Erst im 18. Jahrhundert kommt ein neues Motiv hinzu: Von nun an rücken Erforscher anderen Schlages aus, die während einer Exkursion gezielt – anhand systematischer Beobachtungen, Messungen und Experimenten – wissenschaftliche Erkenntnisse gewinnen. Kartographen, Naturkundler, Fossiliensammler und Ausgräber stoßen ins Unbekannte vor, um nach und nach das Bild unserer Erde zu vervollständigen. Die Geschichte ihrer Expeditionen beginnt mit der Reise eines britischen Seemanns und wissenschaftlichen Autodidakten: James Cook.

1768

James Cook (1728–1779) startet eine Forschungsreise in die Südsee. Sein geheimer, aber wichtigster Auftrag: den noch unbekannten Südkontinent zu finden und zu vermessen. Die Landmassen entdeckt er zwar nicht, mit Instrumenten wie Winkelmesser und künstlichem Horizont aber erfasst er unterwegs unbekanntes Terrain präziser als je zuvor – und macht die Kartographie zu einer exakten Wissenschaft.

Zudem beobachtet er am 3. Juni 1769 auf Tahiti den Venusdurchgang, ein äußerst seltenes Himmelsschauspiel, bei dem sich der Planet Venus zwischen Sonne und Erde schiebt und für kurze Zeit als schwarzer Punkt vor dem Zentralgestirn erscheint. Eine internationale Zusammenarbeit ermöglicht es, den Transit simultan an Dutzenden Orten der Erde beobachten zu lassen.

Aus den Messdaten berechnen Astronomen später die Distanz zwischen Erde und Sonne. Das Ergebnis von 153 Millionen Kilometern kommt schon sehr nahe an die heute gültige Zahl von 149,6 Millionen Kilometern heran. Diese als „Astronomische Einheit" bezeichnete Entfernung wird das grundlegende Maß in der Astronomie, mit dem sich erstmals auch die Distanzen weit entfernter Sterne ermitteln lassen.

1792–1799

Im Auftrag der Königlichen Akademie der Wissenschaften in Frankreich ermitteln die Astronomen Pierre-François-André Méchain (1744–1804) und Jean-Baptiste-Joseph Delambre (1749–1822) anhand von Landvermessungen die Distanz zwischen den Städten Dünkirchen und Barcelona. Aus dem Wert soll der Umfang des Planeten errechnet und daraus wiederum ein neues universales Längenmaß abgeleitet werden: das Meter. Es soll dem zehnmillionsten Teil der Entfernung zwischen Nordpol und Äquator entsprechen. Sieben Jahre dauert die Exkursion, bis im April 1799 alle Messungen abgeschlossen sind und das Urmeter festgelegt wird.

1799–1804

Der deutsche Naturforscher Alexander von Humboldt (1769–1859) schifft sich mit seinem Begleiter, dem französischen Botaniker Aimé Bonpland (1773–1858), nach Südamerika ein. Fünf Jahre lang bereisen die Gelehrten die Regenwälder, Savannen und Hochgebirge Venezuelas, Kolumbiens, Perus, Ecuadors, Mexikos und Kubas, im Gepäck mehr als 40 wissenschaftliche Instrumente.

Humboldt sammelt Tausende von Pflanzen, darunter 3600 in Europa unbekannte Arten, nimmt Gesteinsproben, misst Luftdrücke, skizziert Geländeprofile, analysiert die chemische Zusammensetzung der Luft. Er untersucht systematisch die Wechselbeziehungen zwischen Flora und Fauna, Boden und Klima.

Dabei beobachtet er, dass sich die Vegetation mit der Höhe über dem Meer verändert. Mit einem Naturgemälde, in dem er einige seiner Erkenntnisse zusammenfasst, begründet er ein neues wissenschaftliches Fachgebiet: die Pflanzengeographie.

1800–1803

Unter dem Kommando des französischen Kapitäns Nicolas Baudin (1754–1803) starten zwei Forschungsschiffe, „Géographe" und „Naturaliste", zu einer dreijährigen Expedition in die Südsee. Baudin soll die zum Teil noch unbekannten Küsten Australiens kartieren, um mögliche unentdeckte Territorien für Frankreich zu reklamieren. Erfolgreich ist die Reise aber vor allem aus wissenschaftlicher Sicht: Acht Biologen, zwei Mineralogen und zwei Geographen tragen mehr als 220 000 naturkundliche Fundstücke zusammen, darunter 18 400 Tiere, von denen 2500 Arten noch unbeschrieben sind.

18 400 Tiere sammelt die Baudin-Expedition in der Südsee, darunter auch Krabben (oben)

1817–1820

Im Auftrag des bayerischen Königs brechen die deutschen Naturkundler Johann Baptist von Spix (1781–1826) und Carl Friedrich Philipp von Martius (1794–1868) zu einer Forschungsreise nach Brasilien auf.

Insgesamt legen sie 10 000 Kilometer durch die tropische Bergwelt zurück, erforschen als erste Europäer das Flusssystem des Amazonas und bringen 6500 exotische Pflanzen, 2700 Insekten, 86 Säugetiere, 350 Vögel, 130 Amphibien und 116 Fische zurück in die Heimat.

Die Fundstücke tragen zum Aufbau einer der bedeutendsten zoologischen Sammlungen Europas bei.

1828–1829
Der schottische Geologe Charles Lyell (1797–1875) unternimmt eine Expedition in die Auvergne und die Vulkangebiete von Vesuv und Ätna. Dort untersucht er die Krater zahlreicher Feuerberge, studiert Millionen Jahre alte Sedimente und formuliert eine Theorie der Erdgeschichte, die das herrschende Weltbild erschüttert: Nicht etwa Wunder (wie es in der Bibel steht) oder einzelne Katastrophen hätten der Erde ihre Gestalt gegeben, sondern Erdbeben und Vulkanausbrüche sowie langsame, stetige Phänomene – etwa die Jahrmillionen währende Verwitterung und Erosion der Gesteinsmassen.

In seinem Hauptwerk „The Principles of Geology“ legt Lyell zudem das bis heute gültige „Aktualitätsprinzip“ fest: Prozesse, die gegenwärtig die Erde verändern, waren ebenso in der Vergangenheit wirksam. Die Schrift wird zum einflussreichsten geologischen Werk aller Zeiten.

Langsame Prozesse formen die Gestalt der Erde – und die ihrer Bewohner, erkennt Charles Lyell

1831
Der britische Polarforscher James Clark Ross (1800–1862) bestimmt bei einer Fahrt in die Arktis die Lage des magnetischen Pols der Nordhalbkugel – jenes Punkts, an dem eine magnetische Nadel nicht nach Norden zeigt, sondern zum Erdmittelpunkt. Während einer Expedition im Südpolarmeer von 1839 bis 1843 lokalisiert er auch die Position des Magnetpols der Südhalbkugel.

1831–1836
Auf einer fast fünfjährigen Weltreise mit dem Vermessungsschiff „Beagle“ erkundet der Brite Charles Darwin (1809–1882) die Festlandküsten und Inseln Südamerikas und verarbeitet Eindrücke, die ihn später die Lehre von der Entstehung der Arten entwickeln lassen. Auf den Galápagos-Inseln sammelt er Vögel, die, wie sich später herausstellt, mit festländischen Finken-Arten nahe verwandt sind, sich von ihnen jedoch unterscheiden. Darwin vermutet nach seiner Rückkehr, dass all diese Finken von einer einzigen Art abstammen, sich also aus ihr entwickelt haben.

1859 fasst er diese und andere Beobachtungen in dem revolutionären Werk „On the Origin of Species by Means of Natural Selection“ zur ersten veröffentlichten schlüssigen Theorie der Evolution zusammen: Tiere und Pflanzenarten sind nicht konstant, sondern verändern sich mit der Zeit, und die natürliche Auslese im Kampf ums Dasein steuert die Entstehung und Veränderung aller Lebewesen – auch des Menschen. Folglich ist der *Homo sapiens* keine göttliche Schöpfung, vielmehr stammt er von Affen ab.

1842–1845
Der deutsche Orient-Experte Karl Richard Lepsius (1810–1884) bereist Ägypten, Nubien und die Sinai-Halbinsel, um antike Artefakte zu analysieren. An den Ufern des Nils entdeckt er die Überreste von 67 Pyramiden, zahlreiche Pharaonengräber sowie Felsinschriften einer untergegangenen ägyptischen Kultur. Lepsius' Reise markiert den Beginn der wissenschaftlichen Erforschung antiker Kunstwerke – und gleichsam die Geburtsstunde der Ägyptologie.

1847–1849
In Vorderasien erforscht der englische Botaniker Joseph Hooker (1817–1911) das Hochland Indiens erstmals bis an die Grenze Tibets. Dabei sammelt der 31-Jährige Pflanzen, notiert die Art und Weise ihrer Verwendung und die einheimischen Namen, führt Messungen mit Barometer und Sextant durch und fertigt eine der umfangreichsten botanischen Höhenkarten der indischen Flora an. Ferner stellt Hooker fest, dass der Himalaya keine isolierte Bergkette ist, sondern Teil eines gewaltigen Hochlandgebirges.

Sir Joseph Hooker kartiert das Hochland Indiens und erforscht die dortige Flora

1848–1859
Mit dem Ziel, die südamerikanische Tierwelt zu erforschen, reist der englische Zoologe Henry Walter Bates (1825–1892) elf Jahre lang fast 3000 Kilometer entlang des Amazonas. Er findet bizarre Tiere: Raupen, die aussehen wie eine giftige Schlange; Fliegen, die wie wehrhafte Bienen wirken; und Heuschrecken, die sich als aggressive Wespen tarnen.

Der Autodidakt erkennt, dass diese Tiere das Aussehen anderer Arten imitieren, um ihren Fressfeinden zu entgehen. Bates' Beobachtungen sind eine wissenschaftliche Revolution: Sie zeigen erstmals, dass sich Arten aufgrund von Mutationen von Generation zu Generation verändern. Varianten einer Spezies, die dem Aussehen ihres Vorbildes besonders nahe kommen, pflanzen sich fort. Andere, denen die Täuschung weniger gut gelingt, werden Opfer ihrer Räuber. Das von Bates enthüllte Phänomen wird zu einer entscheidenden Stütze für die noch junge und umstrittene Evolutionstheorie von Charles Darwin.

Ab 1851
Der Ethnologe Adolf Bastian (1826–1905) beginnt seine erste Weltreise, die ihn nach Australien, Neuseeland, Mittel- und Nordamerika, China, Indien, Arabien und nach Afrika führt. Immer wieder drängt es den Deutschen zu neuen Expeditionen: Etwa ein Drittel seines Lebens reist Bastian durch die Welt, besucht mehr Völker und sammelt mehr Zeugnisse ihrer Kulturen als jeder andere Forscher zuvor, vor allem alltägliche Gebrauchsgegenstände wie Schalen und Töpfe, aber auch religiöse Symbole, etwa Fetischfiguren, oder Kunstwerke.

Auf seinen Reisen besucht Adolf Bastian mehr Völker als jeder andere Ethnologe zuvor

Im Gegensatz zur vorherrschenden Meinung schreibt Bastian allen Ethnien gemeinsame Wurzeln zu und betrachtet sie von Natur aus als gleichwertig. 1873 gründet er das Völkerkundemuseum in Berlin.

1868–1872
Mit der Absicht, die Kohlevorkommen Chinas exakt zu lokalisieren, erkundet der Geologe Ferdinand von Richthofen (1833–1905) 13 der damals 18 chinesischen Provinzen. Statt auf Kohle stößt er in der Nähe des Gelben Flusses vor allem auf gewaltige Mengen eines Sediments, das ihm aus den Tiefebenen Mitteleuropas bekannt ist: Löss. Wie viele seiner Kollegen ist von Richthofen davon überzeugt, dass es sich bei dem ockerfarbenen Staub um schlammhaltige Ablagerungen von Flüssen handelt.

Doch die Lössvorkommen, die er im fernen Osten entdeckt, sind derart gewaltig, dass sie nur einen Schluss zulassen: Der Staub wird nicht durch Flüsse, sondern durch Wind abgelagert. Er weht aus großer Ferne, etwa Wüsten- oder Steppengebieten, herbei und türmt sich dort auf, wo die Vegetation ein Hindernis bildet. Auf diese Weise erklärt der Geologe zum ersten Mal systematisch, wie die Gestalt der Erdoberfläche durch äußere Kräfte wie den Wind geformt wird, und begründet das Fachgebiet der Geomorphologie, der „Landformenkunde“.

Ab 1869
Als erster Forscher wagt sich der Amerikaner John Wesley Powell (1834–1902) im Ruderboot auf dem Colorado-Fluss durch den Grand Canyon im Westen der USA. Stets gefährdet, in Stromschnellen unterzugehen und an Klippen zu zerschellen, lassen sich der Geologe und sein neunköpfiges Team 13 Wochen lang durch Schluchten treiben, die bis dahin außer den einheimischen Indianern wohl noch kein anderer

Mensch gesehen hat. Mehrmals kentern die Boote, vier Männer verlassen die Expedition und klettern aus dem Canyon. Powell fertigt nach zwei weiteren Expeditionen detaillierte Aufzeichnungen über Topographie und Pflanzenwelt des Geländes an, beschreibt systematisch Gesteinsschichten und legt so den Grundstein für die Erforschung einer der bedeutendsten geologischen Formationen der Erde.

Bei der Suche nach Fossilien gerät Edward D. Cope in einen Wettstreit mit Othniel C. Marsh

Ab 1870

Die amerikanischen Paläontologen Othniel Charles Marsh (1831–1899) und Edward Drinker Cope (1840–1897) rüsten unabhängig voneinander Expeditionen aus, um im Westen Nordamerikas nach Dinosauriern zu graben.

Kurz zuvor hat Marsh seinem Kollegen Cope Fehler in der Skelett-Rekonstruktion einer Urechse nachgewiesen. Seither sind die Knochensammler erbitterte Konkurrenten. Die jahrelange Fehde geht als „Krieg der Knochen“ in die Geschichte der Paläontologie ein – und beschert der Fachwelt eine nie gekannte Ausbeute: Insgesamt entdecken und klassifizieren beide Forscher während des Wettlaufs 142 neue Echsenarten.

1872–1876

Unter der Leitung des schottischen Zoologen Wyville Thomson (1830–1882) startet die britische Dampfkorvette „Challenger“ zu einer dreieinhalbjährigen Erdumsegelung, an Bord zwei Laboratorien, Schleppnetze und Mikroskope. Es ist die erste Expedition zur Erkundung der Meere – und das teuerste Forschungsprojekt der viktorianischen Zeit. Die sechs Wissenschaftler führen 492 Lotungen durch und senken 133-mal die Netze auf den Grund herab.

Gut 10 000 gesammelte Pflanzen und Tiere werden katalogisiert und in Alkohol eingelegt, darunter 4500 völlig unbekannte Lebewesen; viele von ihnen aus Meerestiefen, die kurz zuvor noch als unbelebt galten. Zudem erkundet die Crew die Beschaffenheit des Meeresbodens, Strömungen und kaum erforschte Inseln.

1880

In Ägypten stößt der britische Archäologe Sir Flinders Petrie (1853–1942) als erster Forscher in die verschütteten Gänge und Kammern der Pyramiden von Giseh vor. Dabei macht er das Ausgraben als solches zu einer wissenschaftlichen Subdisziplin: Sind bis dahin vor allem große, wertvolle Kunstwerke wie antike Statuen, vergoldete

Der Archäologe Flinders Petrie gräbt auch nach Alltagsgegenständen wie Kochgeschirr

Masken oder Sarkophage ohne Rücksicht auf die Zerstörung wissenschaftlich relevanter Artefakte freigelegt worden, geht es Petrie darum, die Bedeutung eines jeden Fundes zu erkennen, Hypothesen mit dem Fortschreiten der Arbeit ständig zu überprüfen und jeden Fund zu sichern. Der Brite gräbt sich systematisch immer tiefer, fertigt Skizzen an, sammelt auch winzige Artefakte und siebt sogar den Staub der Grabungsstellen aus.

Sein Buch „Methods and Aims in Archaeology“ wird zum Standardwerk für die archäologische Feldarbeit.

1883–1884

Um zu verhindern, dass eine in Ägypten und Indien grassierende Cholera-Epidemie auf Europa übergreift, reist der Mediziner Robert Koch (1843–1910) nach Alexandria und Kalkutta. Dort erforscht er die Übertragungswege der Krankheit und die Möglichkeiten der Bekämpfung. Tatsächlich kann Koch den Erreger in den Därmen und im Kot von Cholera-Leichen isolieren. Und er entdeckt, dass die sichelförmigen Keime vor allem in verschmutzten Wasserbehältern und Tümpeln gedeihen und dann über unreines Trinkwasser, Nahrung oder Kleidung übertragen werden.

Zurück in Deutschland, regt Koch zahlreiche Hygienevorschriften an (etwa die kontrollierte Entsorgung des Abwassers) und schafft so eine Basis für die Eindämmung von Seuchen.

1891

Auf der Insel Java gräbt der Militärarzt Eugène Dubois (1839–1940) nach menschlichen Vorfahren. An einer Flussbiegung findet der Niederländer 1891 eine vollständig erhaltene Schädeldecke, die von ihrer Form her weder zu einem modernen Menschen noch zu einem Affen gehört – vielmehr zu einem Wesen, das aus evolutionärer Sicht zwischen beiden steht.

Dass es aufrecht gehen konnte, beweist der Paläontologe anhand eines weiteren Bruchstücks: eines Oberschenkelknochens, der sich von dem heutiger Menschen kaum unterscheidet. Die Fossilien gehören zu den Überresten eines *Homo erectus*, eines Vorfahren des *Homo sapiens*. Als „Javamensch“ wird der mehr als 700 000 Jahre alte Fund später weltberühmt.

1894

In China wütet die Pest. Frankreich, das einen Ausbruch der Seuche im benachbarten Französisch-Indochina befürchtet, schickt den Bakteriologen Alexandre Yersin (1863–1943) in das Krisengebiet. Dort wird die Arbeit des gebürtigen Schweizers aber weitgehend boykottiert. Erst als er Matrosen besticht, die die Pestleichen bestatten, kann Yersin Autopsien durchführen. Im Brei einer aufgeschnittenen Pest-

Alexandre Yersin reist nach Französisch-Indochina und isoliert dort den Erreger der Pest

beule stößt er auf kleine Stäbchen: Bakterien, die Yersin in Kulturen vermehrt und Mäusen und Meerschweinchen injiziert. Die Nager sterben, weisen ihrerseits die charakteristischen Beulen auf, die die gleichen Mikroben enthalten.

Damit hat er den Erreger einer der verheerendsten Infektionskrankheiten identifiziert.

1897

Auf einer Expedition in Indien sucht der britische Militärarzt Ronald Ross (1857–1932) nach dem Auslöser einer Krankheit, die Hunderttausenden den Fiebertod bringt: Malaria.

Von Mensch zu Mensch ist das gefährliche Fieber nicht ansteckend, weiß der Mediziner. Vielmehr vermutet Ross, dass blutsaugende Insekten die Überträger sind. Tatsäch-

Stechmücken übertragen das gefährliche Malariafieber, erkennt Ronald Ross in Indien

lich entdeckt er den Erreger im Magen einer Stechmückenart: schwarz pigmentierte Sporen, die den Moskito als Zwischenwirt nutzen. Ausschließlich die Weibchen übertragen die Keime, denn nur sie saugen an Wirbeltieren Blut, dessen Nährstoffe sie für das Heranreifen ihrer Eier benötigen.

Aufgrund seiner Erkenntnisse und weiterer Forschungen werden Anfang des 20. Jahrhunderts in betroffenen Gebieten Sümpfe trockengelegt, die Larven der Mücken in Ölbädern erstickt, Brutstätten mit Dynamit gesprengt. Doch auch heute noch erkranken jedes Jahr rund 250 Millionen Menschen an Malaria – und 2006 starben fast eine Million Infizierte an der Seuche.

1898

Der Leipziger Zoologe Carl Chun (1852–1914) führt auf dem umgerüsteten Liniendampfer „Valdivia“ die erste deutsche Expedition zur Erforschung der Tiefsee.

Bei ihrer rund 60 000 Kilometer langen Fahrt durch den Atlantik und den Indischen Ozean nutzt die zwölfköpfige Wissenschaftler-Crew eine ausgefeilte Fangkonstruktion: ein Netz, das über mehrere Beutel verfügt und sich über einen Klappmechanismus in unterschiedlichen Tiefen öffnen und wieder schließen lässt. Damit vermögen die Forscher erstmals zu erfassen, welche Lebewesen die diversen Zonen im Meer bevölkern. Aus bis zu 5000 Meter Tiefe bergen sie Garnelen mit riesigen Antennen, bizarre Tintenfische und unbekannte Planktonarten.

Die Ausbeute ist so groß, dass Wissenschaftler bis 1940 damit beschäftigt sind, sämtliche Organismen zu analysieren.

1901

Am 11. Juli steigt der preußische Meteorologe Reinhard Süring (1866–1950) mit dem Geographen Arthur Berson (1859–1942) auf einem Berliner Paradeplatz in die Gondel eines Wasserstoff-Ballons. Mit modernsten Instrumenten zur Messung von Luftdruck, Luftfeuchtigkeit und Temperatur an Bord dringen die beiden in eine nie zuvor erreichte Höhe vor: 10,5 Kilometer. Ihre Messdaten ergeben: Die Erdatmosphäre gliedert sich in Schichten, die sich eindeutig voneinander unterscheiden lassen. In der unteren Troposphäre etwa, in der sich die Wolken bilden, nimmt die Temperatur in der Höhe ab, in der Stratosphäre darüber steigt sie dagegen wieder an.

1906–1908

Der deutsche Polarforscher Alfred Wegener (1880–1930) reist als Mitglied einer dänischen Expedition nach Grönland und erforscht mit einer neuartigen Methode das arktische Wetter: 125-mal lässt er mit Temperaturfühlern und Luftdruckmessern ausgestattete Drachen- und Fesselballons bis zu 3100 Meter hoch aufsteigen. Trotz Finsternis, Frost und Sturm sammelt Wegener Daten, die erstmals Aufschluss über den Aufbau der polaren Atmosphäre geben.

Seine Messungen spornen ihn zu weiteren Grönlandfahrten an: 1930 etwa bestimmt er mit einem speziellen Echolot die Dicke des grönländischen Eisschildes auf bis zu 2700 Meter. Bekannt wird Wegener auch wegen seiner 1912 vorgestellten Annahmen zur Entstehung der Kontinente, die Geologen in den Jahrzehnten darauf zur „Theorie zur Plattentektonik" weiterentwickeln.

Alfred Wegener reist mehrmals nach Grönland, um mit Ballons das Wetter zu erforschen

1911

Am 24. Juli stößt der Archäologe Hiram Bingham (1875–1956) in den Bergen von Peru auf die Ruinenstadt Machu Picchu. 1912 organisiert er eine Expedition, die die einstige Inkasiedlung vollständig freilegt, und lässt kurzerhand 220 wertvolle Silber-, Kupfer- und Bronzeobjekte, 550 Keramiken sowie 173 Mumien in seine Heimat transportieren – ein Raubzug, der typisch ist für viele Forscher jener Zeit.

1911

Das Expeditionsteam des Norwegers Roald Amundsen (1872–1928) dringt am 15. Dezember zum Südpol vor – und gewinnt um 35 Tage den Wettlauf gegen den britischen Offizier Robert Falcon Scott (1868–1912), der auf dem Rückweg zusammen mit seinen vier Begleitern ums Leben kommt. Ein anderer Teil von Scotts Crew erforscht das antarktische Viktorialand und das Transantarktische Gebirge.

1919

Im März erreicht der englische Physiker Arthur Stanley Eddington (1882–1944) die Insel Príncipe im Golf von Guinea, da zu dieser Zeit ein Himmelsereignis dort besonders gut zu beobachten ist: eine totale Sonnenfinsternis. Eddington fotografiert die Erscheinung, um die vier Jahre zuvor von Albert Einstein aufgestellte Allgemeine Relativitätstheorie zu beweisen.

Gemäß der Theorie lenken große Massen wie die Sonne Lichtstrahlen ab, weil sie eine Krümmung des Raumes verursachen – vergleichbar mit einer Matratze, deren Oberfläche durch eine schwere Eisenkugel eingedrückt wird. Lässt man Murmeln durch eine Senke rollen, folgen sie keiner Geraden, sondern einer Kurve – wie das Licht im gekrümmten Raum nahe der Sonne. Weil der Mond die Sonne während der Finsternis vollständig überdeckt, kann Eddington in deren Umgebung Sterne sehen, die sonst vom Sonnenlicht überstrahlt werden. Der Astronom zeigt, dass ihre Positionen am Firmament verschoben erscheinen (was nur durch eine Biegung der Lichtstrahlen ausgelöst werden kann), und bestätigt so Einsteins Theorie.

Bei einer Sonnenfinsternis weist Arthur Eddington nach, dass die Masse den Raum krümmt

Mit chemischen Verfahren will Fritz Haber das im Meerwasser gelöste Gold gewinnen

1923

Gemeinsam mit vier weiteren Wissenschaftlern überquert der deutsche Chemiker Fritz Haber (1868–1934) auf zwei mit Laboren ausgerüsteten Dampfschiffen der Hamburg-Amerika-Linie erst den Nord-, dann den Südatlantik. Es ist der Auftakt zur Analyse von Meerwasserproben für ein geheimes Forschungsprojekt: Mit einem eigens für seine Zwecke verfeinerten chemischen Verfahren will Haber während der Fahrt das im Meerwasser gelöste Gold gewinnen. Nach seinen Berechnungen sollen die Ozeane insgesamt acht Milliarden Tonnen des Edelmetalls enthalten – ein nahezu unerschöpflicher Vorrat. Doch bei Messungen des Atlantikwassers stellt er fest, dass sich der ohnehin schwankende Goldgehalt in den analysierten Proben zumeist nur auf ein Tausendstel der ursprünglich angenommenen Konzentration beläuft. 1926 gibt Haber sein Vorhaben auf.

1925–1927

Die Besatzung des deutschen Forschungsschiffs „Meteor" untersucht unter der Leitung des österreichisch-deutschen Ozeanographen Alfred Merz (1880–1925) erstmals großflächig den Meeresboden des Atlantiks. Dabei verwenden die Wissenschaftler das erste „Dauer-Echolot", ein elektronisches Gerät, das unter Wasser permanent Schallsignale aussenden und deren Echos empfangen kann. Mit der neuartigen Technik nehmen Merz und seine Crew insgesamt 67 000 Tiefenmessungen vor.

Dadurch gewinnt der Ozeanboden allmählich an Gestalt; die Lotungen ermöglichen die bis dahin detailreichsten Darstellungen jenes unterseeischen Gebirges, das fast den gesamten Atlantik durchzieht, des Mittelatlantischen Rückens. Zudem erleichtert das kontinuierlich arbeitende Echolot seither auch die Navigation an unbekannten Küsten.

1925

Die US-Ethnologin Margaret Mead (1901–1978) bricht zu einer Expedition nach Amerikanisch-Samoa auf, um das Sozialverhalten einheimischer junger Mädchen zu studieren und eines der größten Rätsel der Wissenschaft zu lösen: Was formt den Menschen stärker – biologische Veranlagung oder kulturell bestimmte Erziehung?

Ihre Forschungsergebnisse machen sie weltberühmt. Der Mensch ist danach vor allem ein Produkt der Kultur. Und im Gegenschluss muss das Verhalten pubertierender Jugendlicher in den USA allein ein Resultat ihrer Erziehung sein; alles Schlechte, was die Menschen der westlichen Welt erleben, stellt die Folge der eigenen Prägung dar.

Mead wird zu einer der wichtigsten Vordenkerinnen der Ethnologie. Doch nach ihrem Tod wecken neue Erkenntnisse Zweifel an ihrer wissenschaftlichen Sorgfalt; der australische Ethnologe Derek Freeman zeigt, dass die Menschen auf Samoa keineswegs so friedfertig sind, wie Margaret Mead es dargestellt hat.

1926
Der russische Biologe Ilja Iwanow (1870–1932), einer der führenden Experten für künstliche Befruchtung, reist auf Einladung des Pariser Institut Pasteur in das westafrikanische Guinea, um ein neues Wesen zu erschaffen. Iwanow, der bei Hybridexperimenten zuvor etwa Zebra und Esel erfolgreich gekreuzt hat, will nun Schimpanse und Mensch miteinander verschmelzen: zu einem neuen Mischwesen.

Doch die Versuche an weiblichen Affen misslingen (dass die unterschiedliche Chromosomenzahl eine Kreuzung verhindert, ist noch unbekannt). Zurück in Russland, versucht Iwanow 1929, das Experiment an Freiwilligen zu wiederholen und Frauen mit Affensperma zu befruchten. Doch im Dezember 1930 nimmt ihn die sowjetische Geheimpolizei fest und verbannt ihn nach Kasachstan. Iwanow wird 1932 rehabilitiert, doch er ist gesundheitlich angeschlagen und stirbt noch im selben Jahr.

In 200 Meter Tiefe entdecken William Beebe und Otis Barton Quallen und Leuchtfische

1930
In einer selbst konstruierten Stahlkugel stoßen der Zoologe William Beebe (1877–1962) und der Ingenieur Otis Barton (1899–1992) erstmals mit einer bemannten Gerätschaft in die bis dahin wenig erkundete Tiefsee vor.

Vor der Küste Bermudas entdeckt Beebe ab 200 Meter Tiefe eine ungeahnte Artenvielfalt: bizarre Vipernfische, die über Leuchtorgane verfügen, purpurrote Pfeilwürmer, glitzernde Schnepfenaale und silbrig schimmernde Tiefseebeilfische. Viele Tiere hat noch nie zuvor ein Mensch gesehen.

1931
Im Sommer hebt der deutsche Flugpionier Hugo Eckener (1868–1954) mit dem Luftschiff „Graf Zeppelin" zu einer gefährlichen Fahrt in Richtung Nordpol ab, an Bord Wissenschaftler

1931 sammeln Forscher an Bord des Luftschiffs »Graf Zeppelin« Wetterdaten in der Arktis

und Journalisten aus Schweden, der UdSSR, Deutschland, den USA und der Schweiz. Von ihrem Fluggerät lassen die Forscher unbemannte Wetterballons aufsteigen, um erstmals meteorologische Daten in den unzugänglichen Regionen des Nordpolarmeers zu sammeln. Mussten die Messgeräte bis dahin stets wieder eingesammelt und ausgewertet werden, nachdem sie an Fallschirmen auf den Boden zurückgekehrt waren, so verwenden die Meteorologen der „Graf Zeppelin" ein neuartiges Instrument, eine „Radiosonde". Per Kurzwellensender funkt sie Angaben über Temperatur, Luftdruck und -feuchtigkeit zum Luftschiff. Die Expedition ist zugleich der Beginn der modernen Wetterforschung.

1937–1938
Der russische Polarforscher Iwan Papanin (1894–1986) lässt sich gemeinsam mit drei Kollegen 274 Tage lang auf einer rund 500 Hektar großen und gut drei Meter dicken Eisscholle von einem Gebiet nahe dem Nordpol bis zum südlichen Teil der Grönlandsee treiben. Mit ihrem Experiment wollen die Wissenschaftler unter anderem feststellen, wie schnell und in welche Richtung das Treibeis driftet.

Seither haben sich russische Teams 37-mal auf Eisschollen eingerichtet und nachgewiesen: Zwei Hauptströmungen bewegen das Eis im Nordpolarmeer. Die sogenannte Transpolardrift etwa schiebt das Eis von Sibirien nach Grönland; in einem gewaltigen Wirbel zirkuliert ein Teil der Massen zudem im Küstendreieck zwischen Grönland, Kanada und Russland.

1947
Die Ureinwohner Südamerikas haben Weltmeere überquert und Polynesien besiedelt, glaubt der Norweger Thor Heyerdahl (1914–2002). Um seine These zu beweisen, segelt er mit einem Floß aus Balsaholz und einer fünfköpfigen Besatzung von Peru Richtung Westen. Nach rund 7000 Kilometern und 101 Tagen erreicht die Crew ein Atoll im Osten Polynesiens. Auch wenn sich Heyerdahls Siedlungsthese später nicht durchsetzt, wird der Forscher weltberühmt und etabliert die Experimentelle Archäologie als wissenschaftliche Disziplin.

Ab 1959
In Tansania sind die britischstämmigen Anthropologen Mary (1913–1996) und Louis Leakey (1903–1972) auf der Suche nach dem Ursprung der Menschheit.

In einem Hang der Olduvai-Schlucht westlich des Ngorongoro-Kraters stoßen sie zunächst auf steinerne Werkzeuge wie etwa Faustkeile, dann auf Überreste dreier Kreaturen, die sich aufgrund der vergleichsweise großen Gehirne der Gattung Homo zuordnen lassen. Louis Leakey präsentiert die Funde im April 1964: als neue Art *Homo habilis*, als „geschickten" Menschen, und als einen der frühen (1,8 Millionen Jahre alten) Werkzeugmacher in der Ahnenreihe des modernen Menschen. Nach dem Tod ihres Mannes 1972 gräbt Mary Leakey weiter: 1978 findet sie Fußspuren noch älterer, aufrecht gehender Vormenschen. Ihr Sohn, Richard Leaky (geb. 1944), entdeckt 1984 erstmals ein fast vollständiges Skelett des *Homo erectus*: eines Wesens, das von Afrika aus auf andere Kontinente auswanderte.

Mary und Louis Leakey suchen jahrzehntelang nach dem Ursprung der Menschheit und begründen eine Anthropologen-Dynastie

1960
An einem Januartag brechen der Schweizer Ingenieur Jacques Piccard (1922–2008) und der amerikanische Marineoffizier Don Walsh (geb. 1931) zu einer riskanten Expedition auf: Sie wollen den tiefsten Punkt der Ozeane erreichen und dort nach Leben suchen. Ihr Tauchboot, die „Trieste", besteht aus einem 15 Meter langen Benzintank, der als

Jacques Piccard (r.) taucht 1960 an Bord der »Trieste« zur tiefsten Region des Planeten

Auftriebskörper dient, und einer druckfesten, kugelförmigen Kabine aus zwölf Zentimeter dickem Stahl. Bei 10916 Meter Tiefe erreichen sie den Grund des Marianengrabens im Pazifik, die tiefste Region des Planeten. Tatsächlich vermag Piccard aus einer winzigen Sichtluke einen Plattfisch, eine Garnele und eine Qualle zu erkennen: Es gibt also Arten, die sich dem enormen Wasserdruck am Grund der unterseeischen Schlucht (mehr als eine Tonne pro Quadratzentimeter) angepasst haben. Piccards und Walshs Rekord ist bis heute ungebrochen.

1962
Während seines Dienstes bei der US Navy im Zweiten Weltkrieg untersucht der amerikanische Geophysiker Harry Hess (1906–1969) den Ozeanboden per Echolot und erkennt, dass an den

Autorenporträt

Von der Vielfalt des Wissens

Über die Mühen journalistischen Recherchierens

Martin Paetsch

Martin Paetsch ist ein GEOkompakt-Autor der ersten Stunde: Seit dem Start der Heftreihe im Jahr 2004 war der freie Journalist an jeder Ausgabe beteiligt. An der Arbeit für GEOkompakt reizt den 1970 geborenen Norddeutschen vor allem die Vielfalt der Themen: Er hat für das Magazin bereits über den Neandertaler, das Schwarmverhalten von Fischen, die Geologie der Sahara, die Geburt von Sternen und das Sexualleben der Tiere geschrieben. Für das GEOkompakt-Heft „Das Abenteuer Technik" rekonstruierte er in wochenlanger Arbeit das Dickicht aus Kanälen, Kabeln und Leitungen, die unter einer der Hauptverkehrsadern Hamburgs verlaufen. Überhaupt ist Paetsch ein leidenschaftlicher Rechercheur: „Ich versuche immer, so tief wie möglich in die Materie einzudringen", so der Journalist. „Ich bin davon überzeugt, dass ein Autor sehr viel mehr über das Thema seiner Geschichte wissen muss, als letztlich darin zu lesen sein wird." Seine Artikel stützt er deshalb oft auf zahlreiche wissenschaftliche Studien und Fachveröffentlichungen – manchmal verwendet er über 70 verschiedene Quellen. Nach 20 Jahren in Bremen und Hamburg hat er Ende 2009 seiner Faszination für die asiatische Kultur nachgegeben – und lebt und arbeitet seither in einer anderen Hafenstadt: Hongkong.

BILDNACHWEIS/COPYRIGHT-VERMERKE

Anordnung im Layout: l. = links, r. = rechts, o. = oben, m. = Mitte, u. = unten

Titel: The Kon-Tiki Museum/Gamma/yeda/laif; Kolorierung: Heinz Wohner **Editorial:** Werner Bartsch für GEOkompakt: 3 o.; Lars Lindemann: 3 u. **Inhalt:** U. S. Geological Survey: 4 o.; National Maritime Museum, Greenwich, London: 4 m. l.; akg-images: 4 m. + 4 u. r.; The Natural History Museum, London: 4 m. r.; Archiv Friedrich/Interfoto: 4 u. l.; The Kon-Tiki Museum, Oslo: 5 o.; David L. Brill: 5 m. l.; Christopher Black/WHO: 5 m. r.; NASA: 5 u. **Im Zeichen der Erkenntnis:** Mary Evans Picture Library/Interfoto: 6/7; culture-images: 8 o.; Hulton-Deutsch Collection/Corbis: 8 u.; American Museum of Natural History: 8/9; Niedersächsische Staats- und Universitätsbibliothek Göttingen, Forschungsbibliothek: 10/11; Royal Geographic Society: 12/13 + 16/17; akg-images: 14/15 + 15 o.; Scherl/SZ-Photo: 15 u.; U. S. Geological Survey: 18/19 **Dergeheime Auftrag des Captain Cook:** Ullstein-Bild: 20; National Maritime Museum, Greenwich, London: 21, 24 l. + 31; Mary Evans Picture Library/Interfoto: 22, 24 r. + 28 o. r.; The Natural History Museum, London: 23 + 28 l.; aus: „James Cook und die Entdeckung der Südsee", mit freundlicher Genehmigung Kunst- und Ausstellungshalle der Bundesrepublik Deutschland: 23 (Karte); Peter Widmann/Mova/Interfoto: 25; Karsten Laaker für GEOkompakt: 27; British Library Board; London: 28 u. r.; EADS Astrium/DLR: 32 l.; DLR: 32 r. **Das Maß aller Dinge:** Mary Evans Picture Library/Interfoto: 36 o. l., 42 + 44; The Bridgeman Art Library: 36 o. r., akg-images: 36 u. + 47; Marc Steinmetz: 36/37, 38/39, 40/41, 43, 45; Science Museum/SSPL/Interfoto: 38 l.; Sammlung Rauch/Interfoto: 41 **Die große Reise des Weltensammlers:** akg-images: 50 l., 53, 55 + 56; The Bridgeman Art Library: 50/51, 54, 57 + 59; Karte: Rainer Droste: 52; Aisa/Interfoto: 58; Bildarchiv Preußischer Kulturbesitz: 60; Florian Launette/dpa: 61 o.; Bibby/Financial Times/REA/laif: 61 u.; Thomas Höfler/Interfoto: 62 **Das „Challenger"-Projekt:** The Natural History Museum, London: 64-66, 68/69, 71-72 + 74; The Challenger Reports: 67, 70 + 73; Russ Hopcroft/Census of Marine Life/Univ. of Alaska/AP photo; 25 l.; M. Rauschert/Census of Marine Life/dpa: 75 m.; Russ Hopcroft/Census of Marine Life/Univ. of Alaska/dpa: 25 r. **Duell in tödlicher Kälte:** Archiv Friedrich/Interfoto: 76/77 + 84; Sammlung Rauch/Interfoto: 78 + 87; Everett Collection/Action Press: 79; Bettman/Corbis: 80 l.; Interfoto: 80 r.; The Bridgeman Art Library: 81, 86, 89 l. + 90; Mary Evans Picture Library/Interfoto: 82 o. + 87; Royal Geographic Society: 82 u.; akg-images: 83; Herbert G. Ponting/Bettman/Corbis: 85; Henry Malmgren/National Science Foundation/USAR: 88 l.; Keith Vanderlinde/National Science Foundation/USAR: 88 r.; Popperfoto/Gettyimages: 89 r. **Vom Garten Eden auf einer Südseeinsel:** akg-images: 92/93; The Library of Congress: 93; Ullstein-Bild: 94/95; Science Source/Photo Researchers/Mauritius: 96; Scherl/SZ Photo: 97; Raghu Rai/Magnum Photos/Ag. Focus: 98 **Das Abenteuer der „Kon-Tiki":** The Kon-Tiki Museum/Gamma/Eyedea/laif, Kolorierung: Heinz Wohner: 100/101; The Kon-Tiki Museum, Oslo: 103-107 o. + 110; Rue des Archives/BCA/SZ Photo: 107-108; Nele Kelch für GEOkompakt: 109; Dominique Görlitz: 111 **Auf der Suche nach dem Anfang:** David L. Brill: 112-116, 117 r. + 120; Michael Stravato/AP Photo: 117 l.; Eric Tscherne für GEOkompakt: 118/119 o.; Ron Clarke: 118 u; Jay Matternes: 121 **Viren:** Kate + Camilla/Corbis: 122/123; Christopher Black/WHO: 123 r., 125 m. + u., + 131; Pierre Formenty/WHO: 125 o.; Desirey Minkoh/Files/AFP/Gettyimages: 126 o.; Tyler Hicks/Gettyimages: 126 m.; Stuart Franklin/Magnum Photos/Ag. Focus: 126 m. + 129; Phanie/Superbild: 131 l.; Medical RF.com/Corbis: 131 r. **Das Labor im All:** NASA/ESA: 132/133; NASA: 134-141; NASA_HO/dpa: 142/143 **Die Erforschung der Welt:** Gilles Mermet/La Collection/MNHN/Interfoto: 146; Science Museum/SSPL/Interfoto: 147 o. + u. l.; Sammlung Rauch/Interfoto: 147 u. r. + 150 o.; Mary Evans Picture Library/Interfoto: 148 l. + 150 m. l.; Archiv Friedrich/Interfoto: 148 m. u., 149 m + 150 m. r. (2x); Interfoto: 148 r.; Illustrated London News/Mary Evans Picture Library/Interfoto: 149 l.; akg-images: 149 r.; Bettman/Corbis: 150 u.; Martin Paetsch: 151; Radeau des Cime/Gamma/laif: 152 **Vorschau:** Frans Lanting/Corbis: 154; Roland Birke/Okapia: 155 o.; Frans Lanting: 155 m. l.; A. Mertiny/Wildlife: 155 m. r.; Brian Bevan/Ardea/Picture Press: 155 u. l.; Louie Psihoyos/Corbis: 155 u. r.

Für unverlangt eingesandte Manuskripte und Fotos übernehmen Verlag und Redaktion keine Haftung.

GEOkompakt

Gruner + Jahr AG & Co KG, Druck- und Verlagshaus, Am Baumwall 11, 20459 Hamburg. Postanschrift der Redaktion: Brieffach 24, 20444 Hamburg, Telefon 040/37 03-0, Telefax 040/37 03 56 47, Telex 21 95 20. Internet: www.GEOkompakt.de

HERAUSGEBER
Peter-Matthias Gaede
CHEFREDAKTEUR
Michael Schaper
HEFTKONZEPT
Jörn Auf dem Kampe
TEXTREDAKTION
Dr. Henning Engeln, Rainer Harf
ART DIRECTOR
Torsten Laaker
BILDREDAKTION
Lars Lindemann
VERIFIKATION
Susanne Gilges, Johannes Kückens, Bettina Süssemilch
Freie Mitarbeit: Alice Gayler, Kirsten Milhahn
TEXT-MITARBEIT
Jens Schröder
Freie Mitarbeit: Dr. Ralf Berhorst, Jürgen Bischoff, Dirk Liesemer, Martin Paetsch, Maria Rossbauer, Wolf Schneider, Stella Varain, Bertram Weiß, Dr. Marlene Weiss, Sebastian Witte
ILLUSTRATION
Freie Mitarbeit: Andreas Boock, Karsten Laaker, Eric Tscherne
CHEFS VOM DIENST
Dirk Krömer
Rainer Droste (Technik)
SCHLUSSREDAKTION
Ralf Schulte
GESCHÄFTSFÜHRENDE REDAKTEURE
Martin Meister, Claus Peter Simon
REDAKTIONSASSISTENZ: Ursula Arens, Sabine Stünkel
HONORARE: Angelika Györffy
BILDADMINISTRATION UND -TECHNIK: Stefan Bruhn

Verantwortlich für den redaktionellen Inhalt:
Michael Schaper
VERLAGSLEITUNG: Dr. Gerd Brüne, Thomas Lindner
GESAMTANZEIGENLEITUNG: Heiko Hager
VERTRIEBSLEITUNG: Ulrike Klemmer, Deutscher Pressevertrieb
MARKETING: Antje Schlünder (Ltg.), Patricia Korrell
HERSTELLUNG: Oliver Fehling

ANZEIGENABTEILUNG: Anzeigenverkauf: G + J Media Sales/Direct Sales: Sabine Plath, Tel. 040 / 37 03 38 89, Fax: 040 / 37 03 53 02; Anzeigendisposition: Anja Mordhorst, Tel. 040 / 37 03 23 38, Fax: 040 / 37 03 58 87

Es gilt die GEO-Sonderhefte-Anzeigenpreisliste Nr. 6/2010

Bankverbindung: Deutsche Bank AG Hamburg,
Konto 0322800, BLZ 200 700 00
Heft-Preis: 8,50 Euro (mit DVD: 15,90 Euro)
ISBN 978-3-570-19925-1 (978-3-570-19956-5)

ISSN 1614-6913
Litho: 4mat Media, Hamburg
Druck: Mohn Media Mohndruck GmbH, Gütersloh
Printed in Germany

GEO-LESERSERVICE

FRAGEN AN DIE REDAKTION

Telefon: 040/37 03 20 73, Telefax: 040/37 03 56 48, E-Mail: briefe@geo.de

ABONNEMENT- UND EINZELHEFTBESTELLUNG

ABONNEMENT DEUTSCHLAND Jahres-Abonnement: 31 €

24-Std.-Online-Kundenservice: www.MeinAbo.de/service

BESTELLUNGEN: DPV Deutscher Pressevertrieb GEO-Kundenservice 20080 Hamburg
Telefon: 01805/861 80 03*

KUNDENSERVICE ALLGEMEIN: (PERS. ERREICHB.) Mo-Fr 7.30 bis 20.00 Uhr
Sa 9.00 bis 14.00 Uhr Telefon: 01805/861 80 03* Telefax: 01805/861 80 02*
E-Mail: geo-service@guj.de

ABONNEMENT ÖSTERREICH

GEO-Kundenservice Postfach 5, 6960 Wolfurt Telefon: 0820/00 10 85
Telefax: 0820/00 10 86 E-Mail: geo@abo-service.at

ABONNEMENT SCHWEIZ

GEO-Kundenservice Postfach, 6002 Luzern Telefon: 041/329 22 20
Telefax: 041/329 22 04 E-Mail: geo@leserservice.ch

ABONNEMENT ÜBRIGES AUSLAND

GEO-Kundenservice, Postfach, CH-6002 Luzern; Telefon: 0041-41/329 22 20,
Telefax: 0041-41/329 22 04; E-Mail: geo@leserservice.ch

BESTELLADRESSE FÜR GEO-BÜCHER, GEO-KALENDER, SCHUBER ETC.

DEUTSCHLAND

GEO-Versand-Service, Werner-Haas-Straße 5, 74172 Neckarsulm
Telefon: 01805/06 20 00*, Telefax: 01805/08 20 00*,
E-Mail: service@guj.com

SCHWEIZ

GEO-Versand-Service 50/001, Postfach 1002, CH-1240 Genf 42

ÖSTERREICH

GEO-Versand-Service 50/001, Postfach 5000, A-1150 Wien

BESTELLUNGEN PER TELEFON UND FAX FÜR ALLE LÄNDER

Telefon: 0049-1805/06 20 00, Telefax: 0049-1805/08 20 00,
E-Mail: service guj.com

*14 Cent/Min. aus dem deutschen Festnetz, Mobilfunkpreise können abweichen.
Ab 1. 3. 2010 Mobilfunkpreis max. 0,42 €/Min.

großen Gebirgszügen auf dem Grund, den sogenannten Mittelozeanischen Rücken, Magma hervorquillt. Hier entsteht neuer Meeresboden, der nach und nach erkaltet und den alten Meeresboden an beiden Seiten auseinanderdrückt. Während viele Fachleute immer noch davon ausgehen, dass die Erdkruste unbeweglich ist, zeigt Hess: Der Meeresboden wandert permanent und führt dabei – ähnlich einem Förderband – die aus leichterem Material bestehenden Kontinente mit sich. Damit liefert Hess einen der wichtigsten Belege für die von Alfred Wegener 1912 vorgestellte Theorie der Kontinentverschiebung.

1974

In der Afar-Region im Nordosten Äthiopiens entdeckt der amerikanische Paläoanthropologe Donald Johanson (geb. 1943) die versteinerten Knochen eines Wesens, das zwar aufrecht gehen konnte, dessen Gehirn jedoch kaum größer war als das eines Schimpansen. Auch weitere Merkmale beweisen, dass „Lucy", wie der Forscher seinen Fund nennt, ein *missing link* ist: eine sehr frühe Übergangsform zwischen Mensch und Affe. Älter als drei Millionen Jahre ist Lucy (wissenschaftlich: *Australopithecus afarensis*): der bei Weitem älteste bis dahin bekannte menschliche Vorfahr.

Vor allem aber belegt das Fossil: Am Anfang der Menschheitsgeschichte stehen weder das große Gehirn noch die Fähigkeit, Werkzeuge zu benutzen, sondern der aufrechte Gang. Rund 20 Jahre lang bleibt „Lucy" der älteste bekannte Menschenahn.

1979

Bei der Erkundung vulkanisch aktiver, unterseeischer Gebirgskämme stößt eine Gruppe von Wissenschaftlern unter der Leitung des Ozeanographen Fred Noel Spiess (1919–2006) an Bord des Tauchbootes „Alvin" auf schornsteinartige Gebilde, die einen dunklen, bis zu 350 Grad Celsius heißen Sud ausstoßen. Diese *black smoker* sind eine wissenschaftliche Sensation: Ihr Quellwasser besteht zu einem großen Teil aus giftigem Schwefelwasserstoff und dient einer Vielzahl exotischer Wesen als Energiespender. Mithilfe des Gases bauen Bakterien auf komplexe Weise aus Kohlendioxid Biomasse auf, von der sich dann wiederum höhere Tiere wie Schnecken, Würmer oder Garnelen ernähren. Bis dahin hatten Forscher angenommen, dass die Bewohner der Tiefsee vor allem das fressen, was aus den oberen Meereszonen herabsinkt.

1990

Mit einer neuartigen Forschungsstation erkundet der französische Biologe Francis Hallé (geb. 1938) einen zuvor kaum zugänglichen Lebensraum: die gewaltigen Baumkronen tropischer Wälder in bis zu 40 Meter Höhe.

Konnten Forscher die Wipfel bis dahin nur erreichen, indem sie Baumstämme erklommen, hat Hallé ein mobiles, 600 Quadratmeter großes Kunststoff-Plateau konstruiert, das von einem Luftschiff direkt auf dem Kronendach des Waldes abgesetzt wird. Von ihrer Plattform aus vermögen die Wissenschaftler das Leben im filigranen Astwerk der Urwaldriesen erstmals aus nächster Nähe zu studieren, Blüten und Früchte zu sammeln, unbekannte Insekten einzufangen und Vögel oder Affen besser zu beobachten. Was Biologen seit Längerem vermuten, können Hallé und sein Team bestätigen: Die Baumgipfel beherbergen die größte Artenvielfalt im Regenwald.

Ein per Luftschiff abgesetztes Plastik-Plateau ermöglicht es Francis Hallé, die Wipfelregionen tropischer Bäume zu erforschen

2000

Mehr als 2000 Wissenschaftler aus 80 Ländern schließen sich zum größten meeresbiologischen Forschungsprojekt der Geschichte zusammen: dem „Census of Marine Life". In dieser auf zehn Jahre angelegten gigantischen „Volkszählung" im Ozean sollen in mehr als 18 Teilprojekten erstmals möglichst viele marine Lebewesen in ihrer Vielfalt und Verbreitung erforscht werden. Ziel der Inventur ist es zudem, die Veränderungen von Meeresökosystemen über die Zeit zu verfolgen und deren komplexe Verknüpfungen besser zu verstehen.

2001

Bei einer Expedition in der Djurab-Wüste im Norden des zentralafrikanischen Tschad findet ein Mitarbeiter des französischen Anthropologen Michel Brunet (geb. 1940) einen rätselhaften Schädel: Von hinten erinnert das Fossil an den Kopf eines Menschenaffen, niedrig, flach, mit geringem Hirnvolumen. Die Zähne und die Gesichtsknochen sind dagegen sehr viel graziler als etwa die von Schimpansen. Zudem weist die Lage der Hinterhauptsöffnung – jener Aussparung, an der die Wirbelsäule ansetzt – darauf hin, dass das Wesen bereits aufrecht gehen konnte.

Brunet glaubt, die Überreste eines sehr frühen menschlichen Vorfahren entdeckt zu haben. Tatsächlich datieren Experten das Alter von *Sahelanthropus tchadensis*, wie Brunet seinen Fund später nennt, auf rund sieben Millionen Jahre. Damit ist der „Sahelmensch aus dem Tschad" bis heute der älteste bekannte Zweibeiner.

2007

In einer Höhle in Uganda sucht der südafrikanische Virologe Bob Swanepoel (geb. 1936) gemeinsam mit anderen Forschern nach dem hochgefährlichen Marburg-Virus, das seit mehr als 40 Jahren verheerende Seuchen auslöst. Swanepoel vermutet, dass der Erreger in den Zehntausenden Fledermäusen und Flughunden, die in der Höhle leben, überdauert und bei Kontakten zwischen Tier und Mensch immer wieder übertragen wird. Die Fledermäuse und Flughunde, das ist Swanepoel bekannt, erkranken selber nicht. Infizierte Menschen können jedoch innere Blutungen, Organausfälle oder Gehirnentzündungen erleiden. Je nach Ausbruch sterben bis zu neun von zehn Patienten.

Mit größter Vorsicht fangen Swanepoel und seine Kollegen Tausende der fliegenden Wesen, entnehmen in einem Hochsicherheitslabor von mehr als 800 Tieren Proben. Mit Erfolg: Zum ersten Mal finden sie rege, aktive Marburg-Viren – nicht im Blut todgeweihter Menschen, sondern in einem gesunden Tier. Damit haben Forscher den Wirtsorganismus des Marburg-Erregers ausfindig gemacht.

2008

An Bord der Raumfähre „Atlantis" bringen Astronauten das rund 880 Millionen Euro teure, zylinderförmige Forschungsmodul „Columbus" zur Internationalen Raumstation ISS. Die etwa sieben Meter lange und viereinhalb Meter breite Kabine ist eines der letzten wichtigen Bauteile der von 16 Nationen betriebenen Orbitalstation.

Tausenden Wissenschaftlern bietet der Außenposten im All eine einzigartige Chance: Mit Unterstützung der Besatzung vermögen sie vom Boden aus Experimente durchzuführen, die unter den Bedingungen der Schwerkraft auf der Erde niemals stattfinden könnten.

Zugleich erfahren die Forscher, welche Folgen ein langer Aufenthalt im All auf den menschlichen Organismus hat. So sammeln sie wertvolle Erkenntnisse für die vielleicht größte Expedition der Menschheit: eine zukünftige bemannte Reise zum Mars und zu weiteren Planeten.

Der Wissenschaftshistoriker **Sebastian Witte**, 26, lebt und arbeitet in Hamburg.

GEOkompakt **Nr. 23** erscheint am 2. Juni 2010

Die **Geschichte** des **Lebens**

Dreieinhalb Milliarden Jahre Evolution:
Von der Urzelle bis zum Menschen

Immer wieder hat das Leben neue Gebiete erschlossen. So verließen Tiere und Pflanzen vor mehr als 450 Millionen Jahren das Meer und eroberten das Land. Heute besiedeln Organismen beinahe jede Region unseres Planeten und vermögen selbst auf der erstarrten Lava eines Vulkans zu keimen